전남대학교 여성연구소 학술도서 ①

여/성 노동, 가치를 말하다

전남대학교 여성연구소 학술도서 ①

여/성 노동, 가치를 말하다

사회적재생산연구회

전남대학교출판부

개간사

21세기에 여성은 어떤 존재인가? 다원화된 사회에서 하나의 단일한 정체성과 실체를 가진 여성을 이야기하기에는, 여성의 삶이 이미 너무도 다양하며 이질적입니다. 그러나 갈래갈래 분열된 여성의 실체에도 불구하고, 우리가 어디에선가 여성이 공존하는 틀이 존재할 수 있다는 가능성을 상정하지 않는다면 어떨까요? 우리는 무엇으로 서로와 함께 하는 시간들을 만들 수 있을지 고민하게 될 것입니다. 이에 대한 대답은 여성주의 연구자들이 두고두고 천착해야 할 주제일 것입니다.

그러한 의미에서 여기 5명의 젊은 연구자의 글은 오늘날 여성주의 연구가 다면화되어 가는 추세 속에서도 공통의 어떤 것을 논의할 수 있는 기반을 제공해 준다고 생각합니다. 이 책의 공통 기반인 사회적 재생산의 개념에 대해 여성주의적인 재구성을 모색하고 있는 김지영의 글에서부터, 감정노동을 이야기하는 서정우의 글, 복지재편의 과정에서의 공공서비스에 관한 김지영의 글, 난임여성의 출산을 노동으로 개념화하고 있는 김경례의 글, 마을공동체 운동 과정에서 여성노동을 이야기하는 박주희의 글, 마지막으로 가출 청소녀의 삶과 이들의 섹슈얼리티의 시장화를 분석한 추주희의 글에 이르기까지 모두가 다원화된 여성을 이야기하면서도, 저자들 글 어딘가에 공유점을 느낄 수 있습니다. 이러한 사실은 공감할 수 있는 실체로서 여성이 존재할 수 있다는 가능성을 보여줍니다. 이 책을 통하여 우리는 아마도 가시화되지 못한 존재로서, 부정적(negative) 효과로서 소극적 존재가 여성이라는 점을 공유할 수 있을 것입니다.

향후 이들의 연구가 이러한 부정적 효과로서의 여성을 극복할 수 있는 사회구조의 재편성에 기여하기를 바라며, 그 첫 번째 작은 출발로서 여성연구소가 이러한 책을 펴내게 된 것을 기쁘게 생각합니다. 그 출발이 계속해서 이어지기를 바랍니다.

2010년 초봄

전남대학교 여성연구소 소장 차선자

저자서문

이 책에 실린 글들은 대부분 광주와 전남이라는 비수도권 지역에 거주하는 여성들의 목소리를 드러내는 작업의 결과물이다. 자본과 국가라는 '거대한 괴물' 앞에서 개별 주체들은 항상 수세적인 위치에 있는 것처럼 보인다. 특히 모든 자원의 중앙집중화가 오랫동안 진행된 한국 사회에서 지역은 단순히 비수도권이라기보다는 변방의 의미를 갖는 경우가 많았고, 이러한 구조적 문제는 지역의 현실을 어렵게 만드는 동시에 그것을 가시화하는 것에 장애가 되기도 한다. 거기에 덧붙여 자본주의적 재구조화 과정이 대타자 혹은 가부장제와 결합하여 젠더화되어 나타날 때, 여성들의 삶은 너무도 쉽게 위험에 처하지만 반면 그들의 목소리는 잘 드러나지 않는다.

그러나 로컬은 단순히 변방이 아니라 신자유주의와 같은 거대담론의 궤적이 각인된 곳임과 동시에 주체들의 사회적 실천이 드러나는 구체적인 장소이다. 따라서 로컬의 실천은 소외되고 배제된 자들의 전략과 구조 간의 변증법을 드러낸다. 오히려 로컬에서는 중앙과는 같거나 다른 지점을 형성하는 주변부 여성들의 목소리가 더 드러나지 않아 사회과학을 하는 사람들이 해야 할 일들이 훨씬 더 많다.

그 속에서 지역연구를 하는 변방연구자들로서의 삶과 자세에 대해 다시 한번 생각하게 된다. 연구자도 하나의 작은 존재일 뿐이기에 각자의 조건들 속에서 지역사회의 고학력 비혼 혹은 딩크족으로 살아가는 여성들의 삶은 녹록치 않다. 화폐와 봉건적 권력관계는 능동적인 권력의지보다는 수동적인 권력의지만을 발현하게 하고, 어떤 관계들은 종종 꿈꾸는 것보다는 환멸이 쉽다고 말하도록 유혹한다. 하지만 우리는 여전히 좀 더 재기발랄하고 지치지 않는 방식으로, 시대를 올곧게 직시하고 초심을 잃지 않는 연구를 수행하는 것이 지금 할 수 있는 그리고 가장 올바른 일이란 사실을 마음에 새겨야 할 것이다.

이 책의 주요 키워드인 '여성/노동'은 2007년과 2008년에 전남대학교 사회학과 대학원에서 진행된 故 장미경 교수님의 여성노동이론 수업에서 영감을 받은 것이다. 선생님은 대학원생들이 공부하고 싶어하는 것에 항상 관심을 가지셨고 커리큘럼에도 반영하려고 해 주셨다. 글을 쓰면서 故 장미경 선생님의 빈자리를 새삼 다시 느끼지 않을 수 없다. 생전에 선생님은 한국 여성이론의 빈 곳을 군데군데 메꾸는 작업들을 해오셨고, 여성의 현실을 고민하고 대안을 제시하는 글들을 꾸준히 생산하셨다. 선생님이 남기신 글을 볼 때, 함께 공부할 누군가가 필요할 때, 앞에서 이끌어줄 스승이 필요할 때마다 문득문득 선생님이 생각난다. 그리고 부족하나마 선생님과 나누었던 시간들이 하나의 결과물로 나온 지금도 선생님의 빈자리가 아쉽다. 선생님의 학문여정이, 그분의 삶이 행복했기를. 그리고 짧은 시간이나마 함께 했던 제자들이 두렵지만 설레는 걸음을 내디뎠음을 보고 계신다면 잘 했다고 격려해 주셨으면 좋겠다.

그때 진행된 수업 이후에 좀 더 심도 깊은 공부를 하고 싶은 대학원생들 몇 명이 모여 2008년에 '사회적재생산연구회'라는 자율적 성격의 연구회를 만들었다. 이와 비슷한 시기에 5·18기념재단의 소규모 연구회 지원을 받아 좀 더 탄탄한 연구 작업을 할 수 있게 되었다. 그리고 2009년부터는 현재 전남대학교 여성연구소 소장으로 계시는 차선자 선생님께서 연구공간을 비롯해, 월례발표회를 개최해 정기적인 논문발표를 할 기회를 제공해 주셨다. 월례발표회를 통해 쌓은 문제의식들과 원고들이 모이고, 출간에 대한 여성연구소의 배려로 이 책이 나올 수 있었다. 다시 한 번 5·18기념재단 관계자 분들과 차선자 선생님께 감사의 말씀을 전한다.

서로에게 힘이 되려면 좀 더 부지런하고 명민하고 이기적이지도 않아야 할 텐데 그것이 항상 어렵다는 것을 느낀다. 그럼에도 옆에서 자박자박하는 발소리로 한걸음씩 옮기며 함께 걷고 있는 사회적재생산연구회 구성원들, 학문적 영감을 주시고 이론적 젖줄이 되어 주시는 여성문화이론연구소 임옥희 선생님, 전남대학교 이오현, 박경환, 윤수종 선생님을 비롯한 여러 교수님들, 함께 공부하는 전남대학교 대학원생들에게 감사하다는 말을 전한다.

2010년 초봄

바람 계단에서
저자들 씀

목차

3장 이상한 나라의 공공서비스
– 사회서비스의 확장과 돌봄의 제도화

4장 난임 여성들의 출산노동
– 의과학적 지식구성의 참여와 경합을 중심으로

5장 농촌의 재생산 위기와 여성 노동의 중요성
– 전라남도 마을만들기 사례를 중심으로

6장 자본주의 사회에서 가출 청소녀들의 삶과 노동

1장

사회적 재생산 — 생산하는 재생산의 역학*

김지영

Ⅰ. 거북이 밑에는 무엇이 있나?

우주의 모습을 궁금해 한 고대 인도의 왕이 있었다. 그가 현자에게 우주의 원리에 대해 묻자, 현자는 우리가 살고 있는 땅을 떠받치고 있는 것은 어마어마하게 큰 코끼리라고 대답했다. 왕은 물었다. "그렇다면 코끼리를 떠받치고 있는 것은 무엇인가?" 현자는 대답하기를, "코끼리를 떠받치고 있는 것은 커다란 거북이입니다." 왕은 다시 물었다. "그럼 거북이 아래에는 무엇이 있느냐?" "그 밑에는 더 큰 거북이가, 그 밑에는 더 큰 거북이가 끊임없이 받치고 있습니다."

고대인들이 상상하는 세상의 모습 속에서 붕괴를 막는 끝없는 거북이의 행렬이 필요했던 것처럼, 모든 사회가 유지되고 발전하기 위해서는 그 사회의 근간을 이루는 구조들이 재생산되어야 한다. 이는 단순히 경제적인 것 뿐 아니라 정치, 문화, 이데올로기, 인구학적인 차원에서 모두 사실이다. '생산'이 한 사회의 부(wealth)를 생산하는 과정

* 이 글은 「현대사회과학연구」 제13권, 전남대학교 사회과학연구소(2009)에 실린 내용을 수정·보완한 것이다.

을 의미한다면, '사회적 재생산(social reproduction)'은 단지 그 사회 성원들의 생물학적 재생산뿐만 아니라 그 사회를 유지하는 사회적 행위의 재생산을 의미한다(권현정, 2001: 1). 따라서 재생산을 제대로 작동시키지 못하는 사회는 유지될 수 없다.

그러나 전통적으로 재생산은 생산 영역에 비해 중요하지 않은 것으로 평가되거나 간과되어 왔다. 생산과 재생산을 연속된 전체로서, 끊임없는 갱신의 흐름으로서 고찰한다면, 사회적 생산과정은 동시에 재생산과정(맑스, 2002: 769)이라고 반복해서 맑스 자신이 단언했음에도 불구하고, 그는 재생산이 잉여가치를 창출하지는 않는다고 이야기함으로써 생산과정에서 재생산과정을 분리시켰다.

결국 여성들이 담당하는 생명을 생산하고 보전하고 그 생명들을 돌보고 공동체에서 살아가도록 하는 여러 가지 다양한 활동들, 즉 출산, 양육, 가사, 돌봄노동, 가사노동, 자급활동들은 국가의 계산 속 에서와 마찬가지로 맑스의 이론에서도 크게 부각되지 않았다. 오히려 생명을 생산하고 삶을 보전하는 여성의 중요한 생존활동은 공기, 물, 햇빛처럼 처음부터 그냥 주어진 '공짜' 상품이나 자원으로, 여성의 몸에서 흘러나오는 '자연적 힘'으로 여겨져 왔다. 이러한 관점에서는 생산노동의 중심성과 재생산노동의 주변성이 대립적인 것으로 나타난다. 또한 더 나아가 이러한 인식은 재생산노동을 담당하는 여성들의 무임 혹은 저임 상태는 가치를 생산하는 주체로서 여성을 정의할 수 없게 만든다(태혜숙, 2008: 49-50).

이렇게 재생산이 경제 분석에서 간과되거나 부차적인 것으로 취급되는 것은 여성과 사회구조의 관계를 비가시적인 것으로 만든다. 즉 구체적인 재생산 노동과 여성으로 대표되는 수행 주체가 시야에서 사라질 뿐 아니라, 자본주의 하에서 생산과 재생산의 순환도 역시 보이지 않게 된다. 재생산은 모든 경제 체계에서 핵심적인 부분임에도 불구하고 협소한 문제로, 주변적인 여성들만의 문제로 취급되게 된 것이다(권현정, 앞의 글: 9).

자본주의 체계는 남성은 생산의 담지자, 여성은 소비의 담지자라는 이분법적 성별노동분업의 도식을 강화해 왔다. 실제로 남성생계부양자 모델에서 여성은 가사노동 안에서 다양한 재생산 역할을 수행해 왔으며, 맑스가 주장해왔던 것처럼 노동력의 재생산과 노동자의 재생산에 국한되는 것으로 보였다. 그러나 페미니스트들은 여성의 재생산이 단순히 생산을 원활히 하기 위한 부가적인 역할을 수행한다는 견해에 반대한다. 이것은 재생산을 생산에 종속시키는 것 뿐 아니라 생산과 재생산을 도식적으로 나누는 구분에도 근본적으로 문제제기하는 것이다.

사회적 재생산을 분석의 초점에 두는 것은 단순히 여성노동이 수행되는 방식을 알려는 것만이 아니다. 그것은 유동적으로 분화된 노동력의 형성・유지 및 착취 뿐 아니라 자연의 생산이 전지구화된 자본주의 하에서 어떻게 진행되고 있는지를 볼 수 있게 하고 더 나아가 이에 대립하는 대안적 사고에 대한 질문을 할 수 있도록 해 준다(Katz, 2001: 709). 이를 이해하기 위해 사회적 재생산이 무엇으로 이루어져 있으며 누구에 의해 수행되는지에 주목하는 것은, 사회가 운용되는 메커니즘을 이해하는데 주요하다. 만약 현재 유지되고 있는 것처럼 재생산 노동자의 역할을 여성에게 계속해서 전가시킨다면, 결국에는 재생산 기반 자체가 붕괴될 것이다. 특히 신자유주의 아래에서 사회와 공공성의 영역이 축소되고 사회적 재생산에 대한 개인의 책임과 비공식화가 강조되는 상황에서, 빈곤의 여성화와 성별노동분업의 결합은 재생산의 위기를 가속화할 것이다.

따라서 우리는 먼저 재생산이 어떻게 이루어지고 누구에 의해서 이루어지고 있으며, 어떤 방향으로 전개되어야 하는가를 보아야 한다. 그러기 위해서는 한편에서는 재생산과 관련한 거시적인 차원과 중범위적인 정책이나 특수한 사회적 맥락을(국가별 정책의 특성, 신자유주의 경향이 나라별로 어떻게 다르게 재편되는가, 특정 국면의 정세는 어떠한 영향을 미치는가 등), 다른 한편에서는 실질적으로 재생산 활동을 수행하고 있는 노동의 측면과 노동의 주체, 즉 미시적인 차원에서 움직이고 있는 노동자의 측면을 보아야 한다. 이로써 재생산 노동의 생산적 측면과 그 착취 메커니즘을 이해하는 데 그치지 않고, 자본과 국가에 종속적이지 않은 가치를 생산하는 여성노동의 가능성을 발견함으로써 재생산의 정치학을 작동시킬 수 있을 것이다.

Ⅱ. 여성주의적 관점에서 사회적 재생산 이론

1. 맑스주의 안에서 재생산 개념의 발전

사회적 재생산은 범주가 매우 크고 그만큼 애매모호한 개념이다. 이 개념은 생산수단, 노동력, 세대의 재생산을 포함하는 것이며 의식주와 보건과 같이 모든 존재를 유지하는 수단을 의미한다. 사회적 재생산 개념의 사용은 학자에 따라 매우 다르다. 에드홀름과 해리스, 그리고 영은 재생산을 가장 상위에 놓고 사용할 수 있는 서로 다른 분석 수준들을 구분하였다(Edholm · Harris and Young, 1978). 이들은 재생산 개념을 사회적 재생산, 노동력 재생산, 노동자의 재생산이라는 세 가지 대상으로 분석적으로 구분하였고, 많은 페미니스트들은 이 구분을 받아들여 사용해 왔다.[1] 이것은 맑스의 재생산 개념과 알튀세(Althusser)의 사회관계의 재생산 개념을 결합한 것으로, 노동의 측면, 생물학적 측면, 이데올로기적 측면으로 재생산을 구분하는 것이다. 따

1) 미셸 바렛의 경우 이러한 구분이 매우 유용하며 따를 필요가 있기는 하지만, 이러한 구분을 따르는 분석들이 기능주의적인 측면이 있으며 세 가지 종류의 재생산과 생산 사이의 관계를 얼마나 적절히 탐구할 수 있을 지에 대한 문제가 남는다고 지적한다(바렛, 1995: 35).

라서 이들이 사용한 사회적 재생산 개념은 이데올로기적인 수준에 해당한다고 할 수 있다. 이에 비해 최근 저작들에서 페미니스트들은 재생산의 사회적 성격을 강조하면서, 사회관계를 재생산하는 이데올로기 뿐 아니라 사회 영역에서 이루어지는 모든 재생산을 지칭하는 것으로 사회적 재생산 개념을 사용함으로써 사회적 재생산을 가장 상위수준의 개념으로 본다(권현정, 앞의 글; Bakker · Silvey, 2008; Katz, 앞의 글; McDowell · Ward · Fagan · Perrons and Ray, 2006; Tat'iana Iu · Zhurzhenko, 2002).

사회적 재생산의 이론화는 계몽기까지 추적될 수 있는데, 이는 근대 자본주의 사회가 생물학적 신진대사와 재생산 사이클을 가진다는 관념과 결부되어 있다(Bakker · Silvey, 앞의 글). 고전학파 정치경제학자들은 노동력을 하나의 상품으로 보았기 때문에 그 노동력을 생산하는 사회적 재생산에도 약간의 관심을 가졌다. 그러나 이후 그들은 노동력의 가격인 임금이 그것의 생산비용, 즉 사회적 재생산 비용에 의해 결정되는 것이 아니라 노동시장에서의 수요-공급의 균형에 의해 결정되는 것으로 대체하면서 사회적 재생산에 대한 관심을 삭제했다(권현정, 앞의 글).

맑스는 자본주의 사회의 세포로서 상품 생산을 분석하면서 노동력이 상품화되는 과정에 주목하였으며, 이와 관련하여 노동력이 재생산되는 영역인 가족을 생산과정에 연결시켰다. 그러나 맑스는 생산과정에서의 노동력의 소비를 '생산적 소비'로, 가족관계에서 임금의 소비를 '개인적 소비'로 규정(맑스, 앞의 책: 776)함으로써 생산과 재생산을 이분법적으로 구분하였으며, 사회적 재생산 과정보다는 생산과정과 자본축적을 강조하였다.[2]

---

2) 배커와 실비는 이와 관련하여 오히려 초기의 신고전학파들이 사회적 재생산 비용이 자본의 축적체계에서 중심이 될 것이라고 이해했다고 지적한다. 사회적 재생산 노동이 생산양식의 외부, 혹은 잉여의 결정 외부에

이후 알튀세(1991)는 자본주의 사회가 유지되는 데에는 생산 뿐 아니라 재생산의 측면에 주목해야 한다고 맑스주의 안에서 획기적인 관점을 제시했다. 그는 '맑스를 위하여' 전통 맑스주의의 '경제주의'와 '생산력 중심성'에서 벗어나고자 노력했으며, 생산관계 및 국가, 이데올로기적 기구들의 상부구조가 재생산되는 측면에 집중하는 '사회적 재생산' 개념에 주목했다. 이로써 노동력 재생산과 '생산관계'의 재생산(학교체계), 가족의 역할 등에 초점을 맞추게 되었다(장미경, 1999: 24). 그러나 알튀세는 사회적 재생산의 측면에서 여성들이 차지하는 위치나 역할을 보지 못했기 때문에 재생산에 개입하는 이데올로기와 그 수행이 젠더화되어 있다는 것을 밝히지 못했다. 알튀세가 생산관계의 재생산이 이루어지지 않으면 자본주의 사회가 유지될 수 없다는 것을 보여주면서 집중했던 것은 이데올로기적인 측면이었다. 그러나 사회적 재생산을 경제적 심급과 이데올로기적 심급이 결합한 것으로 설명할 수는 없다. 재생산의 측면에 주목한다면 다음 질문들을 해야 할 것이다. 경제적 심급의 생산관계에서 행위하는 주체들의 성별은 어떻게 이루어져 있는가? 이들과 관련한 이데올로기는 가부장적인 것인가, 자본주의적인 것인가? 사회적 재생산의 젠더적인 측면을 보지 못한다면 자본주의 사회의 재생산과 재생산의 정치가 어떻게 구성되는지를 보는 데에도 한계가 있다.

2. 재생산의 개념적 확장

물론 생물학적 재생산에서 여성이 수행하는 역할 때문에 사회적 재생산에서도 여성의 역할이 중요하다고 주장한다거나 여성이 원시에서부터 재생산 기능을 수행해왔다고 가정하는 것은 문제가 있다. 재생

있는 것이 아니라 오히려 그 중심에 있다고 이해했기 때문이다(Bakker · Silvey, 앞의 책: 2).

산 개념을 마구잡이로 사용하는 것에서 벗어나 생산과 재생산의 관계와 메커니즘을 보는 것이 필요하다(바렛, 앞의 글: 35). 구체적으로 보자면, 어떤 노동자 가구도 재생산만으로 생계를 유지할 수는 없다. 신분상으로 '자유인'인 노동자는 생산을 통해 임금을 벌어들이며, 이 임금을 시장에서 소비함으로써 노동자와 그의 노동력을 생산(재생산)[3]한다. 현재의 자본주의적 국가에서 이러한 두 가지 형태의 생산이 결합되지 않는다면 노동자들은 생계를 유지할 수 없다(렌쯔, 1987).

이러한 이유로 페미니스트들은 젠더맹목적인 기존 정치경제학에 대해 상당히 비판해왔다. 즉, 기존의 재생산 개념이 여성이나 여성 영역을 고려하지 않은 채 남성중심적 방식으로 전개되어왔다는 것을 비판했다. 특히 급진주의 페미니스트들이 주목한 임신・출산 등의 생물학적 재생산, 가사노동을 통한 노동력 재생산, 사회적 노동을 통한 사회적 재생산의 측면에 대해 탐구함으로써 연구되지 않은 채 남아있었던 '재생산' 영역과 관련한 논의를 발전시켰다(장미경, 앞의 글).

재생산과 관련한 페미니스트들의 또 다른 노력은 다양한 분야에서 이루어져 왔는데, 재생산 개념과 관련해서도 진행되었다. 우선 페미니스트들은 '생산'/'재생산'이라는 개념적 분리가 드러내는 젠더 맹목성에 근본적인 비판을 가했다. 이러한 노동의 형태가 시장에 나타나지 않는다고 해서 알아보지 못하는 것 역시 맹목적이기는 마찬가지이다. 전통적・전자본주의적・비공식부문과 현대적・자본주의적・공식 부문 간의 이원론은 이 둘 사이의 생생한 관계를 무시하고 있다(렌쯔, 앞의 글).

또한 페미니스트들은 재생산의 범주가 물질적인 측면에 국한되어 있는 것에 대해서도 비판한다. 이러한 비판은 자본주의 경제와 인간 존재의 '비경제적' 측면의 연관성을 보지 못하는 맑스주의에 대해서도,

---

3) 마리아 미즈와 벨로프 등의 독일 페미니스트들은 이를 생계유지 생산이라고 개념화한다.

자본주의 사회의 이데올로기를 분석하면서도 그 이데올로기의 젠더적 성격에 대해서는 보지 못한 알튀세에 있어서도 똑같이 적용된다. 실제 젠더와 계급은 서로 똑같이 국가, 교육체계, 생물학적 재생산, 가족제도 및 노동과정의 재생산에 기여하고 있음에도 불구하고, 알튀세는 이러한 측면을 간과하여 사회구조의 재생산을 기능주의적 시각에서 다루고 있는 맑스주의적 한계를 벗어나지 못했다는 것이다(Nicholson, 1986; 장미경, 앞의 글 재인용).

더 나아가 페미니스트들은 재생산 노동을 수행함에 있어 상징적인 재생산과 물질적 재생산을 도식적으로 구분할 수 없음을 지적한다. 하버마스(Habermas)에 따르면, 사회는 '사회적 노동'으로 언급되는 물질적 재생산과 아이의 사회화, 집단 정체성의 형성, 문화 전통의 이전과 확대를 의미하는 상징적 재생산의 두 가지 재생산 방식이 있다. 이 도식에서 설명하는 대로라면 여성의 무임 양육노동은 상징적 재생산의 기능과 사회화에 봉사하기 때문에 상징적 재생산 활동이며, 음식과 재화를 생산하는 활동은 물질적 재생산이 된다. 그러나 양육은 아이의 생존과 관련한 물질적 차원을 반드시 포함 할 수밖에 없으며, 음식과 재화의 생산은 사회적 정체성, 사회관계, 상징적·문화적 규범 행위의 영향 아래에서 이루어진다. 따라서 이러한 재생산노동은 상징적 차원과 물질적 차원이 결합한 형태로 수행되는 '이중적(dual-aspect) 활동'이라고 할 수 있다. 즉, 양육/기타 다른 사회적 노동 사이의 구분은 자연적 구분이 아니라 잠재적으로 이데올로기적인 것이고 여성종속을 정당화시키는 구분인 것이다(장미경, 앞의 글).

이렇게 재생산 개념과 관련하여 페미니스트들은 재생산이 생산에 비해 부차적인 영역이 아니며 이분법적으로 분리될 수 없다는 것, 재생산은 물질적 차원에서만 이루어지는 것이 아니며 이데올로기적·상징적 차원에서 모두 이루어진다는 것을 보여줌으로써 재생산 개념 자체를 확장했을 뿐 아니라 이 과정에서 여성이 주요한 재생산의 주체로 활동한다는 것을 증명하고자 했다.

3. 가치를 생산하는 활동으로서 재생산 노동

재생산과 관련한 페미니스트들의 또 다른 노력으로는, 개념적인 차원을 넘어서서 여성의 구체적인 활동을 둘러싸고 전개되는 논의들이 있다. 이러한 논의들은 여성의 활동이 '재생산' 범주 안에서만 다루어지고 있는 것에 대해 이의를 제기한다. 이처럼 생산/재생산을 남성노동/여성노동으로 이분화하는 것은, 여성노동이나 여성의 활동을 돈이 지배하는 자본주의 사회에서 남성노동에 비해 부차적이고 주변적인 것으로 만드는 데 기여해왔던 것이다(장미경, 앞의 글). 남성생계부양자/여성가사노동자라는 도식은 남성은 생산 영역에 여성은 재생산 영역에 제한된다는 것을 전제하는데, 이러한 이분법적 틀은 여성의 활동을 재생산 영역에 묶어두는 것이기도 하지만 자본주의 사회의 임금착취메커니즘을 보지 못하게 하는 장애물이기도 하다. 여성과 남성이 수행하는 노동이 성별에 따라 분리되는 성별분업은 매우 차별적인 방식으로 이루어지며 또한 여성이 수행하는 재생산 노동은 대부분 유급이 아닌 무급으로 수행되는데, 이는 여성의 활동을 '노동'의 측면이 아니라 여성이 가진 '자연적 힘'(포르뚜나띠, 1997)에 의해서 이루어지는 것으로 전제하기 때문이다. 마샬(Marshall)과 같은 페미니스트는 이에 대해 '노동'에 대한 협소한 정의를 폐기할 것을 제안한다(Marshall, 1994; 장미경, 앞의 글 재인용).

사실 재생산이 필요한 것은 사회구성원 모두에 해당하며, 각 구성원은 특정한 재생산 노동을 수행하게 된다. 그러나 현실적으로 재생산노동은 대부분 젠더화되어 여성에 의해 수행되고 있으며, 그 수행과정도 아무런 마찰이나 갈등 없이 이루어지는 것이 아니다. 노동 인구의 사회적 재생산 비용인 임금만 보더라도 그렇다. 노동력이라는 상품의 가격인 임금은 전통적인 관습과 그들의 물질적 생활 수준과 같은 요소들을 반영할 뿐만 아니라, 계급 간 갈등의 역사적·제도적 형태를 반영한다. 임금은 다양한 제도들로 구체화되며, 다양한 사회규범들을 통해 표현되는, 복잡한 일련의 사회정치적 요인들의 결과물이다(권현정, 앞의 글). 어떤 때에는 노동운동사에서 노조의 쟁의투쟁에 의해 임금상승을 획득하는 성과를 이루거나 패배하는 식으로 나타났고, 어떤 때에는 노동자의 임금만을 중심에 두면서 남성생계부양자 모델을 강화하는 가족임금의 형태로 축소되어 나타나기도 했다. 이는 재생산 노동의 수행이 자본주의 논리와 가부장제 논리가 경합하거나 결합하는 속에서 나타난다는 것을 의미한다.

이탈리아 페미니스트인 포르뚜나띠(Fortunati)는 맑스의 분석방식을 빌려 생산영역에서는 가변자본인 임금이 재생산영역인 가구(household)에서 어떻게 생산수단으로 기능하는지를 보여주고자 한다(포르뚜나띠, 앞의 책). 포르뚜나띠는 이러한 분석을 통해 재생산노동이 생산적이라는 것을 주장함과 동시에 자본주의가 남성을 매개로 하여 어떻게 여성의 노동을 착취하는지를 보여주고자 한다. 재생산노동은 노동자계급을 유지하고 재생산하는 데 필요한 의식주의 문제와 관련되어 있으며 특히 가사노동에서 남성노동자와 여성가사노동자의 관계 속에서 나타난다. 자본가는 남성노동자를 매개로 하여 여성가사노동자의 잉여가치를 착취하는 것이 가능하지만, 이에 대해서는 가족임금의 형태를 통해 여성가사노동자의 잉여노동 부분은 은폐한다. 그러나 여성은 남성의 임금 부분보다 훨씬 더 많은 잉여가치를 생산하며, 생산능력으로서의 노동력의 교환가치와 재생산 과정 안에서의 가치증식은 두 가지 상이한 크기이며, 그 차이는 자본가가 목표한 것이다. 이는 자본가가 여성의 노동력이 포함된 남성의 노동력에 대한 임금을 지불함에 있어서, 남성의 노동력에 대해서만 그것도 일부에 대해서만 지불하기 때문에 여성과 남성의 노동력 모두에 대한 이중적 착취라고 할 수 있다. 결국 성별노동분업이 잉여가치생산의 근간을 이루는 것이다.

현실 운동에서 이탈리아 여성들은 사회의 주변에서 자신들의 지불받지 못하는 주변적 지위를 받아들이기를 거부했으며, 이러한 요구는 그들이 얼마나 일상생활을 변화시키려 하는지를 드러내는 방식이었다. “여성들은 가사노동을 한다. 이 노동은 결코 보이지 않는데, 이는 정확히 가사노동이 지불되지 않기 때문이다.”(카치아피카스, 2000: 100). 노동력의 재생산이 이루어지지 않는다면 노동력에 의한 생산은 불가능하다. 다만 그것은 눈에 보이지 않을 뿐이거나 가격이 매겨지지 않을 뿐이다. 여성들은 가사노동을 수행하는 과정에서 ‘불필요한’ 지출을 온몸으로 막을 뿐 아니라 다양한 생산물을 생산해낸다. 밭에서 농작물을 경작하여 농산물에 대한 지출을 막음으로써 생계유지를 하는 여성은 생산노동자인가 재생산노동자인가?

마리아 미즈(Maria Mies) 등 독일 페미니스트들 역시 이탈리아 페미니스트들과 비슷한 맥락에서 여성의 노동수행 과정을 분석한다. 이들은 맑스주의적 개념들을 비판함으로써 ‘재생산노동’은 ‘생산노동’이며, 전자를 후자에 우선하여 강조해야 한다고 명확하게 이야기한다(미즈, 앞의 글). 이들은 재생산과 생산을 스스로의 생계를 유지하기 위한 생산과 시장을 위한 생산, 즉 생계유지생산과 시장생산으로 개념화한다. 대다수의 노동자들은 이 두 가지 차원 위에 모두 서있다. 생계유지생산은 “가족 구성원의 직접적 소비를 위한 사용가치 창조를 목적으로 하는, 즉 그 인간의 재생산에 관계되는 모든 형태의 노동”이며 많은 경우 이러한 생산은 자가 생산의 형태를 띤다. 남성과 여성은 모두 생산과 재생산을 결합함으로써만 자본주의적 국가에서 생계를 유지할 수 있다. 그러나 둘은 서로 다른 방식으로 생계유지 생산 및 상품생산에 통합되어 있다(렌쯔, 앞의 글). 자본주의적 생산양식은 임금노동과 가정주부의 노동을 대립적인 것으로 상정하고 재생산을 후자에 국한시킨다. 미즈는 무급가사노동에 기초한 가내노동의 특성을 규정짓기 위해 '가정주부화(housewifization)'라는 개념을 만들어낸다. '가정주부화'는 여성이 공장에 취업하여 임금노동을 수행할 때에도 이들의 노동을 남는 시간에 부업으로 하는 '여가선용'으로 가치절하시킴으로써 자본주의 아래의 모든 여성취업노동을 가치절하시킬 수 있는 구조적 조건을 설명하기 위한 개념이다(미즈, 앞의 글). 이렇듯 여성의 활동과 관련한 논의들 속에서 페미니스트들의 주된 관심사는 가사노동의 정치학과 그에 대한 자본주의의 관계를 이해하는 것이었다. 여성들의 재생산노동이 생산적이지 않다거나 가치를 생산하지 않다고 여겨져 온 것은 그에 대한 대가, 즉 자본주의 사회에서는 임금을 지불하지 않기 위한 이데올로기적 전략이었다.

그러므로 재생산에 대한 가치절하는 여성의 노동이 가정 밖에서 이루어질 때에도 여성의 노동력에 대해 제대로 평가할 수 없게 한다. 공/사 영역의 분리 속에서 사적 영역인 가정에서 주로 노동을 수행하던 여성의 일은 공적 영역에서 특정 직업과 연관되기도 한다. 여성은 '여성적 일자리'를 얻게 되는데, 여성적 일자리는 대부분의 경우 저임금과 열악한 노동조건에 놓여있는 경우가 대부분이다(박수경, 2005). 이것은 여성적 일자리의 대부분이 가사노동이 사회적으로 확장된 성격을 가지고 있기 때문에 '훈련과 교육기간을 필요로 하지 않는' 가사노동에 대한 가치평가 절하 속에서 나온 것이고, 또 한편으로는 여성적 일자리 속에 숨어있는 정서적 측면에 대한 사회적 평가가 아직 제대로 이루어지지 않았기 때문인 것으로 보인다.

그러나 자본주의적 생산양식에서 그 자체로 상품이자 생산요소인 노동력을 생산하는 가사노동은 과연 가치를 생산하지 않는가? 미래의 노동자를 생산함으로써 사회를 재생산하는 출산노동과 양육노동이 생산노동이 아니라고 이야기할 수 있을까? 여성들은 노동자를 '생산'하고 노동력을 '생산'하고 '생계유지'를 생산한다. 이렇게 여성노동의 구체적인 과정을 보면, 생산/재생산의 이분법적 도식은 그 설명력을 잃으며 재생산의 생산성을 보다 명확히 보여 준다.

Ⅲ. 새롭게 구성되는 재생산의 정치학

페미니스트들은 맑스주의의 생산과 재생산 개념을 빌려와 여성의 노동이 재생산적인 성격이 아니라 생산의 성격을 가진다는 것을 밝히기 위해 노력해왔다. 그러나 개념적으로 여성노동을 생산과 재생산으로 구분하는 것은 여성이 양쪽 영역에서 수행하는 노동의 성격을 인식하게 하지만 이러한 이중론은 또한 문제를 발생시키기도 한다(Edholm · Harris and Young, 앞의 글; 라마자노글루, 1997 재인용).

그 이유는 여성이 수행하는 노동은 생산/재생산의 경계를 규정하기가 어려운 경우가 대부분이며, 재생산노동이 생산적이라면 이러한 개념이 있다는 것 자체가 오히려 여성노동이 자본주의 체제와 맺는 관계와 그 사회적 성격을 보지 못하게 만들기 때문이다. 즉, 생산/재생산 개념은 여성을 노동자로 규정하는 것이지만, 그것은 남성과는 매우 다른 의미의 노동자이다. 노동에 대한 연구들은 가정 안팎에서 이루어지는 불평등한 성별분업이 자연스러운 것이 아니라 성이나 폭력, 모성 등과 마찬가지로 그 자신의 역사와 이데올로기를 가지고 있는 것임을 보여주었다. 공적영역과 사적영역의 이중론에 문제를 제기하는 것은 가정영역과 공공영역 둘 다에서 여성의 노동을 재개념화하게 한다. 여성에게 할당된 노동의 본질은 남성에 대한 여성종속과 분리될 수 없는 것이다. 가족의 요구에 봉사하고, 생산을 위해 필요한 노동자를 재생산하는 가정에서의 여성노동은 이제 가시적인 것이 되었다(라마자노글루, 앞의 글: 127).

이에 생산과 재생산에 관한 이념형적 모델 자체가 의미 없다는 주장이 제기될 수 있다. 이것은 특히 포스트구조주의자들과 포스트모더니스트들이 주장하는 것으로, 구조주의적 기능주의 틀 안에서 한정되어 사용되는 재생산 개념은 주체의 행위와 자율성의 측면을 간과하기 때문이다. 일관된 주체나 통합된 정체성이 아닌 '주체위치'들이 경험하는 다양성과 우연성의 논리에 의해 담론구조 속에서 구성되고 변화하는 관계들이 더 중요하다는 것이다. 이러한 주장을 따르자면 사회구조는 재생산되는 것이 아니라 변화하는 주체의 다양한 행위들에 의해 지속적으로 구성되는 것으로 볼 수 있다. 마샬은 재생산은 권력관계들의 망에 위치한 행위와 전략들의 결과물이며, 젠더는 재생산되기보다는 생산관계의 일부로 구성되는 것이라고 주장한다(장미경, 앞의 글: 25).

하지만 이러한 포스트주의자들의 주장이 유효하려면 담론구조가 구성되는 더 구체적인 장소가 필요하다. 21세기 초의 재생산은 어떠한 사회관계 속에서 어떻게 이루어지고 있는가? 남성-생산영역/여성-재생산영역이라는 이분법적 도식은 후기 자본주의 사회에서 이미 유효성을 잃고 있으며, 현대사회의 남성과 여성은 '탈산업화'된 사회 속에서 지식, 정보, 감정, 정서 등 다양한 형태의 비물질적인 상품을 생산하고 있다.

그 중에서도 여성들은 이미 상당수 임금노동시장에 진출해 있으면서도 여전히 가사노동과 출산/육아로 대표되는 재생산을 수행해야 한다. 이는 여성들이 '슈퍼우먼'이 되어야 하거나 재생산노동을 누군가와 분담해야 하는 것을 의미한다. 그리고 그 분담의 주체는 가족이나 함께 생활하는 남성노동자일 수도 있고, 재생산노동력의 인력시장에서 만나는 다른 여성노동자일 수도 있다. 예를 들어 기업에 고용되어 있으면서도 직장생활과 가사노동을 병행할 수 없어 가사도우미를 고용하는 중산층 여성노동자를 생각해보라.

사회주의 유물론 페미니스트인 바렛(Barret)은 이중체계론과 구조주의적 맑스주의 페미니즘이 생산을 물질적 생산에 한정하는 오류를 계속 범하고 있다고 비판하면서 역사적 유물론을 여성주의적으로 재구성할 것을 주장했다(장미경, 앞의 글: 26). 바렛은 이러한 맥락에서 여성억압을 이해하기 위해서는 가부장제와 자본주의의 독립적 체계가 물질적·이데올로기적·심리역학적 토대가 접합되는 것을 이해해야 한다고 말한다(바렛, 앞의 글, 1995). 따라서 현대사회 여성의 주체위치를 보기 위해서는 현대 자본주의가 계급 및 젠더와 관련하여 취하고 있는 전략과 관계를 보는 것이 필요하다.

결국 사회적 재생산은 국가, 가계, 자본, 시민사회 안에서 둘러싸인 자원들의 움직이는 배치를 통해 보증된다. 그리고 이러한 것들의 균형은 계급을 가로 질러 역사적으로 지리적으로 다양하게 이루어진다. 단순히 존재수단을 지켜야 한다는 요구와 별개로, 노동력의 생산과 재생산은 지식과 교육과 결합한 것들, 사회정의와 그 기구들, 그리고 매체를 포함하여 다시 한번 지리적이고 역사적으로 특수한 범주의 문화적 형태와 실천들을 요구한다(Bakker·Silvey, 앞의 글).

이러한 것들이 바로 전지구화 시대의 사회적 재생산의 공간성과 그 공간에 존재하고 그것에 의해 구성되는 구체적 맥락에 주목해야 하는 이유이다. 후기자본주의 시대를 살고 있는 대중들의 '주체위치'는 전지구적 자본주의 논리가 지배적인 담론구성체에 놓여있다. 또한 재생산노동의 주체, 그 형태, 재생산 공간, 재생산노동과 관련한 윤리·논리·정서는 과거의 것과 공통점과 차이점을 동시에 드러낸다. 그렇다면 전지구화 시대의 재생산노동자들이 어떠한 행위와 전략을 취하고 있는지, 이 과정에서 재생산이 어떻게 사회유지와 구성의 요소로 기능하는지를 보는 것은 현실을 더 정확하게 드러내는 것임과 동시에 주체들이 행위자로서 어떤 한계와 가능성을 갖는지를 보여주는 것이다. 각 주체들은 다양한 모순적 경험 속에서 사회와 특정한 관계를 맺는다. 따라서 사회적 재생산에서 나타나는 변형을 특수한 지역 혹은 제도라는 맥락에서 이해하는 것은 이러한 모순과 경험들의 경향성과 특수성을 모두 드러내는 것이며, 자본에 대한 예속에서 자율적 협상에까지 이르는 재생산의 정치학에 대해 사고하는 것이다.

Ⅳ. 전지구화 시대의 사회적 재생산

전통적인 남성생계부양자 모델이 약화되고 여성들의 경제활동 수준이 높아지면서 남녀간 소득격차는 줄어들지만, 재생산 노동에 있어서 성별노동분업 모델은 상대적으로 여전히 강한 영향력을 행사한다. 낡은 남성생계부양자 모델은 죽어가지만 새로운 수준의 젠더평등은 아직 생겨나지 않은 지금의 상황을 재생산의 위기로 규정할 수 있다. 제1세계에서 가속화되고 있는 재생산 위기와 돌봄의 결핍을 극복하는 메커니즘은 전지구화 시대를 맞아 국가 경계를 넘어서 재생산 노동력이 이동하는 것이다.

소득 불평등은 최근 10년 동안 한 국가 안에서도 국가 간에도 증가되어 왔다. 게다가 국가들 안의 위계적 구조 또한 강화되고 있는 것으로 나타난다. 이와 더불어, 혹은 이러한 이유 때문에 '세계화'라는 중립적인 이름을 가장한 신자유주의 아래에서 재생산은 점점 전지구화 되고 있다. 다수의 재생산부문 노동자들이 제3세계에서 제1세계로 이주하여 재생산노동을 수행하고 있는데 이는 왜곡된 전지구적 불평등을 드러내는 가장 명확한 지점이다. 우리가 느슨하게 '전지구화'라고 부르는 과정 때문에 여성들은 유래 없는 종류와 수준의 이주를 경험하고 있다. 현재 제1세계로의 이주는 점점 규모화 되고 여성화되고 있으며, 이주여성들이 수행하는 노동은 유모나 가정부 등의 가사노동에서, 성노동・생물학적 재생산노동에까지 이른다(Ehrenreich・Hochschild, 2003). 주요하게는 필리핀이나 스리랑카, 인도의 여성들이 일자리를 찾아 제1세계로 '통근'을 하지만 이는 비가시적인 사회적 비용을 수반한다. 본국에 남겨진 이주여성들의 가족들은 새로운 종류의 돌봄 위기에 직면하는 것이다. 결국 제1세계의 생활양식은 아내의 전통적 역할을 제3세계 여성들이 수행함으로써 가능해진다.

이렇듯 공간적 압축을 통해 제1세계 사람들이 제3세계의 사람들을 종으로 부리는 것이 가능해지고('세계화의 하인들') 이민노동과 결혼이주를 통해 점점 더 많은 사람들이 더 빨리 국경을 넘는다. 제1세계 여성들은 노동시장에서 남성들과 경쟁하기 위해 가족을 돌볼 시간도, 돌볼 가족을 만들 시간도 없다. 제1세계 여성들은 이주여성의 노동력을 구매하여 자신과 자신의 가족을 돌보고 더 나아가 가족의 재생산을 빈국의 여성들에게 떠넘기기도 하는데, 제3세계에서 아이를 수입하거나(입양) 빈국 여성의 자궁을 대여하여 활용한다(대리모). 노동시장에서 남성인 것처럼 참여하는 조건으로 얻어낸 시민권을 가진 제1세계 중간계급 여성들이 남성들과 동등한 수준의 권리를 누리기 위해 희생한 것은 자신들의 가처분시간 뿐이 아니다. 그들은 제3세계 여성들의 가처분시간과 제3세계 사회의 재생산 전체에 대한 희생까지 요구한다.

게다가 현재의 재생산 과정은 물질적인 차원과 비물질적 차원의 경계를 흐릿하게 하면서 진행되고 있으며, 이것은 알튀세가 이데올로기라고 이야기한 것을 훨씬 넘어선 지점에서 전개되고 있다. 현재의 사회적 재생산은 감정, 정서, 돌봄, 지식 등 비물질적인 차원에 걸쳐서 전개되고 있으며, 제국주의 시기에는 제3세계로부터 자연 자원과 농산물의 착취가 이루어졌다면, 지금은 사랑과 같은 측정할 수 없고 비가시적인 자원들을 추출해 내고 있다. 이는 부유한 제1세계의 감정적 · 성적 자원의 품귀 현상을 더 가난한 지역에서 회수하려는 것과 같다. 제3세계 여성들은 제1세계에서 유모나 가사도우미로 활동하면서 이 과정에서 근육의 힘 뿐만 아니라 정서적이고 인격적인 노동을 수행하는 것이다. 그동안 제3세계에 있는 이주여성들의 아이들은 친척들이나 실직한 아버지에게 맡겨지고(Ehrenreich · Hochschild, 앞의 글),

돌봄의 틈새에 놓인다.

결국 사회적 재생산 영역에서 초국적 노동은 세계의 다른 지역들에 있는 노동자들과 고용주를 연결하는 의존관계를 드러내면서 자기 충족과 독립이라는 신자유주의적 신화의 허구성을 드러낸다(Bakker · Silvey, 앞의 글). 제1세계는 제3세계 위에 서있으며, 남성은 여성 위에, 자본은 노동 위에서만 자신의 존재를 유지하는 전지구적 연결고리가 사회적 재생산 과정에서 폭로되는 것이다. 전지구적 시대의 젠더, 계급, 인종의 상호교차성은 사회적 재생산을 중심으로 복잡하게 얽혀있다. 이는 "돌봄의 연쇄(care chain)" 혹은 "재생산노동의 국제적 분업"이라고도 이야기할 수 있다(파레냐스, 2009: 10). 이러한 돌봄의 연쇄를 어디에서 풀어야 할 것인지 우리는 그 고리를 찾을 수 있을까? 혹은 고르디안의 매듭을 끊어낼 수 있는 칼을 찾을 수 있을까?

Ⅴ. 다시, 계속해서, 그러나 새롭게 가치를 말하라

끝없이 늘어서 있다는 거북이의 행렬에 왕은 안심하고 만족해했다. 이제 왕은 우주의 원리를 알게 되었을 뿐 아니라, 자신이 선 땅의 확고함을 확인했다. 알튀세가 이 이야기를 듣는다면, 그는 이것을 사회구성체에 대한 건축물적 메타포의 거북이 버전으로 이해하고 싶어 했을 것이다. 그렇게 본다면 최종심급에 있는 거북이는 생산관계를 관장하는 기능을 수행하는 거북이가 되어야 한다.

그러나 사회적 재생산을 분석의 초점에 놓는다면 그 현자의 설명은 현실적인 분석력을 갖지 못한다. 모르긴 몰라도 가장 밑에 있는 거북이는 아마 '암컷(female)'일 것이다. '여성, 최후의 식민지'라는 표현이 나타내듯이 여성들은 사회를 유지하는 계급 사다리에서 아래쪽에 위치한 생명들이다. 사회적 재생산은 생산만큼이나 중요해졌고 그럼에도 불구하고 위기에 처해있다. 재생산이 사회적인 차원에서 이루어지지 않고 여성들을 착취하는 방식으로 이루어졌기 때문에, 그와 더불어 많은 여성들이 더 이상 사회적 재생산의 '독박'을 쓰고 싶어 하지 않기 때문에. 거북이들의 배치는 이미 변형됐다.

페미니스트들은 사회적 재생산의 가치생산 측면을 강조하는데 오랫동안 노력을 기울여왔다. 그러나 이제 사회적 재생산은 전지구적 차원에서 실행되고 있으며, 인종, 계급, 성별, 나이, 국적 등 각각의 변수들은 더욱 복잡다단하게 상호 교차한다. 그리고 이와 함께 재생산노동을 수행하는 여성들에 대한 착취 메커니즘은 훨씬 복잡해졌다. 여전히 상대적으로 불리한 위치에 남아있는 여성들이 있으며, 이들의 재생산노동의 가치를 새로운 방식으로 이야기해야 할 때이다.

우리는 일단 경향적으로 전지구적인 차원에서 재생산의 공간이 확장되고 변형되고 있는 것을 볼 수 있다. 그 어떤 때보다 많은 여성들이 가사노동, 양육, 노인 돌봄, 간호와 성노동을 위해 전세계로 이주하고 있다. 흔히 제3세계라고 지칭하는 전지구적 남에서 땅, 물, 혹은 농업용 씨앗과 같은 자산들은 국가 혹은 사적 이해에 의해 점점 전유되고 있는데, 이러한 전유는 사회적 재생산의 확장된 가계관계들과 돌봄, 음식제공, 지속성 간의 유동적인 경계들에 도전하는 새로운 형태의 "본원적" 축적을 반영하면서 진행된다(Bakker · Silvey, 앞의 글: 7).

이러한 현상에서 한국도 예외는 아니다. 인터넷 검색창에 '필리핀 가사도우미'라는 검색어를 치면 필리핀 가사도우미를 찾는다는 구인광고에서부터 시급과 주의사항에 대해 묻는 질문들이 연달아 이어진다. 필리핀 국적의 가사도우미와 유모만을 알선해 주는 전문업체도 있다. 필리핀 가사도우미의 이점으로 꼽히는 것은 한국인 가사도우미에 비해 상대적으로 싼 임금도 있지만, 필리핀 여성들이 영어를 사용할 수 있다는 것이다. 구인자들이 영어를 사용하는 가사도우미 혹은 입주도우미들이 아이들의 영어교육과 회화훈련에 도움이 될 것이라고 생각하기 때문이다(필리핀 가사도우미를 고용하면서 주의해야 할 사항에 대한 답변은 대부분 '영어발음이 좋지는 않으니 아이들이 영어에 어느 정도 익숙해지면 발음이 굳지 않도록 조심하라'는 것과 일정한 메리트가 있어 조선족에 비해 구하기가 쉽지 않다는 조언이다). 도우미들의 상당수는 한국에 결혼이주해 온 필리핀 여성들이다. 필리핀 여성들은 한국의 결혼 시장에서 불리한 남성들을 위한 성노동을 비롯하여 저출산 국가인 한국의 생물학적 재생산 뿐 아니라 중산층 이상 가정의 사회적 재생산까지도 맡고 있는 것이다.[4)]

도저히 교환가치의 대상이 되지 않을 것 같았던 자궁과 난자까지 화폐화 되는 상황을 생각해 보면 가사노동에 대한 임금지불을 주장했던 것은 먼 과거의 이야기, 시대착오적인 이야기인 것 같다. 여성들은 성기뿐 아니라 이국적 섹슈얼리티를 함께 팔아야 하고(외국인 성노동자), 가족을 부양하기 위해 결과적으로 본국에 있는 자신의 아이는 돌보지 못하는 이주가사노동자들은 제1세계의 아이들에게 이 딜레마를 투사한다(유모와 돌봄노동자의 '사랑하는' 노동). 이에 대해 "돈을 주마, 무엇이든 팔아라"라는 자본의 명령을 덥석 따를 것인가?

화폐권력을 갖지 못한 사람들은 이 명령에 적극적으로 따르거나 소극적으로 타협한다. 이미 재생산의 위기는 전면적으로 노출되고 있다. 신자유주의가 노골적으로 가시화된 21세기 초에 소녀들은 집을 나가고, 남성과 여성들은 연애하지 않거나 결혼과 출산을 하지 않는 사회. 혹은 스트레스와 환경오염으로 인해 과거보다 현저히 적은 정자와 난자를 가지고 살아가는 난임(難姙)의 사회. 정수기도 믿을 수 없어, '알프스 빙하수'와 (이보다는 싼) '세 가지가 많은 섬의 물'을 비행기로 실어다 먹어야 하는 사회. 사회적 재생산 영역 안에서 늘어나는 긴장,

4) 그러나 이주여성들이 점점 더 경제적 이유가 아닌 다양하고 주체적인 이유로 결혼이주를 선택하고 있으며, 다양한 전략을 사용하여 관계망 관리와 가족관계를 협상한다는 것을 기억해야 한다.

모순, 위기가 전지구적 남/북과 일국 내에서 동시에 새롭게 재편되고 있으며, 이 속에서 자본과 국가권력이 계속해서 개입한다.

그러나 이는 위기의 측면이 아니라 재생산에 대한 적극적인 거부와 변혁의 측면에서도 나타난다. 생물학적 재생산에서는 역설적 의미에서 여성들의 재생산권과 건강권의 침해에 문제제기하는 출산파업과 난임여성들의 전략, 단순한 노동력 재생산과 존재유지를 넘어서서 재생산과 돌봄의 사회화를 향해 가려는 움직임, 흙과 땀의 가치를 생태학적으로 재구성하는 마을 만들기, 노동이라고 이야기될 수 없던 것의 가치를 적극적으로 이야기하는 성노동자와 가출청소년들의 목소리 드러내기 등. 주체위치는 바로 이러한 지점들에 놓여있으며, 이 과정에서 구성된다.

그러나 이를 올바르게 드러내기 위해서는 사회적 재생산의 전지구적 양상을 보여주는 것만으로는 충분하지 않다. 전지구적 재생산 노동 과정에서 여성들의 주체위치를 논하는 것은 재생산 노동의 맥락과 조건, 구체적 노동과정과 주체, 재생산 노동과 관련된 상이한 주체 위치들의 경합과 전략의 정치학에 대한 분석을 요구한다.

먼저 공간과 관련하여 재생산노동자들의 초국적인 노동들은 국가적 경계를 넘어서고 매끄럽게 하면서 수행되지만 여전히 구체적인 장소를 남긴다. 즉, 이주여성들이 초국적 경계를 넘어서고 있는 반면에 가사노동, 간호, 양육, 성노동과 같은 것들은 사회적 재생산이 요구되는 장에서 수행되어야 한다. 이것이 의미하는 것은 단순히 사회경제관계의 강화된 국제화라는 맥락에서 경제적 전지구화를 분석하는 것이 아니다. 공간성에 주목하는 것은 개인과 지역 공동체를 정치경제학적 과정들이 재작동 되는 과정 속에서 이해하고, 또한 그 재작동을 가로질러서 개인과 지역을 위치시키는 것을 포함한다. 전지구적 정치경제학에서 최근의 변형들은 결코 동질적인 과정일 수 없으며, 특수한 공간적 맥락에서 그리고 장소들 간의 관계라는 점에서 이해되어야 한다

(Bakker · Silvey, 앞의 글). 그리고 그 재생산의 공간은 어떠한 논리 속에서 작동하며 그 속에서 수행되는 구체적인 노동의 조건과 맥락은 무엇인지를 보는 것이 필요하다.

둘째, 주체의 측면에서 국가와 자본, 행위 주체들이 어떻게 움직이고 무엇을 말하는지를 분석하는 일이 필요하다. 어떤 곳에서는 신자유주의적인 재구조화의 맥락을 반영하면서 계급적인 틀과 자본의 논리가 강화되고, 어떤 곳에서는 국가의 정책을 중심으로 재생산의 통치가 이루어진다. 사회적 재생산은 이제 일국 차원을 넘어 다양한 규모에서 수행된다. 초국적 재생산노동에서 자본과 국가가 어떤 기능을 하는지 혹은 어떤 통치 전략을 사용하는지, 재생산노동자를 어떻게 착취하고 통제하는지, 재생산노동과정은 각각 어떻게 구성되는지, 재생산노동과정에서 노동의 생산자와 소비자 간에 무엇이 오고가는지, 재생산노동자들이 자신을 원하는 것을 얻기 위해 어떻게 이러한 맥락들과 협상하고 경합하는지 하는 것들은 매우 중요한 지점이다.

셋째, 재생산의 정치학의 측면에서 사회적 재생산은 노동자와 노동력을 재생산할 뿐 아니라 제도, 상품의 창조와 유지, 이와 관련된 과정과 사회관계를 포함한다. 즉 오늘날 사회적 재생산은 위험, 보건, 교육과 여타의 서비스의 사회화를 제공하는 제도들을 포함한다. 사회적 재생산은 그 주체와 대상, 목적, 공간성에 있어 다양하게 이루어진다(Bakker · Silvey, 앞의 글). 또한 자본주의적 생산과정과 동떨어진 독자적인 영역일 수 없으며 단순히 기존 사회를 재생산하는 과정이지도 않다. 그렇기 때문에 사회적재생산은 정적인 과정이 아니라 역동적인 투쟁의 장이 될 수 있다. 재생산노동자들은 모순을 경험하는 동시에 그 모순과 경합하며, 이러한 모순적 경험과 목소리를 드러내는 것은 여성노동의 가치 뿐 아니라 새로운 정치학을 구현하는 출발점을 가르킨다.

그람시(Gramsci)는 위기를 "낡은 것은 죽고 없으되 새로운 것은 아직 태어나지 않은 상태"라고 말했다. 그러나 인민대중의 삶이 위기에 처하지 않았던 적이 있을까? 여성노동은 이 위기 속에서 항상 특정한 가치를 생산해왔다. 인간을 생산하는 것에서부터 노동력・쾌락・정서・사랑의 생산까지. 물질적 차원에서 비물질적 차원까지. 이것들이 만들어지는 구체적 장소에서 목소리를 드러냄과 동시에 담론이 어떻게 구성되는지를 보는 것은 지치지 않고 더욱 적극적으로 그러나 새로운 방식으로 여성노동의 가치를 말하는 것이다. 이제 사회적 재생산에 초점을 맞춤으로써 노동의 외연과 의미를 확장하고 전지구에서 사회적 재생산이 거시적 구조, 중범위적 맥락, 미시적 주체, 구체적 장소와 관련하여 어떠한 정치학을 전개할 수 있을지를 보아야 한다.

참고문헌

권현정(2001), 「재생산의 위기와 페미니즘적 경제학의 재구성 – '사회적 재생산' 개념을 중심으로」, 서울대학교 대학원 박사학위논문.

김민정・유명기・이혜경・정기선(2006), "국제결혼 이주여성의 딜레마와 선택 – 베트남과 필리핀 아내의 사례를 중심으로", 『한국문화인류학』, 제39호 1권, 한국문화인류학회.

라셀 살라자르 파레냐스(2009), 『세계화의 하인들』, 문현아 옮김, 여이연.

레오뽈디나 포르뚜나띠(1997), 『재생산의 비밀』, 윤수종 옮김, 박종철 옮김.

루이 알튀세(1991), "이데올로기와 이데올로기적 국가기구", 『레닌과 철학』, 이진수 옮김, 백의.

마리아 미즈(1987), "생계유지 생산, 가정주부화, 식민지화", 『여성, 최후의 식민지』, 강정숙 옮김, 한마당.

미셸 바렛(1995), "오늘날의 여성억압", 『페미니즘과 계급정치학』, 신현옥・장미경・정은주 편역, 여성사.

박수경(2005), 「사회복지사들의 돌봄노동에 관한 연구 – 서울지역 고학력 여성들을 중심으로」, 숙명여자대학교 대학원 석사학위논문.

안토니오 그람시(1986), 『그람시의 옥중수고 Ⅰ – 정치편』, 이상훈 옮김, 거름.

일렌 렌쯔(1987), "성별노동분업과 생계유지 생산", 『여성, 최후의 식민지』, 한마당.

조지 카치아피카스(2000), 『정치의 전복』, 윤수종 옮김, 이후.

장미경(1999), "근대성과 페미니즘", 『페미니즘의 이론과 정치』, 문화과학사.

칼 맑스(2002), 『자본론Ⅰ』, 김수행 옮김, 비봉출판사.

캐롤린 라마자노글루(1997), "남성과 여성: 여성억압에 대한 페미니즘의 도전", 『페미니즘 무엇이 문제인가?』, 김정선 옮김, 문예출판사.

태혜숙(2008), "젠더화된 서발턴 여성의 혼성성과 대항능력", 『대항지구화와 '아시아' 여성주의』, 울력.

Bakker, Isabella · Silvey, Rachel(2008), "Social reproduction and global transformations — from the everyday to the global", *Beyond states and markets: the challenges of social reproduction*, Routledge.

Edholm · Harris · Young(1978), "Conceptualizing Women", *Critique of Anthropology*, 3(9-10), Sage Publication.

Ehrenreich, Barbara · Hochschild, Arlie R.(2003), "Introduction", *Global Woman*, Metropolitan Books.

Katz, Cindi(2001), "Vagabond capitalism and the necessity of social reproduction", *Antipode*, Sep2001, 33(4).

Marshall, Barbara(1994), "Engendering Modernity: Feminism", *Social Theory and Social Change*, Polity Press.

McDowell, L., Ward, K., Fagan, C., Perrons, D., and Ray, K.(2006), "Connecting Time and Space: The Significance of Transformations in women's work in the city", *International Journal of Urban & Regional Research*, Mar2006, 30(1).

Nicholson, Linda J.(1986), *Gender and History*, Columbia University Press.

Tat'iana Iu · Zhurzhenko(2002), "Social reproduction as a problem in feminist theory", *Russian Studies in History*, Winter2001, 40(3).

2장

미용사의 감정노동*

– 고객과의 상호작용을 통한 감정과 스타일의 거래

서정우

Ⅰ. 들어가며

1. 문제제기

경제적인 영역에서 이성-남성-공적영역/감정-여성-사적영역이라는 이분법 체제는 근래에 들어와 해체되고 있다. 기존에 감정으로 대변되는 여성성은 사적인 영역으로 경제적인 영역과 구분되어왔다. 그러나 현대에 와서는 기업들이 생산성을 높이기 위해서 노동자의 감정을 관리·교육하고, 승자독식의 신자유주의 체제에서 양산될 수밖에 없는 다수의 낙오자들의 심리를 치료할 필요성에 직면해 있다. 이와 더불어 사적이고 친밀한 관계들에서 발생하는 여러 문제들도 심리치료 산업의 철저한 '관리' 대상이 되거나 임금노동시장 영역에서 상품화되고 있다. 이처럼 감정이 경제영역에서 중요한 가치를 지니게 되고, 동시에 경제법칙이 감정영역에서 중요한 원리가 되는 현상을 '감정 자본주의'로까지 명명하기에 이르렀다(Illouz, 2007).

* 이 글은 2009년 『현대사회과학연구』 제13권에 실린 내용을 수정·보완한 것이다.

전지구적인 '서비스 경제화' 흐름은 이러한 감정 자본주의 속성을 가속화한다. 서비스 산업은 무형의 재화인 서비스를 생산한다는 특징을 공유할 뿐 업종에 따라 고유의 특성이나 상황을 지니고 있다. 법률 지원이나 연구개발과 같은 고부가가치 전문서비스업에서부터 가사도우미와 같은 저부가가치 개인서비스업에 이르기까지 업종의 특성 및 경제성과에 있어서 편차가 매우 크게 나타난다(황수경, 2008). 또한 이러한 서비스 부문 양극화 경향은 구체적으로 어떤 서비스 노동을 하느냐에 따라서 감정노동의 양상이 달라지고, 노동시장의 지위에 있어서도 양극적인 위치를 점하게 된다. 감정적인 직무 수행이 많이 요구되는 부문은 전문서비스업보다는 개인서비스업, 그 중에서도 소비자와 직접 대면하는 과정에서 생산되는 서비스 상품을 판매하는 대면접촉 서비스이다.

여성주의적 연구에서 관심을 갖는 부문도 개인서비스업 중에서도 특히 대면접촉 서비스이다. 남성들은 개인서비스와 사업서비스 부문의 고임금의 영업직에 종사하는 반면, 여성들은 저임금의 판매직이나 요식업, 미용 등과 같은 개인서비스업에 압도적으로 많은 수가 종사하거나, 남성과 비슷한 비율로 종사하는 직업에서는 저숙련 상태에 있는 등 성별화가 뚜렷이 나타나기 때문이다(김경희, 2008 재인용). 동시에 대면접촉 서비스 부문에 많은 수의 여성이 종사한다는 양적인 측면을 넘어서서 기존의 제조업 중심의 노동구조와 대별되는 서비스 노동의 특이성을 잘 보여주고 있어, 노동구조의 질적인 변화와 함께 노동시장에서 여성의 '위치'를 잘 드러내주기 때문이기도 하다.

서비스를 '여성들이 하는 수발' 정도로 인식하는 경향이 강한 한국 사회에서 대다수의 대면접촉 서비스노동자들은 '고객만족'을 위해 자신의 감정 및 옷차림·표정·말투 등의 외모를 관리할 것을 요구받는다. 대부분 기업들이 표방하는 '서비스'는 고객이 필요로 하는 것, 즉 고객이 욕망하는 것을 만족시키는 데 있다. 기업의 이윤추구에서 고객의 감정과 이를 만족시켜줘야 하는 서비스 노동자의 감정이 중요한 관리대상이 되는 것도 바로 이러한 이유에서이다. 서비스직 노동자들에게는 감정의 규칙들을 상품화된 노동으로 만드는 감정노동이 필수적인 직무요건이 된다.

이와 같이 감정노동이 경제영역에서 중요한 교환가치를 지니고 있음에도 불구하고, 실제로는 노동의 가치를 인정받지 못하고 있다. 이는 '여성 직종'이라고 일컬어지는 대부분의 일들에서 나타나는 보편적인 현상이라는 점에서 여성주의적 개입이 필요한 문제이다. 여기에는 가부장적 자본주의 체제의 이중적인 성차별적 노동시장 구조와 여성성과 결부된 노동 특성의 가치절하뿐만 아니라 '성/노동/상품의 위계화'[1] 논리가 뿌리박혀 있음을 알 수 있다. 돈으로 거래되지 않아야 하는 최후의 보루였던 감정과 몸의 상품화는 '정치적으로 올바르지 않은' 자본과의 결탁이라는 논리 속에서 가치를 갖는 노동으로 간주될 수 없었다.

그래서 기존 여성주의적 입장에서 행해졌던 감정노동에 대한 연구들도 감정과 몸을 상업적으로 거래하는 것은 '나쁜' 노동이라는 노동의 위계화가 전제되어 있었다. 즉 마음에서 우러나오는 감정만이 '진정한' 친절이고, 그렇지 않으면 가식적인 것으로 간주된다. 이러한 과정에서 감정노동자는 감정의 부조화로 인한 불일치로 인하여 스트레스를 받고, 사용자에 의해서 일방적으로 통제당하는 수동적인 대상으로 위치지워질 수밖에 없다. '성/노동/상품'의 위계화 속에서 여성을 착취의 대상으로만 보는 것에서 벗어날 때야만 비로소 비가시화 되었던 새로운 노동 가치에 대한 논의가 이루어질 것이고, 여성주의적인 노동개념 확장의 이론적 틀을 마련할 수 있을 것이다.

---

1) 고정갑희(2009)는 매춘을 노동으로 인정하지 않는 원인으로, 매춘을 둘러싼 성/노동/상품의 위계화를 들고 있는데 감정이 노동으로 인정되지 않는 원인과 연결된 부분이 있어서 차용한다.

이 글에서는 대면접촉 서비스 노동자인 미용사[2]를 연구대상으로 한다. 외모나 스타일이 개인의 정체성을 상징해주는 이 시대에 미용사라는 직업과 직무는 과거와 달리 고도로 전문화된 것처럼 보이고, 미용사의 지위도 스타일을 창조하는 미적인 분야의 전문가로서 인정받고 있는 듯하다. 그러나 여성 직종이라고 일컬어지는 직종들에서 나타나는 노동가치 절하가 미용사에게서도 여전히 나타나고 있고, 미용사로서의 정체성에 부정적인 영향을 끼치고 있다.

따라서 이 글은 미용사의 노동조건을 통해서 미용사의 노동시장에서의 위치를 분석하고, 노동과정 분석을 통해서 미용사의 감정과 스타일 거래를 통한 상호작용이 어떻게 이루어지는지를 분석하려고 한다. 이러한 분석을 통해서 기존의 노동개념과 다른 감정노동의 양상을 살피고, 감정노동자로서 주체화되어 가는 노동과정을 살필 수 있을 것이다. 그리고 이 글은 이러한 미용사의 고객과의 체현된 상호작용이 고객만족이라는 교환가치 창출과 어떤 관련을 맺으며, 노동가치 생산을 위해 미용사가 유동적인 고객만족·노동과정에 맞추어서 행하는 협상 전략의 맥락을 드러내는 데 목적이 있다.

2. 연구방법

이 연구는 '머리에 봄'(가칭) 프랜차이즈 기업에 소속된 광주지역의 두 지점(풍암점, 전대점)에 근무하는 관리자와 미용사를 대상으로 한다. 실장 2명, 미용사 6명을 주된 연구대상으로 하고 있다. 덧붙여 프랜차

2) 자신이 곧 상품이 되는 미용이라는 일은 타 업종에 비해 본인의 노력과 실력으로 자신의 가치를 높일 수 있는 직업이다. ... 기술이 무엇보다 중요했던 시대에서 서비스와 감성 마케팅이 주를 이루는 시대로 변화하고 있다. ... 미용사는 기술자가 아니라 전문가이다. ... 미용은 아름다워지고 싶은 사람의 본능을 충족시켜주는 사업이다(『에스테티카』, 2007)라고 하는 미용전문잡지의 글이 미용사의 변화상을 잘 드러내준다.

이즈 미용실에 근무하다 개업한 사례 2인과 개인미용실에 근무하는 1명을 보조 자료로 분석하고 있다. 정보 수집은 2008년 3월부터 2009년 5월까지 참여관찰과 인터뷰를 통해 이루어졌다. 그리고 기업 홈페

표 1. 연구참여자

지점명	이름(가명)	연령	성별	학력	직급	'머리에 봄' 기업 근속년수	그 외 미용실 근속년수	특이사항
A지점	김혜수	37세	여	전문대졸(관광과)	실장	9년	무	기혼, 중소기업 다니면서 미용사 자격증 취득
	박지선	29세	여	전문대졸(피부미용과)	스타일리스트	4년	5년	고3때 서울에서 시작
	신봉선	41세	여	대학 중퇴(전산과)	스타일리스트	8년	13년	기혼, 4년제 대학 휴학한 뒤 시작
	전지현	25세	여	고졸	스타일리스트	5년	1년	고졸 후 바로 시작 호주로 취업이주(1년간)
B지점	이영애	36세	여	전문대졸(피부미용과)	실장	9년	무	
	고현정	32세	여	전문대졸(피부미용과)	수석 스타일리스트	10년	무	
	염정아	28세	여	고졸	스타일리스트	2년	6년	개인 미용실에서 계속 근무하다 근래 들어 프랜차이즈 미용실에 취업함
	고소영	31세	여	전문대졸(피부미용과)	스타일리스트	1년	10년	서울에서 일하다 광주(고향)로 내려온 지 1년됨
보조자료	노홍철	39세	남	고졸	경영주	7년	8년	기혼, 개업- 2년
	유재석	38세	남	전문대졸(피부미용과)	경영주	3년	12년	기혼, 개업- 1년
	김남주	34세	여	전문대졸(유아교육과)	미용사	3년	8년	개인미용실 재직 중

이지와 근무규정 매뉴얼 분석을 통해 노동환경을 파악하였다. 인터뷰가 미용실에서 이루어짐으로써 연구 참여자의 목소리에 현장감을 더할 수 있었고, 연구자가 직접 고객 체험을 해봄으로써 연구 참여자와 소통하는 데 도움을 받을 수 있었다.

연구 참여자는 프랜차이즈 미용실에 소속된 미용사로 한정한다. 프랜차이즈 미용실을 택한 이유는 특수고용직의 고용형태와 관례화된 근무규정이 탈산업사회의 감정노동자의 노동환경을 잘 나타내기 때문이다. 또한 두 지점을 선택한 이유는 미용실의 위치에 따라 고객 취향이 달라짐으로써 미용사의 스타일 연출, 고객 응대법 등이 달라지기 때문이다. A지점은 대형 마트 안에 위치하고 있고, 그 마트를 찾아오는 젊은 중산층의 주부들이 주 대상이다. 이 지점은 매출 실적이 좋아 비교적 안정된 편이며, 직원들의 이직율이 낮다고 한다. B지점은 대학가와 북구청 근처에 위치하고 있기 때문에 주된 고객층이 대학생, 공무원, 개인서비스업에 종사하는 사람이다. 이 지점은 인터뷰 기간 중에도 매출실적이 저조해서 할인행사를 하고 있었고, 직원들의 이직이 잦은 편이었다. 현재는 폐업상태이다.

Ⅱ. '머리에 봄' 기업의 근무규정 및 노동조건

1. 조직구조 및 교육체계[3)]

'머리에 봄' 기업은 1981년 1호점을 낸 이후로 현재 체인점을 국내

---

3) 특히 이 기업이 다른 기업과의 차별성으로 강조하는 것은 교육 시스템인데, 교육내용은 1) 고객만족을 최우선 목표로 기술력 향상 프로그램 2) 인성 및 서비스 교육 프로그램 3) 프로페셔널한 미용사 양성 프로그램으로 구성돼 있다. 인성 및 서비스 교육 프로그램을 '아름다운 마음이 담긴 기술력'으로 표현하고 있는 점이 인상적이다('머리에 봄' 기업 홈페이지).

에 350여개(50평 이상 규모), 해외 10개, 계열사를 3개를 둘 정도로 규모가 크다[4]. 보통 미용실하면 떠올리는 개인 소유의 상점 규모와 비교하면 아주 큰 규모이고, 고용이나 인력관리 면에서도 공식적인 체계를 갖추고 있다.

연구대상인 미용실은 직영점으로, 실장이 관리하고 미용사, 스탭이 실장의 관리를 받으며 일하는 조직 체계를 갖추고 있다.[5] 직영점의 경우 실장이 모든 관리자의 역할을 대신 수행하기 때문에 실장은 피고용인임과 동시에 다른 피고용인을 통제하고 관리하는 역할을 수행하고 있다. 실장이 관리를 한다고 해도 실장도 피고용자이기 때문에 외적으로는 개인이 운영하는 미용실보다는 노동통제가 약하게 보일 수 있다. 그러나 실장에게 어느 정도 관리자로서의 자율성을 주어 직원들에게 영향력을 행사하게 하고 있다.

실장이라는 직책은 공식적인 권한부터 미용사의 임금에 지대한 영향을 미칠 수 있는 고객 배정권, 승급을 위한 평가의 권한까지 주어져 있기 때문에 미용사에게 막강한 영향력을 행사한다. 또한 실장의 임금도 매장 수입에 따라 달라지므로 매장 소득관리에 중점을 두게 된다. 이러한 관리는 일차적으로 본사의 체계적인 교육과 세밀한 근무규정을 통해 이루어지며, 실장은 본사의 이러한 규정이 매장에서 잘 지켜지도록 관리・감독하는 역할을 맡고 있다.

이 기업은 무엇보다도 전문적인 교육시스템을 보유하고 있음을 홍

4) 이 기업의 홈페이지에는 "전국 10만여 개 미용실, 30여개 브랜드 살롱들이 저마다 최고라 하지만 국내 최대 매장, 최대 고객을 보유하고 있고, 차별화된 전문성으로 미용업계의 역사를 새로 쓰고 있다"고 홍보하고 있다.

5) '머리에 봄' 기업의 미용실은 체인점과 직영점으로 분류되는데 체인점의 경우는 개인이 로얄티를 내고 운영하는 체계이고, 직영점의 경우는 본사가 관리하는 체계이다. 직영점의 경우는 매장의 실질적인 관리・감독을 실장이 대리하고, 그 외 관리자격인 점장과 매니저는 그 매장의 수익에 따라 배정이 결정된다.

보하여 미용사 인력을 확보하고, 고객에게도 '전문적'인 이미지로 다가서고 있다. 이 기업의 교육은 보조미용사인 '스탭'이 정식 미용사인 '헤어미용사'가 되기 위한 '비전제시교육'부터 시작된다. 이 교육은 총 2년이 소요되는 과정[6]으로, 대부분은 보통 6개월 정도 걸리는 미용사 자격증을 따고 들어오거나 대학 졸업(2년제) 후 입사하기 때문에 정식 미용사가 되기까지 2년 6개월에서 4년이라는 기간이 소요된다. 더욱이 이 기업에서 실시하는 필수적인 교육은 본사가 있는 서울에서 진행되므로 휴무일을 반납해야하고 교육비까지 부담해야 하기 때문에, 시간적, 경제적 투자가 필수적으로 요구된다.

미용사가 된 뒤에도 초보 미용사, 고급 미용사 등의 교육이 필수적으로 진행되고, 유행의 변화에 발맞춰가기 위한 상시적인 교육이 지속적으로 진행된다. 기술교육이 주가 되지만 서비스교육이 동시에 이루어지고, 단계가 높아질수록 서비스교육을 넘어 인성, 인간관계, 자기 이해 등 감정 관리를 위해 개인의 심리구조를 변형시킬 것을 요구받는 교육까지 실시된다.

> 손님 응대교육은 스탭 3단계, 미용사 3단계. 교육은 선택이 아니라 의무사항이야. 스탭은 자세, 미용사는 컴플레인 고객을 만났을 때 대처하는 방법에 중점을 두지. (구체적으로 얘기해주신다면?) 전화, 인사, 차 응대, 시술 들어가기 전 멘트 이런 거. 미용사도 거의 똑같은데... 고객의 마음을 어떻게 하면 읽을 수 있을까? 좀 더 고객의 마음을 캐취할 수 있는 방법, 이런 거. 특이한 거는 얼굴유형에 따라 성격 분류도 배우고... 이런 거지. 턱이 뾰족하면 성격이 이렇고, 저렇고. (신봉선)

이처럼 기술교육만큼이나 서비스교육에 비중을 두는 것은 '서비스'

---

6) 기술교육은 총 5단계(20과목), 서비스교육('접객')은 3단계로 구성되어 있다. 접객 1단계는 호감 가는 표정연출, 올바른 자세와 태도, 접객 2단계는 화법・전화응대, 접객 3단계는 서비스 마인드이다. ('머리에 봄' 기업 관리자 매뉴얼)

라고 칭해지는 고객과의 상호작용이 수익을 내는 데 지대한 영향을 끼치기 때문이다. 또한 이러한 서비스교육을 통해 실제 노동현장에서는 언어, 행동, 표정, 외모 등 미용사의 체현된 모든 노동활동이 노동통제의 대상이 된다.

2. 근무규정

'머리에 봄' 기업의 근무규정 매뉴얼에서 다른 직종과 다르게 눈에 띄는 것은 '외모기준과 접객 요령'을 '근무규정'으로 자세하게 규정하여 관례화된 규칙으로 설정하고 있다는 것이다. 먼저, 외모에 대한 규율 측면에서 보면, 미용사와 스탭은 외모 기준이 다르다.[7] 부록에서 보듯이, 미용사의 경우는 정장차림에 구두를 신어야한다는 제약을 제외하고는 자유롭게 자신의 스타일을 연출할 수 있는 반면에, 스탭의 경우는 제복을 입게 되어 있다. 미용사는 '스타일리스트'로 명명할 정도로 외관상 보이는 이미지가 중요하기 때문에 옷차림에 자유를 허용한 반면, 스탭의 경우는 프랜차이즈 기업의 통일적인 이미지를 주기 위해 제복을 입게 하고 있다. 이렇게 대면접촉 서비스업에서 많이 입는 제복은 정신의 획일화로 이어지고, 제복을 착용하는 것은 개인으로 행동할 권리보다는 검열당하는 존재라는 것을 상징한다고 할 수 있다(포터 외, 2004).

외모 기준은 단순히 어떤 옷을 입느냐에 그치지 않는다. 미용사와 스탭 모두 머리에서부터 발끝까지 외적으로 보이는 모든 부분에 대한 기준을 정하여 신체를 규율하고 있는 것을 볼 수 있다. 특히 미용사에게는 '지나치게 화려하지 않으면서도 단정한 이미지로 고객에게 신뢰

---

7) 이 기업의 근무규정 메뉴얼에서 '몸가짐의 기준'은 미용사의 경우 18가지 기준을 제시하고 있고, 스탭의 경우는 신체(복장)를 남성-7개, 여성-8개로 나누어 복장의 상태부터 얼굴표정, 화장술까지 규정하고 있다.

감을 줄 수 있는 전문적인 이미지 연출'을 요구하고 있는데 이는 미용사에 대한 기존의 편견을 불식시키고, 미용전문가로서의 면모를 강조하기 위함이다.

다음으로 접객 측면에서 보면, 언어, 말투, 표정, 행동, 시선 등 고객을 응대하는 모든 과정을 대본화하고 있는 것을 볼 수 있다.[8] 고객과의 상호작용을 일상화하고 표준화하기 위해 직원의 상호작용을 치밀하게 대본화하는 것이다(발렌타인, 2009: 200). 이러한 노동과정의 대본화는 프랜차이즈 미용실로서 '전문적'이고 '표준화'된 이미지를 창출할 목적을 갖고 있지만, 미용사의 노동을 통제하는 기제로 작동한다. 즉 개인 미용실과 달리 프랜차이즈 미용실의 이미지는 통일되고 일관되어야 함을 강조함으로써 미용사에게 기업의 규율을 내면화하게 한다. 프랜차이즈 미용실에 고용된 미용사들의 이미지는 그 기업의 개성을 나타내는 물질적 기표로 간주되고 있는 것이다.

3. 노동조건

1) 고용형태: 특수고용직

이 기업의 미용사의 경우는 스탭일 때는 정규직으로 고용되어 일하다가 미용사가 된 후 6개월이 지나면 '특수고용직'[9]으로 전환되어 개

---

8) 매뉴얼에서 10대 용어, 인사의 기본자세, 접객의 기본, 전화응대, 접객 응대법을 제시하고 있고, 이 모든 것을 합하여 노동과정에 따른 순서대로 '접객 12단계'를 제시하고 있다. 매장 내 근무 위반사례, 컴플레인 처리요령을 보면, 철저히 고객에 초점이 맞춰져 있음을 알 수 있다(부록 2 참조).

9) 독자적인 사무실, 점포 또는 작업장을 보유하지 못하면서 비독립적인 형태로 업무를 수행하고 근로제공의 방법이나 시간 들은 독자적으로 결정할 수 있는 근로자를 의미한다. 이들은 스스로 고객을 찾아 상품이나 서비스를 제공하고 수당 등 대가를 받는 형태로 일하는 자들이다(김종숙 외, 2005:140). 보험설계사, 학습지교사, 골프장 캐디, 택배 배달원이 대표적이지만 이외에도 '노동의 유연화'라는 명목으로 많은 직종에서 도입되

인사업자가 됨과 동시에 임금도 능력급(인센티브제)으로 바뀐다. 미용기술의 숙련을 위해 장기간의 스탭 과정[10]을 거쳐 미용사가 되면 정당한 노동의 가치를 인정받아야 함에도 불구하고, 임금은 근무시간에 비하면 최저임금에도 못 미치는 수준이다.[11] 더군다나 특수고용직이 되면서 기본급마저 인정받지 못하고, 4대 보험도 적용되지 않기 때문에 어떠한 사회적 안전망도 보장받지 못한다. 특수고용직은 다른 비정규직과도 다르게 현행 노동법상에서는 이들이 노동자성을 인정받지 못하므로 법 밖에 위치한다. 이는 사실상 기업의 필수적인 업무이나 사용자가 노동법 적용을 회피하기 위하여 직접 고용하지 않고 사업을 하는 형태이다. 실제로 사업자의 사업에 편입되어 근로를 제공하고 대가로 급여를 받으므로 형식적으로 독립사업자의 외양을 띠고 있다 하더라도 근로자로서의 인정이 필요하다(김종숙 외, 2005: 140).

이 기업의 미용사 임금 산정 기준을 보면, 이 기업의 메뉴얼[12]에서는 기본급여 보장에 기타 수당을 지급하는 것으로 명시하고 있지만 실상은 이와는 다르다. 이 기업의 임금 산정 기준은, 한 미용사의 전체 매출에서 10%를 뗀 금액의 25%를 받는다. 거기다 총 매출액의 5%가 되는 제품을 팔지 않으면 1%를 삭감하여 24%를 받게 된다.[13] 이

고 있는 추세이다.

10) 스탭일 때는 외형상 정규직이긴 하지만 미용사의 '보조자'라는 지위를 점하기 때문에 저임금과 수련생으로서 낮은 대우를 감수해야 한다.

11) 현재 최저임금—시간당 4,110원—에 따라 미용사 근무시간(주당 6일, 매일 12시간 근무)을 적용하여 계산해보면 월급이 1,183,680원이다(초과수당은 계산되지 않음). 그러나 스탭은 말할 것도 없고, 미용사도 '최저임금'에 못 미치는 경우도 있다.

12) 임금 산정 기준이 '기본급여+성과료+직책수당+점판수당+기타수당+퇴직금'으로 기재되어 있다.

13) 이를 '점판'이라고 하는데 기업측에서는 점판 수익을 올리면 오히려 수당이 올라간다는 논리를 펴지만, 실제 노동과정에서 제품을 홍보하고 판매하기란 매우 어려운 상황이어서 포기하는 경우가 많다.

러한 능력급의 임금 방식이 휴무에도 직접적인 영향을 끼치게 되는데, 미용사는 평균적으로 받는 임금을 맞추기 위해서 공식적으로 규정하는 월차, 연차 뿐만 아니라, 1주일에 1회씩 하는 일상적 휴무마저도 쉬지 못하는 경우도 있다. 수석미용사의 경우 예약제라는 형식을 취하기도 하지만, 대부분 미용사는 고객의 불규칙적인 방문으로 언제 수익을 올릴 수 있는지를 가늠할 수 없기 때문에 평균 수입에 미치지 못하는 달은 휴일까지 무급으로 '자발적으로' 반납해야 한다. 이러한 미용사의 특수고용직으로서의 노동조건으로 인해서 노동통제가 자동적으로 이루어짐을 알 수 있다.

2) 노동통제: 판옵티콘적 통제

이 기업의 미용사는 형식상 특수고용직이라는 조건에 의해 법의 영역에서는 고용주의 통제로부터 독립되어 있는 듯 보이고, 거기다 직영점일 경우는 직접적인 고용주의 통제가 없기 때문에 '직접적'인 통제는 보이지 않는다. 그러나 근무규정에서 보았듯이 고객과의 상호작용을 위한 모든 요소들을 대본화하여 교육・관리하고 있고, 더욱이 능력급의 임금산출방식으로 인해 고객을 배정해주는 역할을 하는 관리자의 지시에서 자유롭지 못한 '관료제적 통제'[14]를 받고 있다.

미용사의 노동과정에 기술적・관료제적 통제의 특성이 일부 나타나

14) 에드워즈의 분류에 따르자면, 통제의 3요소를 작업지시, 감시와 평가, 상벌체계로 놓고, 노동통제의 유형을 '단순통제'에서 '구조적 통제'로, 구조적 통제에는 '기술적 통제'와 '관료적 통제'로 분류하고 있다. 여기서 관료적 통제는 노동자의 저항에 취약한 기술적 통제를 보완하기 위해 고안된 통제방식으로서 이는 감독자의 명령에 의해서 행해지는 것이 아니라, '규칙의 지배'에 의해서 이루어진다. 감독자와 작업자가 똑같이 '기업의 방침'에 예속되어진다. 따라서 감독자들의 부하의 업무수행에 대한 평가도 자신의 자의적 기준에 의해서 수행되는 것이 아니라, 이미 정해진 기준에 따라 수행한다. 이러한 '객관성'이 감독자의 판단에 정당성을 부여해줌으로써 노동자의 저항을 취약하게 만드는 것이다(심윤종 외, 2000).

기는 하지만, 미용사는 전통적 방식의 노동과정과 매우 다른 양상을 띠면서 오히려 탈산업적인 서비스 직종 고유의 노동통제와 전자감시가 보다 주요하게 나타난다. 전통적인 산업에서 노동자와 직업의 젠더화된, 인종화된 특성들의 상호 구성적 과정이 탈산업적 서비스 경제에서는 "고용인의 신체구조 자체로까지 확대되었고, 노동의 심미적, 감성적 요소는 기술적 능력보다 점차 더 많은 가치를 가지고 있다(발렌타인, 2009: 198). 이러한 노동과정의 변화는 소위 '판옵티콘적 관리'를 통해 이루어지는데, 즉 관리적 통제를 통해 노동자 스스로 기업이 요구하는 신체적·행태적 규준을 내부화하여 자기를 스스로 규율하게 된다(위의 글, 2009 재인용). 특히 이러한 판옵티콘적 통제방식은 미용실의 '개방적인' 공간 배치, CCTV 사용, 출·퇴근과 외출을 관리하는 단말기의 사용 등으로 변모하고 있다.

이러한 탈산업적 서비스 경제의 노동통제방식은 미용사의 모든 노동활동에 영향을 끼친다. 내면화된 통제방식 아래에서 미용사들은 노동조합이 없기 때문에, 공식적으로 저항하기가 어렵다. 그래서 미용사들은 신체 규율과 자아 통제에 대해 은밀하게 저항하는 미시적인 전략을 선택하게 된다.

3) 노동 강도

하루 12시간·주 6일 근무라는 장시간의 노동시간과 함께 정장과 하이힐 착용의 외모기준, 서서 일하는 미용사의 직무특성은 노동강도를 강화시키고, 육체적·정신적 직업병을 가져온다. 이와 더불어 불규칙적인 고객방문으로 인한 동시작업, 스탭 결손 시 과중한 노동 부담의 상황은 노동 강도를 한층 강화시키는 요소이다. 무엇보다 '무조건적인 고객요구 수용의무' 규칙은 고객과의 상호작용이 노동 강도를 변화시킬 수 있는 최대 변수임을 보여준다.

> 상담이 1분도 안 걸리는 고객님이 있는가 하면, 정말 스타일이 안 맞아서 2-30분 걸리는 경우도 있어요. 디자이너들은 상담을 짧게 들어가는 게 아무래도 체력이라든지 ... 솔직히 말하면 적게 하는 게 더 낫죠. 상담시간동안 머리를 얼마나 굴려야하는지 몰라요. 상담이 많이 필요한 한 명보다 스타일이 저랑 맞는 세 명 하는 게 훨씬 나아요. (고소영)

그만큼 육체적인 측면만큼이나 정신적인 측면의 스트레스가 과중하다. 이 기업의 '고객만족을 고객감동으로, 고객과 함께 발전하는 서비스 감동주의'라는 경영이념이 미용사에게는 노동자로서의 권리를 내세우지 못하게 하는 직무요건이 되는 것이다. 고객의 '만족감'이라는 것은 매우 주관적이고, 한국 문화는 서비스 제공자를 '시중'드는 사람으로 치부하는 경향이 있다. 이러한 맥락에서 특히 여성 서비스 노동자들은 '자기를 포기하지 않으면' 버텨낼 수 없는 노동조건에 처해 있다.

서비스 노동자에게 노동자로서의 권리를 인정받지 못함으로 인해 오는 가장 치명적인 영향은 건강권에 대한 훼손이다. 외모적 규제와 무한 감동 서비스라는 규율이 서비스 노동자의 건강권을 위협하고 있다. 미용사는 장시간 과중한 노동으로 인한 신체적 손상(허리 디스크, 하지정맥류, 손목, 손가락 탈구 등), 화학약품에 의한 피부 알레르기, 통풍이 잘 안 되는 여건으로 인한 호흡기계 질환, 불규칙한 식사로 인한 위장질환 등 다양한 육체적 직업병을 앓고 있다.

> 워낙 건강체질이라 기억이... 알레르기나 허리병 등등이 있었지. 근데 미용사라면 누구나 한번 정도는 거쳐야 되는 거야. 고통이 있는 것만큼 승급도 하고 이러잖아요. 우리가 하는 일이 약품을 다루는 거니까... 그게 싫으면 안 해야지. (신봉선)

열악한 노동환경에서 이러한 다종다양한 직업병을 앓게 되지만, 산업재해로서 공식적인 인정을 받지 못하므로 개인적으로 해결해야 된다. 그러므로 위의 사례에서와 같이 미용사들이 겪는 직업병은 당연한 것이고, 그 고통을 이겨내는 것이 미용사가 되기 위한 통과의례인 것처럼 생각하는 경우가 많다. 그러나 직업병으로 인해서 중도에 포기하는 사람의 비율이 상당함에도 불구하고, 이 문제를 단순히 의지력이 부족한 개인의 문제로 치부하는 노동문화는 미용사의 건강권 침해를 더욱 은폐하게 하는 결과를 낳고 있다.[15)]

Ⅲ. 미용사의 노동과정

1. '머리에 봄' 미용실의 공간구성

두 지점 모두 매장의 규모가 100평 정도이고, 개방된 공간구조이다. 중앙에 배치된 2열의 작업대를 중심으로 해서, 고객의 동선에 따라, 벽쪽으로 고객접수를 하는 데스크, 고객 물건을 수납하는 사물함, 고객들의 대기 좌석(컴퓨터 설치, 잡지 비치), 음료가 나오는 바(bar), 샴푸실이 배치되어 있다. 보이지 않는 곳에 재료실과 식당, 화장실이 별도로 있다.

그림 1. 매장 전경

중앙에 배치된 작업대는 미용사 한명 당 3-4개를 배정하고, 출입구 쪽부터 경력이나 수입규모 순으로 배정된다. 이러한 작업대의 배정은 불규칙

15) 미용업계에서는 '건강한 노동자 효과'라는 것이 있는데, 이는 고되고 유해한 미용노동을 견뎌낼 수 있는 몸을 가진 건강한 노동자들만 미용사로 살아남을 수 있음을 의미한다.

그림 2. 작업대 비교

적인 고객의 방문에 유연하게 대처함과 동시에 제한된 시간에 최대의 고객을 받기 위한 방식이다. 이러한 배정은 미용사의 노동 강도에 지대한 영향을 끼친다. 미용사가 동시에 몇 명의 고객을 놓고 작업하느냐에 따라 노동 강도가 달라지기 때문에 과중하게 많은 고객을 받아 동시에 시술하는 경우에는 서비스의 질이 낮아질 가능성이 높다.

또한 작업과정에 제일 중요한 재료들이 작업대와 멀리 떨어진 곳에 위치해 있고, 차 대접, 샴푸, 열기구 사용 등의 다양한 작업이 병행되어야 하기 때문에, 스탭의 도움이 필수적인 공간배치인데, 스탭의 결손 또한 미용사의 노동 강도를 강화시키는 요인에 속한다.

고객의 불규칙적인 방문으로 '대기'는 필수적인데 대기하는 장소는 별도로 두지 않는다. 원칙상 '매장 안에서 앉아 있는 행위'는 금지되어 있고, 특히 스탭의 경우는 작업하는 고객이 없을 때, 돌아가면서 매장 입구에 서있는 것이 규정이다. 이러한 규정은 미용사의 경우에는 융통성이 있어서 고객들의 대기 자리에 앉아 있을 수는 있다. 그러나 식사와 같은 특별한 일을 제외하고는 매장 밖에 있는 것은 자제하도록 지시 받는다. 고객이 없는 경우에도 통제가 가능한 매장 안에 있으면서 언제든지 고객을 맞이할 준비가 되어 있는 상태로 대기하고 있어야 한다는 의미이다.

마지막으로 미용실의 공간배치에서 주목해야 할 점은 매장이 한 눈에 보이는 개방적 공간구조라는 것이다. 이러한 구조는 이 연구사례뿐만 아니라, 대부분의 미용실에서 볼 수 있다. 이러한 공간구조는 불규칙적인 고객 방문으로 인하여 긴장을 늦출 수 있는 미용사들의 신체, 감정을 통제하기 위함이다. 무엇보다 이러한 판옵티콘적 통제방식은 미용사가 규율을 '체현할 수 있도록' 자신의 신체적 수행을 다루어야만 한다는 것을 의미한다.

2. 미용사의 '상호적으로 체현된 노동(interactive embodied labor)' 과정

20세기 마지막 수십 년 동안에 산업노동은 자신의 헤게모니를 상실했으며, 그 대신 '비물질 노동', 즉 지식, 정보, 소통, 관계 또는 정서적 반응 등과 같은 비물질적 생산물들을 창출하는 노동이 출현했다(네그리 · 하트, 2008: 158). 비물질 노동 중에서 미용사의 노동과 밀접한 관련을 맺는 노동은 인간적 접촉과 상호작용이 중시되는 '정동'이라 불리는 감정노동이다.[16] 정도의 차이는 있지만, 감정노동은 서비스 산업 전체에 걸쳐 일정한 역할을 수행하고, 편안한 느낌, 행복, 만족, 흥분, 열정과 같은 비물질적인 결과물을 생산한다(하트, 2005: 139).

이러한 분석은 탈산업화 시대의 새로운 노동 흐름을 잘 포착해냈지만 성별화된 몸에 새겨진 일련의 사회적 특성이 젠더의 구분선을 따라 어떻게 배치되는지에 대해서는 관심을 두지 않는다. 이에 맥도웰(McDowell)은 '상호적으로 체현된 노동'이라는 개념을 통해서 대면접촉 여성 서비스 노동자들의 특성을 분석함으로써 여성의 노동시장에서의 '위치'를 잘 드러내준다. '상호적으로 체현된 노동'은 신체적 특징이 서

16) '비물질 노동' 개념을 정립한 이탈리아 맑스주의자들은 감정(emotion)보다는 정동(affect)이라는 용어를 사용하였지만, 여성학에서 말하는 감정노동과 유사한 개념이므로 여기서는 감정노동으로 사용하고자 한다.

비스의 일부가 되고, 감정[17]이 노동자의 작업장 수행에서 중요한 교환의 대상이 되고 있음을 강조한다. 특히나 노동자와 구매자간의 직접적 접촉을 통해 이루어지는 상호작용이 교환가치의 결정적 요인임을 드러낸다(McDowell, 2009). 맥도웰은 여기서 '체현(embodiment)'[18]이라는 개념을 사용함으로써 서비스 경제에서 몸이 이전과 다른 방식으로 의미를 지니게 됨을 강조한다. 즉 대부분의 노동이 노동자의 몸을 매개로 수행되지만, 서비스 경제에서는 노동자의 키, 몸무게, 외모, 태도 등 노동자의 신체적 특징이 서비스의 일부이고, 교환의 내용이며, 어떤 직종에서는 고용조건이 되기도 한다(문은미, 2009: 21).

미용사에게 '시술'[19] 과정은 아주 복잡다단한 과정이다. 동시에 여러 고객을 상대하는 경우가 다반사이기 때문에 스탭과 호흡을 잘 맞춰가면서 모발의 변화에 따라 로트풀기·열기구 처리 시간을 조절해야 한다. 그리고 어떤 경우는 최대 4-5시간이 소요되는 경우도 있기 때문에 고객의 지루함, 피곤함을 달래주면서 고객이 만족감을 얻을

---

17) 이는 혹실드가 인간의 자연적인 특성으로만 여겨지던 '감정'이 어떻게 상품화되는지를 분석하면서 '감정 노동' 개념을 이끌어낸 연구와 연결되어 있다(혹실드, 2009). 여기서 감정노동이란 "자신의 심리적·감정적 상태를 의식적이고 합목적적인 방식으로 관리하고 사용하는 일체의 노력들"을 지칭하는 포괄적 개념으로, 특정 감정을 구성하고 유지하는 감정관리가 사용가치 및 교환가치를 창출하는 활동을 의미한다(박홍주, 2008: 220).

18) 체현은 흔히 사회적, 문화적 규범이나 양식이 '몸에 배어 있는 것'을 말할 수 있다. 그러나 체현은 단순히 담론에 의해 훈육된, 무기력한 개인을 의미하는 것이 아니라 '몸에 밴 것들을 재해석하고 재현해내는 역동성'까지 의미한다. 체현은 몸에 기입된, 코드화된, 문화적 양상, 습관, 가르침, 체벌, 법 등이 꾸준히 몸에 기입되고, 개인들이 이를 바탕으로 맥락적으로 행위 하는 것을 의미한다.

19) 화학약품을 통해 머리카락을 변형시키는 작업에 '시술'이라는 표현을 쓰는데 이는 미용기술의 전문성을 특화하기 위한 의도적인 용어 사용으로 보인다. 이 글에서는 미용사들이 주로 쓰는 시술이라는 용어를 그대로 사용한다.

수 있도록 끊임없이 고객과 상호작용해야 한다. 시술과정은 단순히 기술에만 국한된 것이 아니라 스탭과의 공동 작업이면서 고객과의 상호작용을 통해야만 비로소 완결된다. 그러므로 미용사의 노동과정은 육체노동을 통해 모발이 변형되는 물질적인 측면뿐만 아니라, 비물질적인 미용사의 감정노동, 즉 고객의 반응에 따른 미용사의 멘트, 표정관리, 고객과 노동자 간의 상호작용을 매개하는 시술상품들을 사게 하는 노동, 그리고 그 과정에서 나타나는 기술과 지식의 활용(김경희, 2008)까지도 노동과정으로 포함하여 분석해야한다.

따라서 '상호적으로 체현된 노동(interactive embodied labor)'을 미용사의 노동 특성으로 보고, 미용사의 감정노동 과정을 중심으로 분석할 것이다. 미용사의 감정과 스타일이 거래되는 고객과의 상호작용이 어떻게 이루어지고, 이러한 고객과의 상호작용이 미용사 노동의 교환가치 산출과 어떤 관련성을 갖는지 살펴보고자 한다.

1) 시술 전: 미용사의 외모 꾸미기 및 스타일 연출 과정

미용업은 외모에 따른 차별적인 채용을 하지는 않지만 노동과정에서 기술만큼이나 외모는 미용사로서의 가치를 평가받는 기준이므로 외모관리는 필수적이다. 이 기업의 미용실에서는 조회 전에 별도로 외모관리 시간을 두고 있고, 고객을 맞이하기 전 외모관리 – 머리 셋팅, 옷차림, 화장 – 는 필수적인 직무요건이다.

> 내가 돈 주고 하는 건데 이왕이면 예쁘고, 프로페셔널한 사람한테 하고 싶은 거잖아요. (미용사가) 관리를 하고 예쁘게 하고 있는 것은 당연한 건데.... 외모 잘 안 가꾸는 미용사 보면, '향수도 뿌리고 관리해라.'고 해요. 돈만 받쳐주면 성형도 좋고. (박지선)

미용사들에게 외모관리는 '프로페셔널한' 요건 중에 하나이고, 미용사라면 당연히 관리해야하는 직업적인 필수요건으로 내면화되어 있다.

과거에는 이러한 측면 때문에 미용사라는 직업이 천시됐다면, 외모와 권력이 비례하는 현대에는 오히려 이러한 외모 가꾸기가 미용사들의 자존감을 높여주고 있다. 더욱이 고가(高價)[20]로 알려진 이 미용실에서는 미용사의 스타일도 하나의 '서비스'로 간주되는 경향이 있음을 알 수 있다.

> 서비스는 기본이고, 우리는 보이는 직업이예요. 자기의 스타일을. 예쁘게 꾸미고 있어야 되고, 자신한테 투자하고 있어야 되요. 보기에 촌스러우면 자기 머릴 맡기고 싶겠어요? (고객이 미용사를 선택하기도 하나요?) 고객이 고르기도 해요. 미용사 파일에 직책, 얼굴 생김새 보고, 일하는 거 보면서, '저런 스타일 사람에게 받아보고 싶다.'라고 해요. 스타일리쉬하거든요. 한 번 하고 머리가 맘에 들면 계속 해요. (미용사는) 항상 자신에게 투자하고, 스타일 공부를 해야죠. (김혜수, 실장)

이와 같이 미용사의 외모는 실장의 평가와 고객의 선택에 영향을 끼치고, 궁극적으로는 수입과 직결된다. 임금노동은 점차 서비스 교환에서 감정적 관계가 중요한 체현된 수행을 요구하고, 중대해지고 있다. 옷, 외모, 몸무게, 얼굴표정, 제스처, 사교성, 적절한 수행을 표시하는 자아의 체현된 표현은 서비스 부문 노동자들의 필수적인 속성으로서 중요성이 더해지고 있다(McDowell, 2009: 50).

미용사의 외모 관리는 단순한 치장이 아니라 자신의 '색깔'을 잘 드러내 줄 수 있는 '스타일'을 연출하는 것이다. '머리에 봄' 기업에서 미

---

20) 이 미용실은 가격 책정에 있어서 직급(디자이너-수석디자이너-점장)과 재료의 질, 기계사용에 따라 차등을 둔다. 일반적인 디자이너 수준에서 각 시술상품 중 가장 낮은 상품의 가격만을 제시해 보자면, 파마(펌)-50,000원, 염색-50,000원 스트레이트 55,000원, 매직 90,000원이다. 일례를 들어, 파마에다가 염색과 트리트먼트를 추가하게 되면, 총액이 130,000원이 나온다. 이 가격도 각 상품 중에서 가장 낮은 상품의 합계인 것을 고려한다면(단일상품 중 가장 고가는 300,000원), 이 미용실의 시술상품 가격이 얼마나 고가인지를 짐작할 수 있을 것이다.

그림 3. 동일 미용사의 옷차림 비교

용사를 '스타일리스트'라고 명명하는 것은 그만큼 소비사회에서 외적으로 보이는 이미지, 즉 스타일이 중요해졌다는 것이다. 그러기 위해서 미용사의 외모 또한 '고객들이 지향하는' 스타일로 연출되고, 전시되어야 한다.

> 단골 중에는 7년이 넘은 경우도 있어요. 그 분들이 나를 이렇게 따라다니는 것은 내 스타일이 맘에 들어서가 아닐까요? 그래서 나는 내 스타일을 팔고 손님은 사는 관계라고 생각해요. ('스타일을 판다'는 말은 어떤 의미인가요?) 속된말로 한 건데요. 저는 그렇거든요. 제가 되게 자신이 있는 스타일이 있고, 별로 자신이 없는 스타일이 있는데, 손님이 '뭐 이 스타일로 해주세요.' 이런 손님들도 있지만. ... 손님들이 저한테 '어떤 스타일이 어울리겠어요? 어떤 것을 추천해 주실래요?' 이렇게 말하는 사람한테는 '어 뭐... 얼굴 형태는 이러니까 요래 가지고 이렇게 해가지고' 하면서, 제가 제일 자신이 있거나 어울릴만한 스타일을 권유를 해서 그렇게 하게끔 만드는 거잖아요. 그거를 저는 내 스타일을 판다. 내가 뭔가 갖고 있고 자신 있고 이런 스타일을 그 사람한테 자신감 있게 말을 해서 그 사람이 그걸 해주라고 하게끔 만드는 것 자체를 사고, 판다라고 말을 한거예요. (고현정)

미용사는 단순히 고객이 요구하는 머리 형태를 도식적으로 만들어 주는 것이 아니라, 고객의 취향과 잘 어울릴 수 있는 머리 스타일을 디자인하여 전체적인 스타일이 완성될 수 있도록 하는 것이 최종 목표이다. 외모 중심사회에서 스타일은 자신을 표시하는 상징이 되어가고 있고, 스타일의 가장 큰 매력은 마치 자신이 속해 있는 계급이나 배경을 초월한 듯 보이는 환영을 심어주는 능력에 있다(유웬, 1996: 103). 즉 부와 권력의 위계나 불평등성이 증가하고 있는 상황에서 자유롭게 개방된 스타일 시장은 자신을 규정할 수 있는 상징적 능력을 제공한다. 그러므로 스타일이 연출되는 몸을 매개로 미용사와 고객이 만나 상호작용하는 것이다.

2) 시술 과정 1: 머리스타일 상품 및 가격 결정을 위한 상담[21] 과정

미용사는 고객을 첫 대면할 때, 그 고객의 옷차림, 화장, 머리스타일, 말투 등에서 풍기는 이미지로 대충 고객의 스타일을 파악한다. '직업이 무서운 것'이라고 말하는 한 사례처럼 자연스럽게 고객의 스타일이 눈에 들어오면서 고객의 취향에 대한 '감(感)'을 잡게 된다. 이러한 고객의 취향 파악은 고객과의 상호작용의 기본 틀을 구성한다.

고객이 자리에 앉게 되면 본격적인 상담에 들어간다. 머리카락을 만지면서 모발상태를 점검한 후, 거울에 비친 고객의 얼굴을 보면서, 고객과 머리스타일에 참고할만한 여러 측면의 대화를 나누게 된다.

> 미용은 되게 상호적인 거거든요. 고객자신이 어떤 취향인지를 잘 말해줘야 해요. 머리스타일을 선택할 때, 첫째로 자기가 남들한테 어떻게 보이고 싶은지 깔끔한 이미지, 여성스러운 이미지, 귀엽게 보이고 싶은지를. (예를 들어) 귀여운 걸 좋아한다고 하면, 기장을 먼저 정해야 되

21) 고객에게 미용과 관련된 지식을 전해줄 때 쓰는 용어로서, 고객에게 전문가로서 조언을 해주는 미용사의 전문가로서의 역할을 드러내기 위한 언어선택으로 보인다.

> 요. 키, 옷 입는 느낌에 따라서도 다르고 컬도 귀여운 느낌으로. 그 다음에 컬의 느낌은 디테일한 거니까 함께 얘기를 하면서 느낌을 봐야 되고. 마지막으로 (고객이) 요구한 것이 이 머릿결에서 나올 수 있는 컬인지 아닌지는 우리가 모발상태를 보고 손님하고 얘기를 하는 거죠. … '알아서 해주라' 이런 손님들이 젤 어려워요. 나중에 문제가 생길 확률도 높고. 나도 결과가 만족스럽지 않고. (노홍철)

위의 사례에서와 같이 고객과의 원활한 의사소통은 변수가 많은 미용작업[22]에 필수적인 요소이다. 또한 머리스타일의 결과물은 고객의 다른 스타일과 조화를 이룰 때 완결될 수 있기 때문에 고려해야 할 요소가 복잡하며, 심미적인 작업이 요구된다.

그런데 자신의 취향을 잘 인지하지 못하거나 막연하게 주문하는 고객의 경우는 미용사에게 '당혹감'을 불러일으키고, 머리스타일을 결정하는 데 있어서 어려움을 안겨준다. 신규고객일 경우는 그 고객에 대한 취향을 파악할 수 있는 배경지식이 전혀 없기 때문에 우선은 고객의 취향을 파악할 수 있는 얘깃거리들을 이끌어냄으로써 고객이 원하는 바를 정확하게 파악하는 것이 무엇보다 중요하다.[23] 특히나 고객의 요구가 불명확한 만큼 결과물에 대한 고객의 판단도 예측할 수 없기 때문에 '클레임'[24]을 방지하기 위해서는 의사소통을 위한 더 많은

---

22) 미용작업의 변수는 크게 세 가지로 분류할 수 있다. 1)모발상태, 날씨에 따른 화학약품에 대한 반응 2)고객 만족의 주관성 3)고객의 머리손질법.

23) 한 미용전문 잡지에서는 '변덕스런' 고객이 무엇을 원하는지를 미용사가 파악하는 것이 중요함을 강조하면서 다음과 같이 고객을 묘사하고 있다. "때로는 어린 아이처럼 투정이 심하고, 때로는 아내처럼 수다가 많고, 때로는 수줍음 많은 소녀 같은 것이 고객이다." (『에스테티카』, 2006)

24) 매뉴얼에서는 '컴플레인'으로 표기하고 있는데, 보통 미용사들이 자주 쓰는 용어는 '클레임'이다. 이는 고객들의 불만 표시를 이르는 용어로서 미용사, 기업 둘 다의 이미지를 실추시키는 영향을 주므로 아주 예민한 부분이다. 매뉴얼의 컴플레인 처리 시 응대요령을 보면, 고객을 근본적으로 선의를 가지고 있다고 믿고, 고객의 입장에서 성의 있는 자세로 임하기를

감정노동이 요구된다. 신규고객을 단골고객으로 확보하는 것은 미용사의 발전을 위해 중요하므로, 위와 같이 자신의 취향을 잘 인지하지 못하는 고객의 경우, 미용사가 스타일을 개발해줌으로써 고객에게 만족감을 주고 단골로 만드는 전략을 구사하기도 한다. 이처럼 미용기술은 고객과의 상호적으로 체현된 노동이 결합될 때에만 완성될 수 있는 것이다.

고객과의 상호작용은 여러 변수가 작용하므로 유동적이다. 그러므로 아무리 기업에서 각본화된 매뉴얼로 교육을 시킨다 해도 오랜 경험에서 체득되는 '감(感)'보다 우선하진 않는다. 이 과정만 보더라도, 고객의 반응에 따라 상담 시간・강도・결과가 천차만별이다. 시간이 많이 걸릴수록 미용사는 힘이 들긴 하지만 이 상담단계에서 고객과 의사소통이 제대로 되지 않으면 나중에 '클레임'을 발생시킬 수 있으므로 상담에 중요한 의미를 부여한다. 이때, 미용사의 감정노동에 대한 체현된 '숙련도'가 고객과의 상호작용에 지대한 영향을 미치게 된다.

> 처음에 입사했을 때는 내가 교육을 받으면서 익힌 매뉴얼대로 그대로 진행을 했었는데, 이제는 들어오는 손님, 그 손님 표정만 봐도 그 손님의 성격이 어떤지 대략 감이 와요. 예를 들어 시술 중에 손님한테 뭐 필요한 거 없냐하면서 말을 걸어야 하는데 그런 거를 싫어하는 손님도 있고, 아니면 내가 계속 꾸준히 관심을 가지면서 필요한 것들을 계속해서 갖다 주고, 말도 한마디 더 걸어주고 그런 거를 좋아하는 사람도 있고. 대부분 처음 말을 나누면서 파악을 하면 거기에 맞게끔 빨리 판단해서 서비스를 하죠. (고소영)

기존의 전통적인 '숙련'개념에서는 이러한 비가시적인 감정노동과

주문하고 있다. 특히 고객에게 잘못이 있는 경우에서조차도 미용사는 부드럽게 응대하고, 고객이 자존심이 상하지 않게 빠져 나갈 길을 터놓아야 한다고 '친절하게' 주문하고 있다.

심미적 노동은 논외 대상이었다. 그러나 미용사는 숙련된 미용기술과 함께 다른 한편으로 유동적인 고객과 상호작용하는 체현된 기술을 필요로 한다. 그러므로 고프만(1987)의 사회적 상호작용에서 강조되는 의례와 암시적인 규칙의 중층적인 측면에 관한 통찰력을 차용하면서, 감정노동은 숙련노동이라는 입장을 취하는 볼턴의 입장(김경희, 2008 재인용)은 중요한 시사점을 제공한다. 즉 감정노동은 의례를 선택하고 이를 실행하는 단계 모두에서 높은 복잡성과 난이도를 필요로 한다는 점을 주목하면서, 감정노동이 여성들의 타고난 특질이라는 관념으로 인해 제대로 평가되지 못한 점을 지적하고 있다.

소비자와 노동자 간의 상호작용 사이에 개입되어 팔리는 물건, 즉 상품을 사게 하는 노동, 기술, 지식의 활용과정을 통해 감정노동의 물질성을 볼 수 있다면, 미용일에서는 고객과의 상담을 통해 어떤 시술 상품을 선택할 지를 결정하는 바로 이 과정이 여기에 속한다고 할 수 있다.

> (상담 과정은 어떻게 이루어지나요?) 스타일북이 있어요. 먼저, 스타일을 보고, 퍼머도 시술방법, 모발에 따라 다르니까 상담을 하고, 가격도 맞추고. (가격 차이는?) 요즘에는 건강모발이 별로 없어서 '클리닉'[25]을 많이 하니까 퍼머 느낌을 봐요. 드라이해 있는 느낌의 머리를 원하니까 '이런 파마약품은 얼마다 이런 식으로'. 여기는 주 고객이 한번 왔던 고객이 많아요. 일단은 가격에서는 많은 트러블이 없어요. 그냥 나 자체부터가 이 약에 대해서 자부심을 느끼고, 마음이 통하게 설명해주고, 모발에 맞게 선정해주면 한번 왔다 가시는 분은 또 와요. 다음에 오면, 그 전에 어떤 머리를 했는지 기억하고 있다가 모발상태, 유지력 같은 거를 보면서 모발에 이 약이 잘 맞았는지를 평가해봐요. (박지선)

25) '시술'이라는 용어사용과 같이 의학적인 용어를 사용하여, 전문적인 이미지를 부각시키기 위한 의도가 드러난다. 클리닉은 손상된 모발을 개선시켜주고, 좋은 머릿결을 유지하기 위한 목적이 있다.

또한 어떤 머리스타일을 결정 하느냐에 따라서 시술 종류가 정해지고 바로 가격이 결정되기 때문에 이 단계는 미용사의 교환가치, 즉 수입을 결정하는 중요한 과정이라 할 수 있다. 이윤창출에 가장 역점을 두는 기업의 입장에서는 제한된 시간에 최대의 수입을 올릴 수 있는 방법들을 권유하는데, 그 방법 중에 하나가 기본 파마에다가 '클리닉'과 같은 '추가'시술을 하도록 유도하는 것이다.[26] 제한된 시간과 적은 노동력의 투입으로 높은 수익을 올릴 수 있으므로 기업측에서 많이 권장하는 방법이다. 그러다보니 미용사들도 '클리닉'이 꼭 필요한 경우가 아니더라도 '추가'를 권유하는 방식으로 상담분위기를 조성해 가기도 한다. 미용사 노동의 성패는 자신이 디자인한대로 머리스타일이 잘 나왔는지의 여부이지만, 미용사들이 수입에 연연할 수밖에 없는 이유는 그들이 능력급이라는 임금산출방식과 노동의 가치를 화폐로 환산하는 기업의 통제에서 자유로울 수 없기 때문이다. 미용은 '기계화될 수 없는 손노동'으로서 '예술적'인 측면이 강조되기도 하지만, 이러한 노동환경의 현실로 인해 노동과정의 획일화, '화석화'된 상호작용으로 인한 고객과 미용사의 비인간화 경향이 나타난다.

그러나 미용사들은 이러한 기업의 요구와 미용사로서 자긍심, 양자를 충족시키는 전략으로 고객과 상호작용한다. 즉 미용사의 상담이 상업성에만 좌우된 것이 아니라, 모발의 특성을 고려한 전문가의 상담으로 받아들여지도록 해야 한다. 이러한 상담은 대본화된 매뉴얼보다는 미용사 자신이 수많은 고객과의 상호작용에서 체화된 노하우라고 할 수 있다. 이러한 감정노동의 과정이 미용사의 노동가치를 결정하므로 미용사는 자신의 노동가치를 극대화하기 위한 다양한 전략을

26) '추가' 시술의 경우, 기본 유형에 첨가만 하면 되므로, 기본 유형에 투여되는 비슷한 노동력으로 높은 수익을 올릴 수 있게 된다. '클리닉' 상품이 대표적인 예이고, 염색이나 머리 길이에 따른 추가 등 다양한 '추가' 상품이 있다.

그림 4. 단계별 시술과정

수립하게 된다.

3) 시술 과정 2: 감정노동 과정

상담을 통한 스타일 · 가격 결정 후에 본격적인 시술에 들어간다. 시술은 스타일에 따라서 약간의 차이는 있지만 일반적으로 시술 전에 샴푸를 한 후, 머리 스타일에 따라 머리 자르기와 로트말기를 한 후에 약품처리를 하고, 열처리 기구를 이용하여 파마가 잘 나올 수 있도록 하고, 중화한 후 다시 샴푸를 하고, 머리손질로 끝을 맺는다. 시술 과정 중에도 이미 머리 스타일이 결정됐다고 하여 고객과 상호작용이 종결되는 것이 아니라 고객의 물음에 응대해줘야 하는 것은 기본이고, 고객의 표정과 행동을 살피면서 그에 맞추어 감정노동을 수행해야 한다. 이러한 감정노동이 수행되지 않는다면, 고객 만족도는 낮아질 수 있고, 이에 대한 여파로 시술 결과와 상관없이 '클레임'을 받을 수 있으며, 결과적으로 단골고객으로 연결되지 않을 수 있다

'머리에 봄' 미용실은 이러한 감정노동을 '접객 3단계'로 나눠 철저히 교육하고 있고, 관리자 매뉴얼에서도 '접객 12단계'로 각본화하여 강조하고 있다. 각본화된 접객 내용을 보면, 연극에서처럼 그 상황에

맞는 표정까지 연출할 것을 주문하고 있는 것이 매우 인상적이다. 미용사는 고객만족과 자신의 감정을 통제하기 위한 '가면(masquerade)'이 필요한 것이다.

> (미용사가 갖춰야 할 조건이) 기술, 말, 외모 이 세 가진데, 솔직히 기술은 크게 상관은 없는 거 같아요. 왜냐면 손님하고 일단은 친해지게 되면 실수를 하더라도 '그럴 수도 있지.'하고 넘어갈 수 있는 부분이거든요. 기술력도 물론 갖춰지면 좋겠지만 기술력은 세 번째. 일단은 말이 제일 중요한 거 같아요. 고객을 편안하게 해주는 서비스죠. 말 하는 거 자체가. 굉장히 친근하게 한다거나 고객의 마음을 잘 읽어가지고 그때그때에 따라서 대처를 잘 한다거나 이런 부분이 젤 중요하죠. (이영애, 실장)

이처럼 미용사에게 머리 스타일을 디자인하는 기술은 기본이고, 고객 접대(접객), 즉 고객과의 상호작용이 잘 이루어지는 것을 무엇보다 중시한다. 그래서 미용사들도 프랜차이즈 미용실을 이용하는 고객은 다른 사람보다 더 '대접'받는 것을 '서비스'로 해석하고 소비자로서 누릴 수 있는 최대한의 서비스를 받을 때 만족감을 얻는다고 생각하고 있다.

> 서비스는 책임감이지. 자기 손님을 얼마나 만족시키냐가 중요하지. 머리하러 온 사람 대부분이 기분 전환하러 오는 사람이 많고, 동네 미용실을 안 가고 비싼 돈 주고 왜 우리 미용실을 오겠어요? 결과물은 똑같애. 파마는 빠글빠글하고 색깔은 빼내기만 하면 되요. 더 나은 서비스와 대접을 받으려고 오는 거잖아요. 그 기대에 미치지 못하니까 컴플레인이 생기는 거고, 마찰이 생기는 거지. … 돈 잘 버는 사람들은 어느 미용실을 가느냐도 중요해요. 우리나라 사람들, 특히 광주는 더 심각해요. 서울교육 가서 보면 유독 광주 사람들이 메이커(브랜드) 밝히고, 손님들도 그런 것같아요. (전지현)

후기 자본주의의 소비는 물질적 풍요의 향유라거나 생산에 의해 조건 지어진 욕구의 충족이라는 시각에서는 설명될 수 없다(보드리야르, 2002). 소비사회에서는 다른 사람과의 '구별 짓기'와 기호로서 소비가 이루어진다는 것이다. 위의 사례가 말해주듯이 '머리에 봄'이라는 고가의 미용실을 찾는 고객들은 단순히 머리스타일을 변형하기 위한 목적이 아니라, 어떤 분위기에서 접대를 받으며, 어떠한 지식을 교류하느냐, 즉 '머리에 봄' 미용실이라는 브랜드가 갖고 있는 이미지를 소비하는 것이다. 그 이미지의 중심에는 고도의 감정노동이 요구되는 미용사의 '접객 서비스'가 있다.

그러나 소비자 입장에서 서비스 질에 대한 평가기준은 매우 다양하다. 같은 '머리에 봄' 미용실일지라도 어떤 계층의 고객이 주 대상이냐에 따라서 지점의 운영방식이 달라지는 것을 보면 알 수 있다. 이 연구대상인 두 지점은 주 고객층과 상권이 대별되는 곳에 위치한다. B지점 같은 경우는 대학교와 상가에 인접해 있어서 주부보다는 젊은 층이 많고, 가격대도 다른 지점보다는 높게 책정하지 않고, 서비스의 방식도 젊은 층에 맞춰야 할 필요가 있다. A지점 같은 경우는 대형마트 안에 위치하고 있고, 이곳에서 쇼핑하는 젊은 중산층 가족들이 주 고객층이므로 이들의 취향에 모든 것을 맞춰야한다.

> 미용일은 한 곳에 어느 정도는 있어야 되요. 뿌린 대로 거둔다는 말이 있듯이, 뿌려놨는데 그냥 그만두면 안 되죠. 거둘 시기에 와서 그만두면. 여기는(풍암점) 고객들이 계속 오기 때문에 처음에만 고객 맘에 들게 해주면 잘 풀려요. 젊은 아줌마들이 선호하는 스타일 눈여겨 봐놓고, 얘깃거리도 그네들이 좋아하는 취향으로 알아두면 좋아요. (박지선)

미용사가 그 미용실에 자리 잡기까지는 약 3개월이 걸린다고 하는데, 이는 미용실 자체의 특성, 미용실의 주 고객층, 그리고 단골확보

등 고려해야 할 요건이 많기 때문이다. 그래서 아무리 경력이 많은 미용사일지라도 미용실을 옮기게 되면, 3개월 정도는 적응기로서 클레임도 감수해야하고, 고객의 취향을 파악하여 고객응대 방식을 잘 개발하는 것이 관건이라고 한다. 결국 미용사의 노동은 기술적 측면과 결합된 감정노동이 고객과의 상호작용을 거쳐야만 서비스 노동으로서 의미를 발휘할 수 있는 것이다.

4) 시술 후: '스타일링' 과정, 점판

시술 후 결과에 대해 설명하고 머리 손질법에 대해 자세하게 설명하는 '스타일링'단계는 고객의 '클레임'을 예방하고, '점판'[27]이 있어 매우 중요한 단계이다. 이미 설명했듯이 전체 매출액의 5%가 되는 제품을 팔지 못하면 인센티브 비율에서 1%를 삭감 당하므로, 점판은 임금에 지대한 영향을 끼친다. 그러나 머리 스타일 상품을 권유하는 노동과는 달리, 제품구매를 권유하는 것은 말 그대로 물건판매가 되기 때문에 미용사들이 꺼려하는 경우가 많고, 순전히 제품공급처(재료상)와 본사의 이윤을 위한 것임을 알기 때문에 거부하는 경우가 종종 있다. 그러나 그 거부는 개인적인 차원에 머무를 뿐, 점판은 관례적으로 시행되어 왔기 때문에 당연한 것으로 치부된다.

스타일링 단계 뒤에는 고객의 별다른 요청이 없으면 시술이 마무리되는 것이지만, 그렇지 않을 경우에는 고객 요청에 따라 수정작업에 들어가야 한다. 그런데 수정이 가능하면 문제가 없지만 불가능하면 아주 난처한 경우가 발생할 수 있다. 이런 상황을 예방하기 위해서 미용사는 고객의 미세한 반응까지도 살피면서 끊임없이 고객과 상호작용해야한다. 이러한 감정노동은 고객에 대한 응대이기도 하지만, 클레

27) 매뉴얼 〈접객 12단계〉를 보면, 10단계인 스타일링에서는 "고객의 헤어스타일을 만들어 드리며, 차후 손질법과 모발에 맞는 케어제품을 권해드린다."라고 명시되어 있듯이 점판을 하나의 접객 단계로 교육하고 있다. 점판은 헤어 스타일링 제품인 왁스, 젤, 발모제 등을 판매하는 것이다.

임을 예방하기 위한 미용사의 방어 전략이기도 하다.

동일한 미용실이라는 공간에 있을 뿐, 노동과정은 미용사 개인이 독자적으로 행하므로 자신의 고객의 모든 반응에 대해서 완벽하게 소화・처리할 수 있어야 한다. 특히 클레임의 경우는 기업이나 관리자 측에서 미용사를 평가하는 중요한 기준이 되고, 미용사들 간의 관계나 미용실 전체 분위기를 좌우하므로, 되도록 클레임이 걸리지 않도록 고객과 의사소통을 잘해야 되고, 클레임이 발생했을 시, 적절하게 잘 대처해야 한다.

이상과 같이 시술 흐름을 따라가면서 미용사의 감정과 스타일이 고객과의 상호작용을 통해 거래되는 것을 자세히 살펴보았다. 미용일은 다른 어떤 대면접촉 서비스노동보다도 시공간의 맥락에 따라 유동성이 크다. 미용사와 고객의 동시-실존에 의존하고, 서비스는 교환의 순간에 소모된다. 미용사의 노동은 유동성이 큰 만큼 미용사가 감당해야하는 부담감도 큰 반면에, 자율성의 범위도 넓어진다고 할 수 있다.

3. 미용사의 협상 전략: '가면(masquerade)'의 정치학

미용일은 어떤 곳에서 일을 하든지, 불규칙한 고객의 방문, 유행과 고객들 취향에 따른 스타일의 변모, 고객 개인의 스타일・감정 상태 등 유동적인 요인들이 많다. 거기다 노동과정 자체가 매우 독립적이다. 그래서 이 글의 연구대상이 되는 '머리에 봄' 미용실의 경우는 특수고용직이라는 고용형태와 관례화된 규칙을 통해 미용사들을 통제하고 있다. 미용사들은 외관상으로는 매우 독립적인 것처럼 보이지만, 다양한 통제 상황에 놓여 있다. 특히나 능력급의 형태를 띠는 임금산출 방식은 노동 통제를 더욱 용이하게 한다.

그러나 유동적이고 독립적인 직무특성으로 인해 미용사는 노동과정에서 고객과 상호작용 할 때, 다양한 전략을 구사함으로써 자율적인 공간을 구성한다. 다양하게 변화하는 노동환경에 따라 즉흥적으로 재량껏 대처해야하는 경우가 많기 때문에 미용사의 다양한 전략은 필수적이고, 장기 근속자 같은 경우는 이러한 전략을 몸에 체현하고 있다.

> 카멜레온 같다는 생각이 들 때가 있어요. 일을 시작하면, 나라는 존재는 없고, 고객의 감정 상태에 따라서 나도 그 장단에 춤을 추고 있는 거예요. 기분이 꿀꿀해서 머리에 변화를 주려고 온 사람한테는 그거에 맞춰서 ... 호주에서는 서비스라는 게 없어요. 우리가 자기들 스타일을 잡아주는 전문가니까 오히려 고객들이 우리한테 서비스를 해요. (전지현)

고객의 '비위 맞추기'가 미용사에게는 감정의 부조화로 인한 심각한 스트레스를 유발하는 요인이 되기도 하지만, 장기 근속자의 경우는 고객과의 원활한 상호작용이 노동의 가치를 좌우한다는 것을 알기 때문에 다양한 고객의 요구를 능수능란하게 처리하는 법을 체화하고 있다. 다시 말해서 고객과의 상호작용에서 발생하는 스트레스로부터 자신을 보호하고, 오히려 비즈니스 전략으로 활용하여 미용사로서 정체성을 공고히 하고 있다.

> 갓 미용사 됐을 때 미용사가 7명이 있고, 직원이 많은 미용실이었는데 한 선생님이 화장도 안하고, 나쁘게 말하면 촌스러워요. 근데 실력은 좋아요. 그 선생 같은 경우는 클레임이 많이 걸려요. 촌스럽고, 말투도 그러니까 손님이 얕잡아봐요. 보여지는 게 중요하다는 게 외모, 말투 때문에 클레임이 들어와요. 그래서 나는 그걸 보고 정장 입고, 눈화장 하고, ... 카리스마로 제압했어요. 나는 클레임이 안 걸려. 외모나 말투에 진짜 카리스마 있어서 손님들한테 플러스가 된 것 같아요. 손님들이 기가 죽는 거죠. 세보이잖아요. 일부러 개성 강하게 머리를 낸다거나. (김남주)

이 사례는 무조건적인 고객 요구에 대한 수용보다는 고객과의 상호작용에서 우위를 점하기 위한 전략으로 스타일이나 말투에서 강한 카리스마를 풍기는 전략을 사용한 경우이다. 이처럼 미용사들은 각자의 방식으로 가공된 정체성을 표출하고 있다. 유동적인 노동환경에 따라 적절하게 대처하기 위한 적극적인 행위로서 다양한 '가면'을 쓰는 것이다. 미용사의 '가면'은 유동적인 고객과의 상호작용에 따른 대처방식이다. 변화되는 상황에 맞춰 언제든지 바꿔 쓸 수 있는 '가면' 말이다. 여기서 '가면'은 착취의 대상으로서 어쩔 수 없이 취해야 하는 '가식'이 아니라 고객을 관리하기 위한 비즈니스 전략과 감정노동자로서의 스트레스를 관리하기 위한 자기-보호 메커니즘으로서의 가공된 정체성의 창조이다(Sanders, 2005).

특히나 정당한 사유가 아닌 이유로 클레임을 거는 소위 '진상'인 고객에 대한 응대에서도 감정노동자로서의 스트레스를 관리하기 위한 자기-보호 메커니즘으로서 '가면'전략이 드러난다. 우선 미용사들은 클레임을 방지하기 위해 상담 과정에서 고객의 예상과 다르게 나올 결과에 관한 다양한 정보를 주고, 고객에게 선택하게 함으로써 고객이 책임지게 하는 방식을 취한다.

> 원래는 정말 머리가 너무 상해서 클리닉을 해야 맞아요. 클리닉 파마를 해야 맞는데 '클리닉 파마 당연히 하셔야 돼요' 이렇게 말하지 않고 고객이 선택하게끔 '일반 파마가 있고 클리닉 파마가 있는데 어떤 걸로 하시겠느냐? 제가 봤을 때는 머리가 상태가 이러이러 하시니까 조금 가격이 부담스러우시더라도 클리닉을 하시는 게 나으실 것 같다.' 이렇게 선택사항을 주고, 선택을 하도록 해요. 그래가지고 고객이 '그냥 일반으로 해주세요' 하면 '최대한 안 상하게끔 해드리겠는데 아마 고객님이 기대하시는 만큼은 안 나올 것 같다.'고 사실대로 말해요.... 나중에 고객이 불만족했을 때 '제가 아까 이렇게 말씀 드려서 이렇게 결과물이 나온 거라.' 하면 이제 더 이상 말씀 못 하시게 되죠. (염정아)

이처럼 고객의 '클레임'을 방지하기 위해 철저한 상담을 했을지라도, 의사소통했던 내용은 무시한 채 결과물만 보고 불만을 표시하는 고객들도 있고, 결과물과는 상관없이 응대하는 태도에 대해 불만을 갖는 등 '클레임'의 원인은 아주 다양하다.

> '한 5cm정도 잘라 가지구 층을 좀 내주세요' 이렇게 말을 하는 게 아니라 예를 들면 '김태희 머리 해주세요', '전지현 머리 해주세요' 이렇게 한단 말이에요. 그러면 상담을 하고 최대한 비슷하게 한다 해도 그 연예인이 아니기 때문에 사실 틀리거든요. 물론 제 기술이 부족했을 수도 있지만 근데 '이게 어디 전지현 머리냐' 그러면서 이러는 거죠. '자른 거 붙여내라' 그건 어떻게 할 수가 없잖아요. 그러면 설득을 우선 시켜요. '이렇게 이렇게 됐고, 손질을 이렇게 좀 더 해주시면 비슷하니까 너무 이렇게 좀 성급하게 생각하지 말고 이렇게 해라' 그러면서 '이제 뭐 그래도 손님 맘에 안 드셨으니까 트리트먼트라도 한번 해드리겠다' 그렇게 달래죠. 아니면, 처음부터 못 하겠다고 해야 되요. (고현정)

만약 이런 상황이 사적인 관계에서 일어났다면, 분명 미용사는 부당한 측면에 항의를 하거나 화를 냈겠지만 고객과 미용사의 관계라면 상황이 달라진다. 서비스 받는 고객과 서비스를 제공하는 미용사의 관계이기 때문에 미용사는 고객이 어떤 이유로 불만을 갖든지 간에 불만을 해소시켜서 만족감을 얻게 할 의무가 있는 것이다. 그러므로 개인적인 감정처리가 아니라 미용사로서 감정 관리를 하고 그에 맞게 대처하는 '가면'이 필요한 것이다. 이러한 가면 전략이 성공하면 '진상' 고객이 주는 스트레스로부터 자신을 보호하고, 자신의 의지대로 고객을 조정할 수 있게 된다. '가면' 뒤에는 감추어진 실체, 즉 본 모습이 따로 있는 것이 아니라, '가면' 그 자체가 신체의 연장으로서 우리는 매번 자신의 얼굴과 정체성을 바꿔가며 살고 있다(김주현, 2009).

미용사에게 가장 중요한 것은 고객과의 원활한 상호작용으로 시술이 잘 마무리되고, 고객에게 만족감을 주어서 단골로 확보하는 것이다. 이러한 목적을 이루기 위해서 기업의 관례화된 규칙을 자신의 작업에 유리하게 바꾸는 경우도 있다.

> 제품을 팔면 거기에 대한 수당이 나오기도 하니까 처음에는 많이 팔아야겠다는 생각을 하고 고객이 부담될 정도로 많이 했어요. 근데 나중에는 '못 팔고 돈 좀 덜 받으면 되지.' 내가 꼭 사기꾼같이, 장사꾼같이, 막 이렇게 손님이 부담스러워 할 만큼 내가 이렇게 할 필요가 있나 싶어가지고 지금은 안 해요. (염정아)

'점판' 같은 경우는 기업과 제품공급처의 결탁으로 제품 판매율을 높이기 위해 임금 비율에까지 적용시키고 있다. 관리자의 경우에는 제품 판매를 독려하지만, 미용사 입장에서는 자신의 전문적인 이미지를 실추시킴으로써 고객과의 상호작용에 악영향을 끼치는 경우로 판단될 때는 꺼려지는 것이다. 그런 경우에는 점판을 하지 않는 방식을 취함으로써 거부의사를 표현하는 것이다. 이와 같은 미용사의 관례화된 규칙 비틀기는 이 외에도 재량껏 비용을 할인해주거나 클리닉을 무료로 제공하는 등의 방법이 있다.

이처럼 미용사로서 숙련되는 과정에서 기술적인 측면뿐만 아니라 고객과의 상호작용에서 자신을 방어함과 동시에 고객의 무리한 요구를 통제하면서 수입과 연결시키는 전략을 고안해서 체현시키는 것이 중요해진다. 장기 근속으로 다양한 고객들과의 접촉에서 나름대로 고객들을 다룰 수 있는 노하우를 가질 수 있게 되는 경험은 새로운 형태의 노동 주체로 변화하게 되는 촉매제가 된다.

Ⅳ. 나오며

현재 미용사라는 직업은 미용 산업의 확장과 함께 양극화 현상을 보이고 있다. 한편에는 소수의 전문적인 이미지를 표방하는 거대 규모의 프랜차이즈 기업, 스타마케팅을 통한 최고급의 미용실이 있는가 하면, 다른 한편에는 소규모 창업도 불가능하여 특수고용직의 불합리함을 감수하고 있는 대다수의 피고용 미용사가 존재한다. 이러한 현상은 다른 서비스업종에서도 비슷하게 나타나지만 미용일과 같이 충분한 숙련기간이 필요한 직종의 경우는 탈숙련화를 초래하여 전반적으로 미용기술의 질 자체를 저하시키는 요인이 된다. 현재 미용일을 기피하는 비율이 높아지면서 미용학원에 '속성반'과 같은 기형적인 훈련 방법이 도입되고 있는 것을 통해 볼 때, 이러한 추세가 유지된다면 숙련된 미용기술은 기대하기 어려워질 것이다.[28)]

한국 사회에서 미용사는 '기술직'과 '서비스직'이라는 낮은 직업적 신분을 점하고 있다. 특히나 다른 서비스 직종과 달리 '여성들이 주로 일하는 대면접촉 서비스업'에서 요구되는 '서비스'를 행하고 있기 때문에 미용사의 노동권 보장이 더욱더 어려워지고 있는 것으로 보인다. 여기서 '서비스'란, '고객은 왕이다'라는 문구가 적나라하게 보여주듯이 서비스업에 종사하는 이들을 '하인'으로 이미지화하고 있다. 특히나 서비스가 '젊은 여성이 남성에 대해 행하는 수발'로 개념화되어 있는(홍성희, 1999) 한국 사회에서 여성성과 서비스업이 맺는 문화적 측면 또한 간과해서는 안 된다.

---

28) 스탭 구인란으로 인해 스탭 없이 미용사가 모든 과정을 전담하는 형태로 일하는 미용실이 늘고 있거나, 학원에서도 과거 스탭으로 일하면서 배웠던 컷트단계를 속성으로 훈련시켜 바로 미용사로 고용되어 일할 수 있는 속성반을 개설 하는 등 미용사 훈련과정에 많은 변화가 일고 있다. 그러나 장시간동안 숙련과정을 거쳐 체현되어야 하는 미용일이 단기간의 과정을 이수했다고 해서 마스터되는 것이 아니기 때문에 학원과 현장의 괴리가 심각하다. 특히 피부미용과에서 배출되는 학생들이 실제 현장에서 일할 때, 스탭 과정부터 밟아야 하는데 이러한 괴리를 견디지 못하고 중도에 포기하는 비율이 매우 높다고 한다.

미용사를 '시중드는 사람'으로 고객들이 생각한다는 사례의 말에서도 드러나듯이 한국사회에서 미용사는 전문기술직의 성격보다는 고객의 정서적 만족감을 충족시켜주는 서비스 종사자라는 성격이 강하다. 바로 이러한 서비스의 의미는 감정노동의 강도를 강화시키고, 미용사로서의 정체감을 약화시킴으로써 미용사의 변화된 이미지에 대한 기대를 낮추고 있다.

그러나 이러한 미용사의 노동환경에서도 미용사로서의 정체성을 지키려는 다양한 미용사들의 움직임이 있다. 하나는 손기술이 좋은 한국의 기술자를 선호하는 해외국가로의 이주이고, 또 하나는 자신만의 스타일을 창조해나가면서 고객과 교감하기 위해 개성 있는 공간을 생산하고, 획일적인 상품화를 거슬러 새로운 방식의 미용실 문화를 만들어가려는 일부의 움직임이다. 전자의 해외로의 이주 현상은 자신의 숙련된 기술을 인정해주는 노동조건을 찾아가는 주체의 탈주로, 후자의 새로운 공간 생산은 거대화되면서 획일화되어가고 있는 미용산업의 틈새를 공략하면서 자신의 스타일을 고수해내려는 주체의 수행으로 분석할 수 있다. 이와 같은 미용사들의 새로운 움직임에 구조적인 한계는 있지만, 지배적인 미용 산업의 흐름을 거슬러가는 주체들의 움직임으로 볼 수 있겠다.

이 연구는 미용사의 노동과정을 감정노동을 중심으로 분석함으로써 여성들이 대다수 종사하고 있는 대면접촉 서비스의 특성을 '상호적으로 체현된 노동'으로 개념화하고 있다. 이러한 개념화는 기존에 비가시적이었던 감정노동의 노동 가치를 분석할 수 있는 단초를 마련할 수 있을 것이고, 감정노동자를 통제받는 수동적인 대상으로 보는 시각을 넘어 자신의 감정과 스타일을 자본화하는 전략적 행위자로서의 면모를 엿볼 수 있는 계기가 될 것이다.

그러나 이 글은 미용사의 상품을 구매하는 고객에 대한 연구가 부재하고, 감정과 스타일의 거래 과정에서 드러나는 미용사의 다양한 전략을 면밀하게 분석하지 못한 한계를 안고 있다. 앞으로 감정노동자의 수행에 주목하면서 서비스 노동자들의 열악한 노동조건과 함께 감정과 스타일을 거래하는 미용사의 전략적 행위들에 대한 연구가 이루어져야 할 것이다.

참고문헌

고정갑희(2009), "매춘 성노동의 이론화와 성/노동/상품의 위계화", 『경제와 사회』, 봄호(통권 제81호).

김경희(2008), "감정노동과 서비스노동의 물질성: 대인 서비스노동", 『서비스사회의 구조변동』, 한울.

김종숙・강민정・정형옥(2005), 『여성 비정규직 노동의 특성과 정책과제』, 한국여성정책개발원.

김주현(2009), 『외모꾸미기 미학과 페미니즘』, 책세상

마이클 하트(2005), "정동적 노동", 『비물질노동과 다중』, 자율평론 번역모임 옮김, 갈무리.

문은미(2009), "성노동은 어떤 노동인가?－친밀한 노동으로서의 성노동", 『여/성 이론』 21호, 도서출판여이연.

박홍주(2008), "여성의 눈으로 '노동' 다시보기", 『여성학』, 민가영 외, 미래인.

심윤종 외(2000), 『산업사회학』, 경문사.

안토니오 네그리・마이클 하트(2008), 『다중』, 서창현・정남영・조정환 옮김, 이학사.

어빙 고프만(1987), 『자아표현과 인상관리』, 김병서 옮김, 경문사.

앤드류 포터・조지프 히스(2004), 『혁명을 팝니다 － 체 게바라는 왜 스타벅스 속으로 들어갔을까?』, 윤미경 옮김, 마티.

앨리 러셀 혹실드(2009), 『감정노동』, 이가람 옮김, 이매진.

장 보드리야르(2002), 『소비의 사회 － 그 신화와 구조』, 이상률 옮김, 문예출판사.

질 발렌타인(2009), 『사회지리학: 공간과 사회』, 박경환 옮김, 논형.

홍성희(1999), 「항공사 여승무원의 외모 중심 고용에 관한 연구」, 성신여자대학교 대학원 석사학위논문.

황수경(2008), 『서비스산업의 경쟁력과 고용전략연구』, 한국노동연구원.

Illouz, Eva(2007), *Cold Intimacies : Making of Emotional Capitalism,* Polity Press.

McDowell, Linda(2009), *Working Bodies — Interactive Service Employment and Workplace Identities*, Blackwell Pub.

Sanders, Teela(2005), "It's just acting: sex worker's strategies for capitalizing on sexuality", *Gender, Work and Organization*, Vol.12 No.4 July.

『에스테티카』, http://www.esteticakorea.com.

'머리에 봄'(가칭) 정기 간행물.

______________ 관리자 메뉴얼.

______________ 홈페이지.

서정우: 여성주의 활동가를 꿈꾸며, '주변'이 가지는 힘을 정치화해내는 데 연구의 목표를 두고 있다. 특히 비가시화되었던 여성노동들을 가치화해내는 작업을 통해 여성의 역사를 복원하는 것이 주된 관심 분야다.

maru1472@hanmail.net

부록 1-1 디자이너의 몸가짐의 기준-복장

- 디자이너는 항상 말끔하고 전문적인 정장 차림이어야 한다.
- 너무 요란한 장식, 지나치게 화려한 컬러나 큰 상표가 있는 것,
- 그리고 캐쥬얼 차림은 피한다
- 신발은 반드시 잘 닦여져야 하고 정리되어져야 한다
- 특히 지나친 통굽이나, 뾰족한 구두, 캐쥬얼화 등의 착용은 일체 금하며, 꺾어 신거나 끌고 다니는 행위도 금한다.
- 복장은 항상 깨끗하게 손질하고 다림질이 되어 있어야 하며, 단추가 떨어지거나 뜯어진 곳은 즉시 수서하여 항상 단정한 차림을 한다.
- 겨드랑이 밑은 덮어져야 하며, 일을 할 때 중앙 부분이 노출되어서는 안 된다.
- 속이 비치는 얇은 재질의 셔츠나 블라우스의 경우 속옷을 깔끔하게 갖춰 입도록 한다.
- 조명 빛에 심하게 반사되는 비닐소재의 옷은 금지한다. 하지만 윤기 나는 가죽은 허용된다.
- 명찰은 상대방이 알아볼 수 있도록 단정히 착용한다.
- 타인의 명찰, 써서 붙인 명찰은 금하며, 명찰 미착용은 절대 허용되지 않는다.
- 양말은 꼭 신어야 하며, 스탭의 경우 흰색 면 양말에 한정한다.
- 머리는 항상 깨끗하게 손질하여야 하며, 두발 길이와 컬러는 자율화하지만, 긴 머리를 풀 고 다니는 것은 금한다.
- 화장은 너무 짙은 색조화장은 금하며, 단정하게 하는 것을 원칙으로 한다.
- 손과 손톱은 항상 청결하고 짧게 손질하여 단정함을 유지한다.
- 악세서리는 한 귀에 3개까지 허용하며 코, 입, 혀 등 다른 곳에는 허용되지 않는다.

부록 1-2 여자 스텝 근무규정

■ 귀하는 고객을 맞이할 준비가 되어있습니까?

– 두발

· 염색한지 오래 되어 보기 흉하지 않는가?
· 스타일이 유행에 뒤떨어지지는 않는가?
· 머리는 단정한가?
· 단정하고 센스티브 한가? 고객의 견본이 될 수 있는가?

– 얼굴

· 짙은 화장을 하고 있지는 않는가?
· 짙은 향수, 과도한 아이쉐도우(아이라인, 마스카라, 속눈썹) 등을 하여 품위를 떨어뜨리고 있지는 않는가?
· 항상 밝은 미소를 짓고 있는가?

– 악세서리

· 부담스러운 악세서리를 착용하고 있지 않는가?
· 너무 화려한 악세서리를 하고 있지는 않는가?

– 손

· 손은 항상 깨끗한가?
· 짙은 매니큐어를 바르고 있지는 않는가?
· 손톱은 단정히 깎여 있는가?

– 명찰

· 상대방이 알아볼 수 있도록 단정히 착용하고 있는가?
· 타인의 명찰을 착용하고 있지는 않는가?
· 써서 붙인 명찰을 착용하고 있지는 않는가?

– 복장

· 바지나 스커트는 잘 다려져 있는가?
· 단추나 지퍼는 잘 채워져 있는가?
· 더럽혀져 있거나 주머니에 무엇인가 가득 넣고 있지 않은가?
· 말끔하고 전문적인 정장차림인가? (디자이너)
· 스텝은 매뉴얼에 지정되어 있는 유니폼을 착용했는가?

– 양말

· 양말은 흰색으로 단정히 접어서 신고 있는가?

– 신발

· 매뉴얼에 지정되어 있는 신발로 신고 있는가?
· 통굽이나, 뾰족한 구두, 캐쥬얼화를 신고 있지는 않는가?
· 뒤축이 너무 닳지 않았는가?
· 색은 검정색인가?

부록 1-2 남자 스텝 근무규정

■ 귀하는 고객을 맞이할 준비가 되어있습니까?

- 두발

· 장발이거나 비듬은 없는가?
· 단정하고 센스티브 한가?
· 고객의 견본이 될 수 있는가?

- 얼굴

· 항상 밝은 미소를 짓고 있는가?
· 면도는 깨끗이 하였는가?

- 복장

· 바지는 잘 다려져 있는가?
· 단추나 지퍼는 잘 채워져 있는가?
· 더럽혀져 있거나 주머니에 무엇인가 가득 넣고 있지 않는가?
· 말끔하고 전문적인 정장차림인가? (디자이너)
· 스텝은 매뉴얼에 지정되어 있는 유니폼을 착용했는가?

- 손

· 손은 항상 깨끗한가?
· 손톱은 단정히 깎여 있는가?

- 명찰

· 상대방이 알아볼 수 있도록 단정히 착용하고 있는가?
· 타인의 명찰을 착용하고 있지는 않는가?
· 써서 붙인 명찰을 착용하고 있지는 않는가?

- 유니폼

· 잘 다려져 있는가?

- 신발

· 매뉴얼에 지정되어 있는 신발을 신고 있는가?
· 뒤축이 너무 닳지 않았는가?
· 색은 검정색인가?
· 깨끗하게 손질되어 있는가?

부록 2 접객 12단계

단계	접객용어
1. 예약	최선을 다하는 '머리에 봄' OO점 OOO입니다. (예약을 원한다는 고객의 문의에) 고객님, 예약을 원하십니까? 고객님, 원하시는 예약일과 시간을 말씀해 주시겠습니까? 혹시 찾으시는 디자이너분 있으십니까? 고객님, 확인해 드리겠습니다. OOO고객님 O월 O일 O시에(OOO디자이너 선생님께) 예약하셨습니다. 연락처는 OOO-OOOO번 맞습니까? 네, 감사합니다./좋은 하루 되십시오./O월 O일에 뵙겠습니다.
2. 출입	어서오십시오. 고객님~ 30도 (밝은 표정)
3. 접근	예약하셨습니까, 고객님? 네, 성함이 어떻게 되십니까? OOO고객님, 제가 안내해 드리겠습니다.(카운터로 안내) 예약하셨습니까, 고객님? 아니오, 찾으시는 디자이너 분이 있으십니까? 네, OO선생님 찾아 왔어요. = OOO선생님 말씀이십니까? 죄송합니다만, 잠시 기다려 주시겠습니까? 감사합니다. 예약하셨습니까? 고객님 = 아니요./찾으시는 디자이너분 있으십니까? 아니오, 네~ 제가 안내해드리겠습니다. (카운터로 안내)
4. 보관&준비	고객님, 소지품을 보관해 드리겠습니다.(소지품과 겉옷을 받는다.) (번호표를 확인하고 드린다.) O번입니다. 고객님. 고객님, 가운을 입혀 드리겠습니다. 감사합니다. (클리닉 카운터로 안내)
5. 상담	고객님 우석 모발진단부터 해 드릴까요? (모발과 두피를 진단, 적절한 케어를 권한다.) 어떠한 스타일을 원하십니까, 고객님? (얼굴형, 체형, 메이크업 등을 고려하여 전문가답게 대처한다.) 고객님께서 원하시는 스타일을 내기 위해 OO펌과 OO클리닉을 하게 될 경우 가격은 OOO원으로 예상됩니다.
6. 샴푸	고객님, 샴푸해 드릴까요?(시술 내역에 따라 결정) 고객님, 제가 샴푸실로 안내해 드리겠습니다.(샴푸실 방향을 가리킨다.) O번째 의자에 앉자 주시겠습니까? 고객님.(의자를 손으로 가리킨다.) 편하게 기대어 주시겠습니까? 고객님.(잠시 후 샤워기를 틀며 물온도는 맞으십니까? 고객님/괜찮으십니까? 고객님.)

단계	접객용어
	(샴푸진행. 지압과 맛사지를 병행)가렵거나 불편한 곳은 없으십니까? 헹구어 드리겠습니다. 고객님.(샤워기를 틀며) (물온도를 맞춘 후) 온도는 괜찮으십니까? 고객님. (머리를 타올로 감싼 후 물기를 제거한다.) 수고하셨습니다. 고객님.
7. 안내 (시술대)	고객님, 시술 받으실 곳으로 안내해 드리겠습니다.(앞장선다.) (원하는 자리에 서서) 이쪽으로 앉아주시겠습니까? 고객님. 잠시만 기다려 주시겠습니까? 고객님. 감사합니다. (시술준비를 한다.)
8. 시술	펌: 고객님, 상담결과를 충분히 반영하여 예쁘게 펌해 드리겠습니다. 시술 중 불편하시거나 힘드신 점 있으면, 언제든 말씀해 주시기 바랍니다. (시술이 끝난 후) 수고하셨습니다. 고객님 잠시 후 테스트해 드리겠습니다. 염색: 고객님, 상담결과를 충분히 반영하여 예쁘게 염색해 드리겠습니다. 염색 중 불편하시거나 힘드신 점 있으면, 언제든 말씀해 주시기 바랍니다. (시술이 끝난 후) 수고하셨습니다. 고객님 잠시 후 샴푸해 드리겠습니다. 컷트: 고객님, 상담결과를 충분히 반영하여 예쁘게 컷트해 드리겠습니다. 컷트 중 불편하시거나 힘드신 점 있으면, 언제든 말씀해 주시기 바랍니다. (컷트가 끝난 후) 마음에 드십니까? 고객님? 수고 많으셨습니다.
9. 대기 (펌&염색)	고객님, 저희 매장에서는 고급 커피가 종류별로 준비되어 있고, 녹차와 오렌지, 주스도 드실 수 있습니다. (메뉴판을 펴며) 어떤 음료로 하시겠습니까? OO말씀이십니까? 곧 갖다 드리겠습니다. (음료를 고객에게 내드리기 전에) 고객님, 주문하신 OO나왔습니다. 맛있게 드세요. (고객이 차를 마시고 나면 컵은 수시로 치우되 고객께 꼭 여쭙고 치운다.) 차 한 잔 더하시겠습니까? 혹은 컵을 치워도 되겠습니까? 고객님, 인터넷을 통하여 각종 게임과 영화도 즐기실 수 있도록 준비해놓았습니다. 편안한 시간 되시기 바랍니다. (20분 간격으로) 고객님 불편하신 곳은 없으십니까? O분 후 중화 들어가도록 하겠습니다./O분 후 샴푸해 드리도록 하겠습니다. 로트 아웃 고객님 많이 기다리셨죠? 로트를 제거해 드리겠습니다. 고객님, 샴푸실로 이동해 주시겠습니까? 감사합니다. (접객6단계 반복)

단계	접객용어
10. Styling	(고객의 헤어스타일을 만들어 드리며, 차후 손질법과 모발에 맞은 케어 제품을 권해드린다. 헤어스타일에 어울리는 메이크업, 코디, 의상에 대해서도 설명할 수 있도록 한다.)
11. 결제	고객님, 헤어스타일은 마음에 드십니까? (시술내용을 설명한다.) 예) OO클리닉 펌에 브릿지를 하셨네요. 맞습니까? 고객님, 시술가격은 클리직 펌이 OO만원, 브릿지가 O만원입니다. 토탈금액은 OO만원입니다. OO카드로 OO% 할인 받으시면 총 시술금액은 OO원입니다. 현금으로 하시겠습니까?, 카드로 하시겠습니까? 카드=OO카드로 결제하시겠습니까? (카드를 받으며) 감사합니다. (전표를 뽑아 고객님께 내어드리며) 고객님 서명해 주시겠습니까? 감사합니다. 현금=OO원 받았습니다. 고객님. 거스름돈 OO원입니다. 고객님, 감사합니다.
12. 환송	감사합니다. 안녕히 가십시오, 고객님. 30도(환한 미소로 응대)

*부록 출처: '머리에 봄' 기업 관리자 매뉴얼.

3장

이상한 나라의 공공서비스

– 사회서비스의 확장과 돌봄의 제도화

김지영

Ⅰ. '돌봄'에 대해 묻다

"아이보다는 생활의 안정이 먼저라고 생각했습니다. 이젠 엄마가 되고 싶습니다." "사교육비가 힘들어 동생 없는 외로움을 더해주었습니다. 아이에게 동생을 선물하고 싶습니다."

이것은 정부에서 출산을 장려하기 위해 2009년에 제작한 공익광고의 나레이션이다. 그러나 이 광고는 역설적이게도 신혼부부의 생활이 불안정하여 아이를 가질 여유가 없었다는 것, 아이를 낳더라도 대한민국의 사교육비가 부담스러워 여러 명을 기르기는 어렵다는 것을 드러낸다. 과연 이러한 상황에서, "아이는 당신과 대한민국의 미래"인가?

출산율 저하는 여성들이 생각을 바꾸거나 개인적인 결심을 한다고 해서 해결될 수 있는 문제가 아니다. 많은 여성들은 출산과 양육으로 인해 노동시장에서 퇴장하여 경력단절을 경험하고, 이는 여성의 생애주기에 많은 영향을 미친다. 양성평등적이지 못한 체계가 여성들에게 가사노동과 친족관계에 대한 봉사를 요구한다면, 출산 및 양육에 대한 책임이 여성에게만 지워진다면, 수유나 양육과 관련된 공간이 보장되지 않고 양육비 지원마저 미비하다면, 특히나 임금노동에 종사하는 여성들에게 출산은 돌보고 책임져야 할 대상이 늘어나는 것을 의미한다.

근대 이전에 생산과 재생산의 장소가 멀리 떨어져 있지 않고 양육과 노인돌봄이 마을과 같은 전통적 공동체에서 자연스럽게 이루어졌다면, 근대는 공/사영역이 분리되고 일터와 가정이 떨어져 있는 체계이다. 남성이 공적인 영역에서 생산을 담당한다면, 출산, 양육, 가사노동, 돌봄노동과 같은 재생산은 여성들에 의해 수행된다. 돌봄의 역할이 근대적 핵가족의 몫으로, 정확히 말하면 '인간' 일반의 것이라기보다는 여성의 몫으로 이전된 것이다. 그러나 점점 더 많은 여성들이 돌봄노동과 재생산노동을 전담하기를 거부하면서 이와 관련한 사회적 위기가 심화되고 있다. 한국사회의 출산율과 결혼률이 낮아지는 것은 남성과 여성 모두가 돌볼 대상 자체를 만들 여력이 없거나 그럴 의지가 없다는 것을 의미한다.

이렇게 돌봄의 위기와 같은 사회적 위험이 사람들의 삶을 어렵게 만드는 새로운 종류의 위험으로 등장하고 있다. 기존의 위험을 빈곤과 실업 등의 전통적 키워드들로 설명할 수 있었다면, 새로운 종류의 '신사회위험'을 이야기하는 사람들은 출산률 저하, 가족해체, 노령화, 돌봄의 위기 등을 지적한다. 특히 전통적 가족 모델이 사라지고 여성가구주가 늘어나면서 노동시장에서 상대적으로 불리한 위치를 점하고 있는 여성들의 빈곤화 양상이 심화되고 있으며, 신자유주의 시대의 양극화와 함께 노동빈곤이 함께 병행되고 있는 것으로 나타난다.

이러한 사회적 위험과 돌봄의 위기에 대해 최근의 복지정책들은 돌봄을 개인에게 맡기기보다 지원체계를 마련하고 관련법안을 만들어 돌봄을 제도화하려는 움직임을 보이고 있다. 이러한 맥락에서 여러 국가들이 사회서비스를 강화하고 사회적일자리를 확대하는 것을 볼 수 있다. 실제로 선진국일수록, 산업화가 더 많이 진행될수록 사회서비스 일자리가 높은 비중을 차지하며, 계속해서 보건·의료 관료직이나 사회복지 및 상담전문가가 각광받을 것이라는 전망이 나오고 있다.

한국사회에서도 공공서비스노동자의 숫자가 급증하고 있다. 2008년에서 2009년 사이에 늘어난 보건 및 사회복지 서비스 부문의 취업자는 100만명을 넘어선 것으로 집계되고 있다. 이로써 일자리가 필요한 사람에게는 일자리를 제공하고, 장애인이나 노인, 보호와 양육이 필요한 아동들에게는 필요한 복지서비스를 제공할 수 있다고, 즉 복지와 일자리라는 '두마리 토끼'를 함께 잡겠다고 정부에서는 공언하고 있다.

우리는 이것을 어떻게 바라봐야 할까? 예전과 비교하여 돌봄이 가정영역을 벗어나 사회적으로 확대되는 것은 돌이킬 수 없는 경향적 흐름이다. 그러나 돌봄의 사회화 정책이 어떤 맥락에서 수행되는가, 이 과정에서 누가 돌보는가, 재정조달방식과 전달체계는 어떠한가에 따라서 돌봄에 개입할 수 있는 정치적 가능성도 달라지기 때문에 돌봄이 어떻게 이루어지는가 하는 문제는 매우 중요하다. 현재 돌봄의 사회화는 주로 국가에 의해 주도되고 있다. 국가는 사회의 위기를 담지하고 사회적 갈등을 조정할 수 있는 중요한 한 축이며, 이를 가능하게 할 수 있는 재정과 제도를 갖추었다는 점에서 돌봄을 사회화할 수 있는 강력하고 효율적인 행위자이다.

복지국가의 성격과 본질에 대해 여러 가지 논쟁이 있을 수 있지만 중요한 것은 복지가 정치적 과정이라는 것을 인식하는 것이다. 국가의 본래적 성격이 아니라 역사적·구조적 맥락에 따라 국가의 기능이 어떻게 변화하는가를 분석하는 것은 헤게모니의 영역으로서 국가와의 관계를 어떻게 설정하고 어떠한 실천을 할 것인가와 관련이 있다. 따라서 우리는 국가복지가 구성되는 과정에 대해 묻고 따져야만 한다.

이 글은 이러한 문제의식 속에서 현대 국가의 주요 기능 중의 하나인 복지정책을 중심으로 국가 구조가 접합되는 방식을 분석하고, 사회구조적인 배경과 다양한 맥락을 고려하여 국가복지를 올바르게 이해하고자 한다. 국가가 돌봄을 제도화하는 것은 돌봄노동을 직접적으로 수행하는 여성을 끌어들이지 않고서는 불가능하다. 그러나 그 과정에서 여성들은 어떠한 상황에 놓여있으며 그들의 노동은 어떻게 평가될까? 우리 사회에서 복지국가가 재편되는 과정에서 돌봄의 제도화는 과연 어떠한 양상으로 전개되고 있는가? 더 나아가 국가가 제도화의 형태로 공공성과 돌봄을 전유하는 것을 넘어서 진정한 의미의 사회적 돌봄을 상상하는 것은 어디에서 비롯될 수 있는가? 이러한 문제들은 여성주의적인 관점에서 젠더변수를 중심에 놓고 사회적 돌봄을 매개로 국가와 여성이 맺는 관계를 분석할 때 이해할 수 있을 것이며, 또한 이러한 구체적인 맥락을 분석하고 그것에 적극적으로 문제제기할 때만이 사회적 돌봄의 정치학을 실천할 수 있는 가능성의 단서를 찾을 수 있을 것이다.

Ⅱ. 복지국가의 재구조화와 자본주의의 변증법

1. 삶을 관리하는 복지국가

복지란 건강하고 안락한 인간의 이상적인 상태, 즉 안녕(well-being)의 상태를 나타내는 개념이라고 할 수 있다(이정서 외, 2002: 3). 이에 따르면 복지는 사람들의 삶의 질을 향상시키는 역할 측면에서 상식적인 원리이다. 그러나 복지정책은 그런 의미에서 출발했다기보다는 사회적으로 위험에 처한 계급이 반대로 '사회'에 위험한 요소가 되지 않도록 하는 사회적 안전망으로 출발했다는 점에서 반작용적인 것이라고 할 수 있다. 복지정책의 시초라고 볼 수 있는 공장법이 그러했고 복지국가의 세계적 경향이 대공황에서 출발했다는 점에서도 그러했다. 그럼에도 역사적으로 복지제도는 빈곤층과 사회적 약자층에 대한 구제적 성격을 지니는 잔여적 복지에서 인간의 보편적 욕구를 충족시킬 수 있는 제도적 복지로 발전해 왔다. 따라서 복지정책은 그 시작에서부터 사회적 변화와 상황에 의해 유동적으로 변화해 왔으며, 고정적인 것이라기보다는 국가와 인민대중의 삶 속에서 정치적인 개입의 여지가 많은 것이었다.

국가적 차원에서 복지정책은 대공황을 계기로 본격화되었다. 1929년의 세계 대공황에 대한 해결책으로 제시된 케인즈주의는 노동자 계급들이 소비할 수 있는 수단을 국가가 제공하는 것, 즉 공공지출 확대를 통한 유효수요의 창출에 중점을 두는 것이었다. 결국 케인즈주의는 자본주의의 위기를 개량주의적으로 극복하고 국가적인 차원에서 관리하고 계획하는 국가정책의 출발이다. 그 과정 속에서 이루어진 몇 가지 정책들은 복지국가로 이어지는 단초를 제공했지만, 또한 그렇기 때문에 복지국가는 노동자들의 역동성과 혁명성을 부르주아적인 방식으로 바꾸어내는 기제로 작용한 것도 사실이다. 이후에도 복지는 위기가 국가에 이미 내재적이라는 사실을 인식하면서 자본의 위기를 재구조화하는 하나의 중요한 수단이었다(네그리, 2005). 또한 이렇게 만들어진 사회보장 제도는 사회제도 뿐 아니라 노동자 계급까지도 개량화하여 정치적 열정의 쇠퇴와 무관심을 가져오는 가장 강력한 권력의 무기가 되었다(동즐로, 2005).

이러한 맥락에서 복지국가와 관련하여 네오맑스주의자들은 복지국가가 근대국가 운영의 표면적 원칙인 평등과 보편성에 기초해서 어떻게 자본주의적 생산방식과 계급적 지배관계를 유지해가는가에 논의를 집중한다. 이러한 관점에서 복지국가의 개입은 지배관계의 표현, 다시 말해 자본주의적 가치생산 요구와 관련한 단순한 '환상'이 된다(쿨라빅, 2000: 32-33). 이에 대해 오페(Offe)와 같은 후기 자본주의자들은 국가의 기능분석에 초점을 맞추어, 복지정책이 갖는 자본주의적 유지 · 재생산을 더 세밀하게 분석한다. 오코너(O'Conner)는 현대 국가가 정치적 정당성의 확보 뿐 아니라 축적 기능까지 수행해야 하는 지점에 이르렀음을 지적하고, 자본주의적 축적과 정당성의 기능 간에 나타나는 모순이 복지국가의 딜레마임을 주장한다(오코너, 1990). 여기서 더 나아가 네그리(Negri)와 하트(Hardt)는 "국가에 대항하는 사회적 임금"의 문제를 제기하고 이를 정치경제학의 영역으로 확대한다(네그리 · 하트, 1996).

네오맑스주의자들이 복지국가에 대해 정치경제학적인 차원의 비판을 했다면 푸코(Foucault)와 그 영향을 받은 사상가들은 국가가 생명(life)을 중심에 놓고 사람들의 복지와 보건을 매개로 하여 어떻게 생체권력을 획득하는가에 주목한다. 아감벤(Agamben)은 생명을 살아있음 그 자체인 조에(zōê)와 정치적 의미를 가지는 비오스(bíos)로 나누는 그리스인들의 구분을 빌려와서, 고대 사회에서는 단순히 산다는 사실인 조에와 정치적으로 가치있는 삶인 비오스를 서로 상반된 것으로 보았다고 말한다(아감벤, 2008). 그러나 봉건영주들이 자신의 봉토에 있는 상대적으로 적은 수의 신민들을 지배하던 것과는 달리, 정치적 평등이 제도화되고 인구가 증가하기 시작한 근대사회는 개인들에 대한 지배 방식을 변형해야 했다. 푸코도 말하듯이, 근대 국민국가에서는 고대와 달리 자연생명이 국가 권력의 메커니즘과 계산 속으로 통합되기 시작하고 정치가 '생체정치(bio-politics)'로 변화한다.

이제 전체 인구의 건강과 신체적 복지는 정치권력의 기본적인 목표의 하나가 된다. 푸코가 말했듯이 권력은 '죽이는 권력'이 아니라 '살리는 권력'이 되었으며 살아가는 방식까지를 규정하는 생산적인 것이 된다. 권력은 생명을 관리하고 최대로 이용하며 생명에 관해 정확한 통제와 전체적 조절을 실행하려고 시도한다(푸코, 2003: 153). 푸코는 이를 '통치성(governmentality)'라고 규정하는데, 이것은 집권자 1인이 단독으로 행사하는 것이 아니라 국가질서 전체를 위해 사물과 권력의 대상을 배치하여 질서지우는 것을 의미한다. '통치란, 목적에 편리하게 이를 수 있도록 정리된, 사물들의 올바른 배열'이라는 말에서 알 수 있듯이 통치를 특징짓는 것은 일반적인 관리형식이다. 이는 국가 내의 전체 주민들에 대한 인구 차원의 관리, 감시, 통제로 연결된다. 인구는 통치가 인구에 대한 관찰과 지식을 고려해야만 하는 대상이 됨으로써 근대적 정치경제학을 성립하게 했다(푸코, 1994: 33-44).

이런 의미에서 볼 때 복지는 국가 통치성의 일부가 아니라 통치성 그 자체이다. 국가가 주민들의 건강에 개입하고 관리하고 돌보는(caring) 권력 형태가 시작된 것이다. 이는 그리스에서와 같은 조에와 비오스의 구분이 더 이상 유효하지 않음을 의미한다. 이제 조에는 정치적인 영역에 도입되었으며, 살아있음 즉 벌거벗은 생명 자체는 정치화되었다(아감벤, 앞의 책). 이는 자본주의 사회에서 노동력의 확보 및 소비층의 존재가 잉여가치의 생산과 직결된다는 점과 무관하지 않을 것이다. 이러한 의미에서 복지국가는 조에를 관리하는 국가기제가 된다. 즉 복지국가는 살아있는 생명 자체를 관리하고 통치함으로써 전체 사회와 그 속에 존재하는 사물의 질서를 배열하고 생산성을 높이는 통치 메커니즘이다.

이것은 건강에 문제가 있는 개인에 대한 복지혜택이 아니라 전체로서 사회적 육체의 건강을 증진시키는 문제이다. 이러한 문제의식 속에서 '신체', 결혼, 출산, 교육, 보건 등은 권력의 중요한 관심사가 되었고, 생물학적인 특성이 경제를 관리하는데 중요한 지표가 되었으며, 인구전체를 순종하도록 길들이고 그들의 사용가치를 높일 수 있는 권력기구가 필요해진다(고든, 1991). 이와 관련한 행정기구 속에는 감시 규율로부터 상대적으로 자유로운 가족, 지역사회 등이 포함되며 여기에 행정전문가, 사회사업가, 정신과의사, 교육자들이 개입하면서 오늘날 현대 복지국가를 형성하고 있다(휴이트, 2000: 245).

2. 복지정책 재편화의 전지구적 경향

케인즈주의 이후 황금기를 누리던 복지국가는 1980년대 들어 변화를 맞이하게 되며, 이와 함께 복지국가의 통치방식도 재편될 수밖에 없었다. 사실 복지국가는 완전고용과 남성생계부양자 모델을 전제로 하는 것이었고, 경제성장률이 5%를 보장받던 시대에 포드주의와 케인즈주의, 네오코포라티즘(neo-corporatism)의 결합 속에서 이루어진 것이었다(이혁구 · 박시종, 2002). 이후 1970년대부터 시작된 장기불황의 국면에서 자본주의는 재구조화와 조정을 필요로 했고 이는 국가개입을 최소화하고 민영화와 시장 메커니즘에 힘을 실어주는 신자유주의의 대두로 나타났다. 그렇다면 국가적 차원에서 시행될 수밖에 없는 복지정책은 축소되고 복지국가는 쇠퇴해야 마땅할 것이다. 그러나 실제로 무조건적인 복지국가축소론은 받아들여지지 않았다. 세계적 정치경제의 변화와 그에 따른 국내 조건의 변화는 복지국가의 무조건적인 축소가 아니라 황금기의 마감과 새로운 조정기를 필요로 했던 것이다(송호근 · 홍경준, 2006: 23).

결국 신자유주의는 전후 성장기를 배경으로 축적된 서구의 복지 체계를 해체하고 조직하면서 복지국가의 재구조화를 전개시켰다. 최근 이러한 신자유주의적 복지국가 재편은 사회투자국가론의 이름으로 전개되고 있다. 1970-80년대 이르러 누적된 재정위기를 타개하기 위해 지배 세력은 금융 주도의 경제 재편과 고용 신축화로 요약되는 신자유주의 정책 개혁을 추동했고, 이로 인해 만성적 빈곤이 확산되었다. 사회투자국가론은 이를 '새로운 위험'으로 규정했는데, 이 '새르운 위험'의 특징은 첫째, 여성 노동력의 증대와 고용 불안정의 증가, 둘째, 여성 단독 가구의 증가로 인한 빈곤 위험 및 아동 빈곤의 증가, 셋째, 고령화로 인한 연금 재정 악화, 넷째, 공적연금, 의료보험 등의 민영화 등이다. 영국에서는 이 과정에서 블레어 정부가 사회적 차원에서는 사회보장을 지속하고 그로 인한 재정적 부담을 해결하기 위한 담론의 개발을, 개인적 차원에서는 복지 수혜자들의 복지 의존성에 대한 공격을 대응 방향으로 제시했다(최예륜, 2008: 193-194). 그러나 사회투자국가는 세계화 이후에 복지국가의 재편을 선도하는 보다 일반적인 개념으로도 사용된다(안재흥, 2008).

사회투자국가의 핵심 전제는 시장경제를 사회적 번영의 필수적 여건으로 인식하는 것이며, 시장의 역동성을 보장해야만 장기적인 부의 재분배가 가능하다는 것이다. 또한 인적 자본과 사회적 자본에 대한 투자를 강조하며, 이러한 투자가 경제에 생산적인 역할을 할 수 있다고 간주했다. 교육·주거·의료 등의 사회적 인프라가 잘 갖추어진 사회에서 지식기반경제가 원활하게 작동한다고 여긴 것이다. 즉 결과의 평등이 아닌 기회의 평등을 강조하고, 권리를 그에 상응하는 책임과 연계시키는 것이 사회투자국가 담론의 기반이다. 영국의 경우 주로 아동을 대상으로 한 정책에 집중하며 이를 예방적 사회 정책이라 칭했고, 여성·장애인·고령자를 경제 활동에 참여케 함으로써 복지에 대한 의존도를 약화시키는 정책을 본격화했다(최예륜, 앞의 글: 194). 그것은 노동과 복지의 연계를 강화하는 이른바 노동연계복지(workfare)의 형태로 진행되었다. 노동연계복지는 매우 다양하게 해석되고 있지만, 노동시장에 참여할 의무, 즉 직업훈련, 구직 등과 같은 일련의 활동을 복지수급의 조건과 연계하고, 민간이 참여하는 다양한 사회적 일자리 창출을 확대한다는 점에서 하나의 분명한 경향성을 드러낸다(최예륜, 앞의 글: 189).

한국에서 노동연계복지는 '생산적 복지', '참여복지', '능동적 복지' 등의 정책으로 시행되었는데 그 기표는 다르지만 내용과 논리는 유사하며, 가장 직접적인 방식이 김대중정부 때부터 적극적으로 활용되는 자활근로사업과 이명박정부가 도입한 근로장려세제(EITC)[1]이다. '구직

---

1) 근로빈곤층에게 근로장려금 지원을 통해 근로의욕 제고 및 실질소득을

활동을 하라, 복지혜택이 주어질 것이다.' 그러나 사람들이 구직활동을 하고 참여해야 하는 노동시장 자체가 열악하다면? 대중들은 복지혜택을 얻거나 삶을 유지하기위해 열악한 노동시장에 참여하고 직업교육을 받아야 하는 딜레마에 처한다.

결국 사회투자국가론은 실제로는 탈규제, 민영화, 자유화, 노동시장의 유연성 등 신자유주의 핵심 의제를 대폭 수용하고 있는 논리로서 신자유주의 축적 체제를 뒷받침하는 수단으로 기능한다. 사회투자 전략이 필요한 이유로 강조되고 있는 '새로운 위험'은 대부분 신자유주의 전략의 결과이다(최예륜, 앞의 글: 195). 대중들의 삶의 기반이 되어온 전통적인 임금노동체계를 무너지게 하고 생활을 망가뜨리면서 반대쪽에서는 복지의 필요성을 강화한다. 개인의 삶을 책임지는 것은 점점 각자의 몫이 되어가며 사회의 공공성은 삭제되고 있다. 그러나 이에 반해 우리 사회의 위험은 날로 증가하고 있고, 개인의 자기계발이나 노력만으로 삶을 유지하기엔 변수가 너무 많아 삶의 불확실성에 대한 불안감은 날로 커진다.

3. 축소되지 않는 사회서비스

여성의 점증하는 노동시장 참여로 인한 보편적 생계부양자 가구로의 전환, 고령사회의 도래, 인구감소의 위협, 노동시장의 유연화로 인한 비전형적인 일자리의 증가, 복지서비스의 민영화로 인한 계층화 등은 대부분의 산업화된 복지국가가 직면한 공통의 사회위험이다. 서구에서 사회서비스에 대한 논의가 대두된 것도 대체적으로 신사회위험과 관련되며, 이러한 위험에 대해 기존의 사회보험, 공공부조 중심

지원해주는 근로연계형 소득지원제도를 말한다. 즉, 저소득 근로자 가구에게 근로장려금을 세금 환급의 형태로 지급하는 제도(Earned Income Tax Credit)로, 한국에서는 조세특례제한법에 의해 2008년 시행되었다.

의 보장체계가 대처능력의 한계를 보이자 사회서비스에 대한 관심이 높아졌다. 이는 복지정책의 모범이라 할 수 있는 유럽 사회에서도 마찬가지이다. 최근 유럽 국가들은 후기산업사회의 새로운 위험에 보다 효과적으로 대응하는 사회정책의 재구조화 혹은 이를 위한 기존 프로그램 재정비를 하고 있다. 즉 사회안전망의 재정비를 전제로 노동시장을 유연화하여 경제와 사회 전반에 시너지 효과를 창출하고자 하려고 시도 중이다. 이와 관련해 사회서비스는 복지국가 위기관리전략의 하나로 평가되고 현재 가장 비중있게 재정비되고 있는 영역이다(박수지, 2009: 155).

사회서비스란 "사회적으로 인정된 주요한 욕구를 해결하기 위해 국가의 재정적, 정책적 개입을 통해 제공되는 서비스"를 의미한다(오은진·노대명, 2009: 17). 사실상 사회가 양극화될수록 사회서비스는 더욱 절실해진다. 실제 한국 사회는 고령화, 가족 해체, 일자리 기근 등으로 그 필요성이 더욱 높아지고 있다. 여기에 덧붙여 소위 말하는 복지국가 위기의 상황, 그리고 탈산업사회 혹은 지식기반경제의 맥락 속에서 기존의 복지국가 패러다임 재편의 과정을 통해 사회서비스가 많이 부각되었다(남기철, 2008: 133).

한국의 사회서비스의 확장은 이러한 맥락에서 의미를 갖는다. 즉, 최근 한국에서 공공부문서비스가 확장된 것은 세계적인 금융위기 속에서 불황과 실업에 대한 불안이 고조되고 이것이 대중들의 삶에 직접적으로 영향을 미치면서 국가가 개입할 것을 요청하는 것에 대한 응답인 것이다. 금융위기의 형태로 도래한 세계 경제위기를 극복하기 위해 정부가 내놓았던 답은 사회서비스의 확대를 통한 고용과 일자리의 창출이었다. 20세기 초 케인즈가 내놓았던 유효수요의 창출이라는 답을 기간산업에 대한 투자가 아니라 공적서비스의 창출이라는 형태로 변형하여 활용하는 것이다. 사회적 기업, 사회적 일자리, 희망근로, 돌봄노동자 고용 등 최근 정부는 국가와 시장을 혼합하는 형태의 공공지출 확

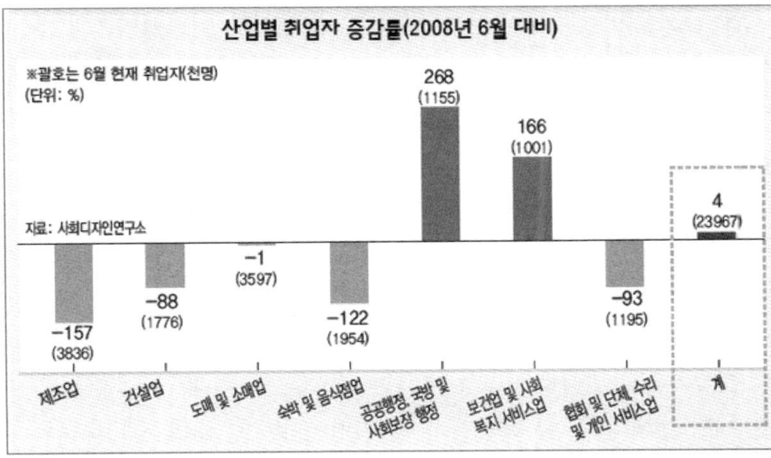

자료: 사회디자인연구소
출처: 「한겨레」, 2009. 07. 22.

그림 1. 산업별취업자 증감률(2008년 6월 대비)

대 정책을 시행하는 형태로 돌봄을 사회화하는 시도를 하고 있다.[2] 〈그림 1〉을 보면 제조업, 건설업, 서비스업 등에서 줄어든 일자리를 공공부문 일자리의 팽창이 상쇄하는 것을 볼 수 있다.

이는 2009년 산업별 취업자 수를 보더라도 알 수 있는데, 농림어업과 광공업 등 전통적인 1, 2차 산업에서 감소하고 있는 취업자 수를 사회간접자본 및 기타서비스업에서 메꾸고 있다. 그 중에서 가장 크게 증가추세를 보이고 있는 것은 공공서비스업이 포함된 분야이다. 2009년 12월 기준으로 전년동월 대비 농림어업 감소율이 12.1%, 제

2) 사회적일자리지원사업점검평가단의 자료에서 명시한 자료를 보면 이러한 지점들이 드러난다. 사회서비스일자리 사업의 개편과 관련하여 도출되는 주요한 5가지 주요 전략은 사회적 돌봄의 제도화, 미래인적자원투자, 보건건강 증진사업, 환경친화적 사업, 사회적 일자리와 사회적 기업 활성화 등이다(사회적일자리지원사업점검평가단, 2006; 남기철, 앞의 글 재인용).

조업 감소율이 0.4%인데 비해 사회간접자본 및 기타서비스업 분야는 각각 3.3%와 2.3%의 감소율을 보이는 건설업과 도소매·음식숙박업을 포함하고 있음에도 불구하고 0.9% 증가율을 보였다(통계청, 2009년 12월).

그러나 현실적인 차원에서 보면 경제 위기 속에서 팽창한 공공부문 서비스 일자리는 질적인 차원이 양적인 차원을 따라가지 못하고 있다. 대부분 비정규직에 고용안정성이 낮고 저임금에 시달리는 등 일자리의 질이 좀처럼 나아지지 않는 것으로 드러나고 있기 때문이다. 이 부문 노동자들의 열악한 노동조건은 복지서비스의 질에 큰 영향을 주기 때문에, 고용 불안 및 저임금이 복지서비스의 질 하락으로 이어진다(한겨레 2008.11.05).

남성노동자를 중심으로 한 완전고용노동시장을 전제로 했던 복지정책이 재편되는 과정에서 나타나는 난제는 이윤율의 하락과 실업으로 인해 국가재정의 원천인 세금을 납부할 노동자의 임금총량이 감소하는데 반해 노동자들에 대한 사회적 보호의 필요성은 증가한다는 것이었다. 그러나 이는 신자유주의적 노동전략의 필연적인 결과이기도 하지만 자본과 국가에서 의도한 것이기도 하다. 다시 말해, 신자유주의적 노동 유연화는 광범위한 산업예비군의 조성을 의도하는 것인데, 이때 산업예비군 규모는 장기 실업과 청년 실업의 증가로 자연스레 확대되기도 하지만 국가가 여성, 이주자, 장애인, 고령 인구의 노동시장 편입을 촉진함으로써 인위적으로 확대되기도 한다. 이로써 경쟁적 노동시장을 통해 저임금을 유지하고 인력운동의 유연성을 확보하여 기업이 노동자를 관리하는 데 유리한 조건을 갖게 된다. 또한 정부는 정부대로 불안정한 일자리를 확대함으로써 '고용없는 성장'을 감추는 정치적 이득을 추구한다(최예륜, 앞의 글: 190).

결국 자본주의가 재구조화되는 과정에서 복지정책이 재편되면서 대부분의 국가들은 노동연계복지의 경향으로 수렴되고 있으며, 그 과정에서 개인의 노동을 강조하고 이를 노동시장에 통합하려는 방향으로 전개되고 있다. 이는 '고용없는 성장' 사회에서 서비스산업의 부가가치를 높이고 복지의 통치성을 확대함으로써 국가가 축적과 정당화라는 모순적인 기능을 동시에 수행하려는 시도이다. 이념형적인 노동연계복지와 사회서비스의 확대, 사회투자국가가 무조건 좋다 나쁘다고 이야기를 할 수는 없다. 더 중요한 것은 제도가 사람들의 삶을 어떻게 바꾸고, 더 나은 방향으로 혹은 더 나쁜 방향으로 가꿀 수 있도록 유도하느냐이다.

울리히 벡(Ulrich Beck)은 산업화되고 거대해진 사회에서 제도에 내재한 사회 위험들을 지적하면서 현대사회를 '위험사회'라고 명명한다. 부를 분배하지만 동시에 위험도 분배하는 사회, 기술이 고도로 발전하지만 그 결과를 예측하거나 계산하는 것이 불가능해지는 사회. 위험사회에서는 알지 못하고 의도하지 않았던 결과들이 역사와 사회에서 지배력을 행사하게 되며, 위험에 대처하려는 시도는 새롭고 더 큰 위험을 가져올 수 있다(벡, 1997: 54-57). 과연 현재 시행되는 공공부문 서비스의 확대가 여성에 대해 실질적인 사회적 돌봄을 실천하고 있을까? 돌봄의 제도화를 매개로 하여 구성되는 여성과 국가의 관계가 과연 여성에게 도움이 될 수 있을까?

Ⅲ. 돌봄의 제도화와 그 모순

1. 화폐화된 돌봄노동

1) 빈곤의 여성화와 돌봄의 사회화의 필요성

신자유주의 시대의 구조조정과 함께 남성을 비롯한 전반적인 노동인구의 실업이 증가하고 외벌이 가계구조로는 생계를 유지하기 힘들어지면서 남성생계부양자 모델은 해체되어 가고 있다. 또한 가족구조의 변화, 이혼율의 증가, 고령화로 인해 여성가구주는 꾸준히 증가하고 있다. 그러나 노동시장에서 여성의 지위가 상승하는 속도는 남성생계부양자 모델의 속도나 여성가구주 증가의 속도에 비해 훨씬 느리다. 즉 맞벌이의 필요성과 여성가구주의 증가라는 현실 속에서 임금노동을 수행하는 여성은 점점 늘어나고 있지만 노동시장 내의 여성지위는 빠르게 개선되지 않는다.

게다가 이에 반해 여성의 전통적 역할, 즉 가사노동과 돌봄노동, 정서노동 등의 역할을 남성과 여성이 동등하게 수행하고 있지도 못하다. 우리 사회의 남성지배적인 규범과 제도가 여성의 아내지위, 모성지위의 취약성, 노동지위에서의 불이익과 중첩되면 여성빈곤은 심화된다. 결국 여성들의 노동시장 지위의 취약성, 가족 내 성역할, 경제적 자원배분의 소외 등이 다층적 원인이 되어 여성의 빈곤화 가능성은 매우 높은 것으로 나타난다. 남성가구주 가구와 여성가구주 가구의 빈곤율은 각각 11%와 36%로 여성가구주가 3.2배 높은 빈곤율을 보이며, 빈곤 극복에 있어서도 남성가구주보다 여성가구주의 빈곤 회복 속도가 훨씬 더딘 것으로 나타난다(김수정, 2007).

만약 이러한 상황에서 아동 및 노인과 같이 스스로를 돌볼 능력이 없는 자들에 대한 돌봄의 부담이 계속해서 여성들에게 전가된다면, 이는 여성들로 하여금 노동시장에 진입하지 못하게 하거나 진입한 이후에도 노동을 수행하는 데에 근본적인 어려움을 가져온다. 또한 성별을 떠나 빈곤층이 저임금·장시간 노동시장에 얽매여 있다는 것은 가족관계 및 사생활에서 누릴 수 있는 정서적 만족감과 사회적 네트워크가 결핍되는 요인이 되기도 하며, 이는 다시 빈곤층의 사회적 배제를 재생산하는 원인으로 작용한다.

이런 상황에서는 핵가족 구조에 기반하여 무임금의 여성이 담당하는 '활동'과 시장에서의 임금노동이라는 이원구조의 틀 속에서 유지·

운영되는 복지정책은 그 기본전제가 깨졌기 때문에 이제 더 이상 유효하지 않으며 돌봄의 위기에 대응하지도 못한다. 가장 기본적인 돌봄영역인 가정이 해체되고 여성들이 더 이상 돌봄을 전적으로 부담할 수도 없고 그것을 거부할 때 돌봄의 위기는 심화되며, 돌봄을 필요로 하는 사람들은 돌봄의 사각지대에 남겨질 위험이 커진다. 그러나 이는 여성이 돌봄노동을 거부했기 때문이 아니라 사회가 그동안 돌봄이라는 중요한 영역을 간과했기 때문에 찾아온 위기이다. 이제 우리 사회는 여성들이 돌봄노동을 거부하거나 돌볼 대상을 만들기를 거부하면서 저출산과 경향적 비혼(非婚)의 시대로 접어들고 있다.

이에 대해 페미니스트들은 돌봄을 여성에게 책임지우는 것을 경계해야 한다고 주장하면서 '사회적 돌봄' 혹은 '돌봄의 사회화' 등을 제안한다. 사회적 돌봄은 돌봄의 책임이 개인적인 것이 아니라 사회적이라는 것을 강조하는 개념으로, 가족관계에 매달리지 않으면서 돌봄의 수요와 공급을 적절히 조절하려는 관심 속에서 등장했다. 특히 영국과 스칸디나비아 국가들의 복지정책과 관련하여 돌봄을 개인적이거나 가족적인 가치를 중심으로 사용하는 것의 한계를 지적하면서 돌봄의 정치경제적 측면을 밝혀내려고 한다. 또한 사회적 돌봄은 스스로 돌볼 수 없는 무능력자나 경쟁에서 실패한 이들, 즉 특별한 보호가 필요한 이들만을 대상으로 하는 것이 아니라, 누구에게든 해당되는 것으로 이해된다. 사회적 돌봄은 돌봄의 책임이 기본적으로 가족에 있다고 보고 가족이 없는 이들의 돌봄만 공공 정책의 대상으로 삼는 잔여적 또는 특수적 복지정책의 차원을 넘어서 보편적 복지, 보편적 시민권의 차원에서 돌봄에 접근하고 있다(허라금, 2006b: 46-47).

또한 페미니스트들은 이러한 보편적 돌봄과 사회적 돌봄이라는 관점에서 돌봄을 사회화하고 이에 대해 정책적으로 지원하는 제도화의 필요성을 주장했으며, 다수의 연구자들에 의해 일-가족 양립과 균형을 위한 지원체계의 하나로 돌봄의 제도화와 관련한 논의들이 진행되었다(홍승아, 2003; 김혜경, 2004; 마경희, 2005; 최진, 2004; 정영금, 2004; 장미경, 2007; 박보영, 2006; 조희금 · 서지원, 2009). 돌봄을 사회화함에 있어서 국가는 관련 법안을 제정하거나 직접 돌봄서비스를 제공하거나 임금화된 돌봄노동과 관련한 규제장치를 마련하는 등 재정적인 측면과 제도적인 차원에서 강력하고 효과가 빠른 수단을 가진 주체이다. 페미니스트들이 주장하는 보편적 돌봄 정책의 목표는 가족들과 개인의 돌봄을 어떻게 지원하고, 일상적인 도움이 필요한 이들, 특히 어린아이들과 노인 및 질병 등으로 인한 장애를 가진 성인들에게 필요한 돌봄을 어떻게 사회적으로 조직할 것인가에 있다. 현재 사회가 인간 복지를 위해 행하고 있는 것보다 더 많은 책임을 함께 져야 한다고 보고, 국가는 취약한 이들을 돌보는 일에 지금보다 더 큰 정책적 관심을 가지는 방향에서 국가의 우선순위를 바꿔야 한다고 보는 것이다(허라금, 앞의 글).

최근 한국사회에서도 정부차원에서 돌봄의 사회화에 대한 인식을 넓혀가면서 돌봄의 제도화와 관련한 여러 가지 정책을 펴고 있다. 그중 가장 대표적인 것이 공공부문서비스의 확대인데, 이 과정에서 두드러지는 것은 어린이, 노인, 장애인 등을 돌보는 사회서비스에서 여성들이 수혜자이자 제공자로 주목받고 있다는 것이다. 한국여성정책연구원 자료를 보면, 2006년 사회서비스업 여성인력은 63.9%로 성별비중이 다른 산업(50%)에 견주어 높았다. 교육 · 보건 · 가사 등 대부분 분야에서 여성 비중이 70%에 가까웠다. 사회서비스 수요층도, 자신의 일 때문에 돌봄 노동을 사회에 기대고자 하는 여성들이 많다. 실제로 정부가 사회서비스의 확충을 위해 해마다 1천억원 가량을 들여 11만 개 가량의 사회서비스 일자리를 만들어내고 있으며, 간병 · 가사도우미 등 돌봄노동을 수행하는 사회서비스 일자리를 여성고용 확대방안으로 제시하고 있다(한겨레, 앞의 글).

돌봄일자리의 증가는 성격은 다르지만 여성 및 여성노동과 관련된 중요한 이슈, 즉 빈곤의 여성화와 돌봄의 사회화라는 문제들과 연관되어 있다. 여성과 국가는 공공서비스의 확대 과정에서 이전에 없던 수준의 밀접한 관계를 맺고 있다. 그렇다면 현재 공공부문서비스와 일자리의 확대를 여성주의적인 정책이라고 볼 수도 있겠지만 문제는 그렇게 간단하지 않다.

2) 복지국가와 돌봄일자리의 증가

여성과 복지국가의 관계를 어떻게 규정할 것인가는 여성정책의 성격을 분석함에 있어 항상 논쟁적이었다. 사실 사회적 약자로서의 여성과 사회권을 보장해 주는 복지국가의 관계는 어느 대상과의 관계보다 밀접할 수밖에 없었다. 이에 대해 국가가 보호자 입장에서 여성을 후원하지만 결국 성별노동분업을 강조하면서 여성의 종속을 순환시킨다는 '가부장적 국가'를 이야기하는 주장과, 복지국가가 여성주체화의 가능성을 지원하며 재분배 및 정치의 장이 될 수 있다는 주장이 대립각을 이루어왔다. 후자의 입장에서는 복지국가 확대가 일자리 창출과 사회서비스 제공을 통해 여성의 취업을 가능토록 했다고 본다. 이는 복지국가 발전 초기에 전형적이었던 여성의 가족 종속성을 해체할 수 있게 했다(쿨라빅, 앞의 글: 39-41).

하지만 현실 속에서는 어떤 국가도 완전히 가부장적이지도 완전히 친여성적이지도 않다. 복지국가의 근원이 가부장적일 수는 있지만 국가가 모든 정책을 수행함에 있어 남성 혹은 자본가와 같은 특수한 집단의 이익만을 대변할 수는 없다. 국가를 과도하게 기념비적 존재로 인식하게 되면 오히려 정치적 행동의 반경이 축소될 수 있다(브라운·융, 2000: 147). 또한 가족에 의해 제공되던 서비스가 복지 제도를 통해 제공됨으로써 여성들이 가족의 종속성에서 벗어난 것은 사실이지만 이것만으로 복지국가 자체가 여성화된 국가라고 단언할 수는 없다. 오히려 국가의 성격보다는 그 기능과 정책을 분석하는 편이 더 유용할 것인데, 복지국가는 각국의 상황과 구조적 요인에 따라 다르게 조합되어 나타나며 신자유주의라는 거대 축을 중심으로 어떻게 접합되느냐도 중요한 변수이기 때문이다.

이는 신자유주의와 자본주의 논리의 강화 속에서 성별노동분업체계가 재편되는 과정과 일치한다. 장과 링(Chang · Ling, 2000)은 지구화를 금융, 생산, 무역, 통신이 통합된 세계를 구축하는 '기술 근육 자본주의(technomuscular capitalism)'와 대부분 여성 이주 노동자가 제공하는 돌봄 노동의 '노동 친밀성 체제(regime of labor intimacy)'라는 두 과정으로 구분한다. 국가의 역할은 축소되고 자본의 이동성은 극대화되는 전지구화 시대에 국가는 기술근육자본주의화에 대해서는 소극적이지만 노동친밀성 체제화 과정에 대해서는 적극적 역할을 수행한다(조주현, 2009: 117-121 재인용). 기본적인 재생산 영역과 생명과 건강과 관련된 여성의 돌봄노동은 복지국가의 기능에 있어 필수불가결한 지점이 되며, 국가는 여기에 적극적으로 개입함으로써 여성고용을 창출하고 돌봄을 매개하는 복지정책을 편다.

대부분의 국가들에서 공식 · 비공식 영역에서 여성의 취업률이 50%를 상회하고 있음에도 불구하고, 경제 침체가 장기화되는 상황에서 여성은 저임금 · 불안정 노동시장의 주요 산업예비군을 형성하고 있다. 이와 동시에 재생산비용의 사회화를 제한하기 위한 국가와 자본의 전략에 의해 여성들은 여전히 재생산 노동의 일차적 책임자로 머물러 있다(최예륜, 앞의 글: 190). 국가적 차원에서 일과 가사를 지속적으로 병행하는 정책, 즉 '일-가족 양립정책' 같은 것들을 시행하기는 하지만 양성평등이 제대로 이루어지지 않은 상황에서 '일-가족 양립'이란 여성들에게 이중부담을 안겨주는 것이 되어버릴 확률이 높다.

이러한 이중부담을 덜어주는 방식은 원론적으로는 양성평등체계의 구현과 돌봄의 사회화이다. 그러나 현실적으로 여성의 재생산 노동

분담은 친족망을 이용하거나 재생산노동력의 인력시장의 힘을 빌리는 것(임금가사노동자의 고용)에 의해 이루어진다. 이는 새로운 가족갈등의 원인이 되거나 가계에 지속적인 부담을 안겨주게 된다. 앞에서 보았듯이 국가는 복지국가의 재편이라는 경향성 속에서 빈곤의 여성화와 돌봄의 사회화를 동시에 해결해야 하는 과제를 안고 있으며 사회서비스의 확장은 여러 가지 문제를 한꺼번에 해결할 수 있는 열쇠로 제시되었다.

그렇다면 현재 우리 사회에서 진행되는 사회서비스의 확장 속에서 여성들은 어디에 위치하고 있는가? 여성들의 노동은 어떻게 활용되고 있으며, 노동에 대한 보상과 보장은 어느 정도로 이루어지고 있는가? 과연 사회서비스는 임금노동과 가사노동에 시달리는 여성들의 돌봄노동을 덜어주면서 돌봄노동에 종사하는 여성들에게는 '괜찮은 일자리'가 되는 일거양득의 사업인가? 한국여성정책연구원에 따르면 사회서

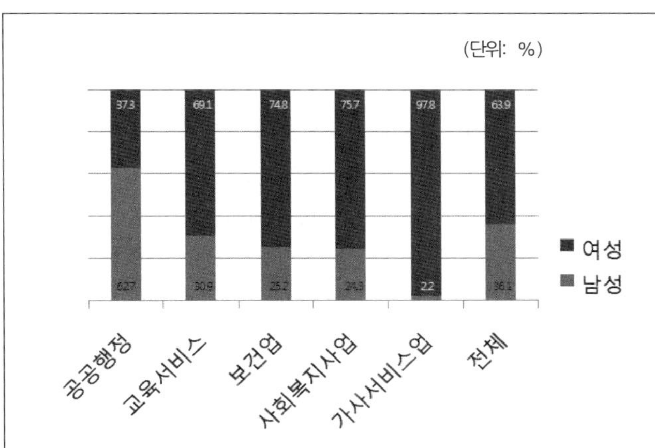

자료: 한국여성정책연구원
출처: 「한겨레」, 앞의 글

그림 2. 사회서비스 분야별 성별 분포

표 1. 사회서비스 분야별 월평균 임금

(단위: 만원)

분야	남성	여성(%)
공공행정	251.1	127.7(50.9)
교육서비스	274.8	161.0(58.6)
보건업	320.7	149.7(46.7)
사회 복지사업	152.9	111.9(73.2)
가사 서비스업	87.5	50.4(57.6)
전체	267.9	145.0(54.1)

( )안은 남성임금 대비 여성임금 비율
자료: 한국여성정책연구원
출처: 「한겨레」, 앞의 글

비스 분야에서 여성이 차지하는 비중은 전체에서 63.9%로 사회서비스 분야는 매우 여성화된 부문인데 비해, 여성의 임금은 남성에 비해 54.1%에 불과하다(그림 2, 표 1 참고).

분명히 여성들은 일자리를 필요로 했고, 정부는 공공서비스의 확대를 통해 그러한 요청에 응했다. 그리고 임금노동을 하지 않더라도 가사, 양육, 간병 등 무임금의 총체적 노동을 수행하는 전업주부들을 지원하는 체계가 마련되었다고도 할 수 있다. 여성들의 임금노동시장 진입으로 생긴 돌봄의 빈 자리를 임금화된 돌봄노동을 수행하는 여성들을 통해 채울 뿐 아니라 다양한 지원체계를 통해 돌봄의 범위를 확대하는 효과를 가진다면 일자리 창출과 돌봄의 사회화라는 일거양득의 정책이라고 평가할 수 있다. 그러나 돌봄노동이 과연 여성들에게 '좋은 일자리' 혹은 여성친화적 일자리인지는 더 구체적으로 분석되어야 한다.

2. 모순들을 접합하는 사회서비스

1) 돌봄노동: '괜찮은' 혹은 여성친화적 일자리?

지난 수십 년간 사회서비스가 지속적으로 분화되는 것과 함께 정부에서 직접 관리하던 국가복지 영역이 점점 시장으로 이전되고 있는 것을 볼 수 있다. 그 중에서도 바우처는 사회서비스의 전달방식을 의미하는 것으로 노인, 장애인, 산모, 아동 등 사회서비스를 필요로 하는 사람들에게 일종의 이용권을 발급하여 서비스를 받을 수 있도록 하는 제도이다. 이것은 서비스를 이용하는 사람에게는 서비스 선택권을 강화하고 본인부담금을 도입함으로써 서비스 대상자들이 능동적 서비스 구매자로의 지위를 갖도록 하며, 서비스 공급하는 기관들끼리 경쟁을 유도함으로써 서비스의 질적 향상을 도모하고 신규시장 및 일자리를 창출하는 효과를 기대하며 설계되었다(오은진·노대명, 앞의 글).

이러한 바우처서비스의 도입은 복지서비스의 전달 방식이 이전의 것과는 달라진다는 것을 의미한다. 정부는 복지정책을 수립함에 있어 서비스를 직접 전달하는 것이 아니라 관련시장에 있는 업체들에 서비스의 생산을 맡긴다. 대신 정부는 관련법안을 마련하고 재원을 지원하는 것이다. 결국 돌봄을 필요로 하는 사람들의 욕구를 개인적인 차원이 아니라 사회적인 차원에서 해결한다는 점에서 돌봄의 사회화라고 볼 수 있다. 그것이 생산되고 전달되는 방식은 시장화되어 있지만 국가가 필요한 서비스와 지원체계를 제공함에 있어 중요한 주체라는 점에서 완전히 시장화 되었다고는 볼 수 없고, 국가가 직접 모든 것을 관리하는 것이 아니라 체계를 질서지운다는 점에서 통치성을 구현하는 것이다.

서비스를 제공할 노동력에 있어서 국가와 지방정부와 시장이 결합한 돌봄(care mix)은 지역사회에 돌봄노동을 수행할 여성이 있다는 것을 전제로 한다. 정서적인 측면과 타인에 대한 배려를 근본으로 하는 돌봄은 여성적인 본성에 의해 우러나오는 것이라고 인식되어 왔다. 돌봄노동은 오랫동안 여성이 당연히 해오던 역할이었고, 여성의 생식기능과 함께 자연적 특성이라고 생각되는 정서적 측면과 감정적 측면을 포함하고 있기 때문에 여성친화적인 것이었다. 그렇기 때문에 돌봄이 가정을 벗어나 사회화된다고 하더라도 정작 돌봄노동을 수행하는 주체는 여성인 경우가 많다. 즉 '돌봄의 사회화'라기 보다는 '공적 영역'에서 여성의 돌봄노동이라는 측면이 더 큰 것이다.

그러나 단순히 젠더화되어 있다는 것만이 문제는 아니다. 사회서비스 분야별 월평균 임금에서 나타났듯이 이 과정에서 여성들이 저임금·불안정고용 등의 열악한 노동조건에 시달리고 있는 것이 현실이기 때문이다. 돌봄의 젠더화는 돌봄노동이 그것에 대한 훈련과 통제를 통해서 수행되는 것이 아니기 때문에 자연스럽게 발현되는 것이라는 인식으로 이어졌으며 따라서 이에 대한 대가나 임금을 지불하는 것은 '자연스럽지' 못한 일이었다. 돌봄노동에 훈련과정이나 재생산 비용이 거의 들지 않는다는 편견은 돌봄노동을 단순육체노동으로 격하시켜 저임금 메커니즘의 원인이 되며 이는 돌봄의 질의 하락으로 이어지기도 한다(폴브레, 2001; 강은애, 2007; 김경희, 2009).

이는 바우처서비스에서도 마찬가지로 돌봄노동의 젠더화와 저평가라는 한계 속에서 진행된 돌봄서비스 일자리의 양적 확대는 질적 향상과 병행되지 않는다. 현재 한국의 '사회서비스바우처'의 서비스 제공인력 현황을 보면 대부분의 사업에서 여성의 비율은 남성에 비해 압도적으로 많다(표 2 참고). 2009년 7월 기준으로 사회서비스노동에 종사하는 전체여성의 숫자는 남성보다 9배 가량 많다. 육체적으로 고강도의 노동을 필요로 하는 장애인활동보조의 경우도 다른 분야에 비해 상대적으로 남성인력의 비중이 다른 분야에 비해 상대적으로 더 높기는 하지만 여전히 여성의 비율이 더 높게 나타난다.

이렇듯 젠더화되어 있는 바우처 돌봄사회서비스사업의 노동조건은

표 2. 사회서비스 제공인력 현황

(단위: 명(%), 2009. 7월말)

사업명	2007년			2008년			2009. 7월		
	소계	남	여	소계	남	여	소계	남	여
계	15,683	1,921 (12.2)	1,3762 (87.8)	39,783	3,418 (8.6)	36,365 (91.4)	68,444	6,742 (9.9)	61,702 (90.1)
노인돌봄 서비스	4,226	50 (1.9)	4,176 (98.9)	4,341	69 (1.6)	4,272 (98.4)	3,773	33 (0.9)	3,740 (99.1)
장애인 활동보조	8,668	1,332 (15.4)	7,336 (84.6)	16,423	2,289 (13.9)	14,134 (86.1)	17,097	2,220 (13.0)	14,877 (87.0)
지역사회 서비스 투자사업	2,789	539 (19.3)	2,250 (80.7)	11,486	1,040 (9.6)	10,446 (90.9)	36,977	4,256 (11.5)	32,721 (88.5)
산모신생아 도우미	-	-	-	3,687	- (0)	3,687 (100.0)	3,409	2 (0.1)	3,407 (99.9)
가사간병 방문	-	-	-	3,846	20 (0.5)	3,826 (99.5)	4,542	18 (0.4)	4,524 (99.6)
장애아동 재활치료	-	-	-	-	-	-	2,646	213 (8.0)	2,433 (92.0)

출처: 보건복지부 사회서비스바우처

어떠한가. 2009년에 한국여성정책연구원의 보고서를 보면 바우처돌봄서비스들은 서비스 성격, 노동강도, 사람을 상대하는 감정노동 정도에서 유사성이 높음에도 시간당 급여체계, 양성체계, 지원대상 및 본인부담금 체계 등이 상이하게 운영되고 있으며, 각 사업별로 별도의 진입교육 및 보수교육 체계를 가지고 있고 상호인정체계가 마련되어 있지 않다. 또한 분야별로 차이가 있기는 하지만 홍보가 덜 되고 상대적으로 아직까지 신청자 수가 많지 않은 산모신생아도우미의 경우 주당 평균노동시간 자체가 적기 때문에 노동하는 여성들의 최저임금이 보장되지 않는 경우가 종종 있다. 그러한 이유로 분야를 옮기거나 교차하려고 할 때는 유사한 교육내용임에도 불구하고 그에 따른 교육을 다시 받아야 하는 상황이 벌어지게 된다. 게다가 분야를 바꾸거나 자주 옮기는 것은 전문성을 담보하지 못하는 것으로 보이기 때문에 생계에 필요한 노동시간을 채우지 못하거나 불편함을 감수해야 하는 딜레마도 존재한다(오은진 · 노대명, 앞의 글).

여기에 더해 서비스 제공인력의 시급 수준도 제도별로 다르게 책정되어 있을 뿐만 아니라, 임금수준에 대한 명확한 지침이 없어 동일한 제도 내에서도 제공기관에 따라 달라진다. 또한 서비스 제공인력의 노동조건을 보장하기 위해 사회보험 등 관계법령을 준수하도록 하고 있으나 이에 대한 관리감독이 이루어지지 않음에 따라 노동계약기간, 사회보험 가입, 퇴직금 지급 등에서 서비스 제공인력들이 보호받지 못하고 있다(오은진 · 노대명, 앞의 글: 150).

또한 돌봄노동은 육체적 노동을 병행하기 때문에 신체적 훼손이 많은 편인데, 특히 요양보호사들은 산재보험이나 상해보험에 대한 욕구와 필요가 높음에도 불구하고 산재혜택을 실질적으로 받지 못하고 있다. 이는 4대보험에 가입되어 있는 경우에도 마찬가지인 것으로 나타난다.

> "우리 직원 중에서 손목이 많이 망가졌어요. 우리는 4대 보험이 되니까 산재를 뗐는데 그건 산재가 안 된대요. 보장을 못 받아요. 크게 아픈 것 보다는 허리, 손목이 만성적이 되잖아요. 그런 것에 대한 보장이 안 되는 거예요. 그거는 내 자비로 물리치료 받아야 해요(오은진 · 노대명, 앞의 글: 221)."

돌봄의 제도화와 사회서비스 일자리에 대한 정책마련은 여성고용을 창출하여 경력단절을 극복하지 못하거나 2차 노동시장에 머물러 있는 여성들을 제도화된 노동시장으로 끌어들였다. 이는 여성들에게 좀더 안정된 새로운 일자리로 이동하도록 했다는 성과를 가지며, 이를 통해 국가는 여성일자리 창출이라는 정당성을 획득하면서 복지국가의

표 3. 사회서비스 일자리 관리현황

구분	진입교육 (조건)	보수교육	지정 교육기관	보수(1시간)	4대보험 가입률(%)	
					2007년	2008년
노인 돌봄	노인요양보호사2급 (이론40시간, 실기실습 40시간, 현장실습 40시간) 이상	연1회 (5시간, 기관별)	40여개소 (센터는 한국노인 복지관협회)	5,670원 ('08임금실태조사) /'08서비스 단가 8,830원	70.3	80
장애인 활동 보조	지정교육기관에서 소정의 교육수료 (이론 40시간, 실기 20시간)	연1회 (20시간)	지자체지정 (광역별 2-3개소)	6,010원 ('08임금실태조사) /'08서비스단가 8,000원	38.2	65.6
산모 신생아	지정교육기관에서 소정의 교육수료 (이론 30시간, 실기 50시간)	연1회 (8시간, 기관별)	자자체지정 광역별 2-3 (서울 4)개소	5,200원 ('임금실태조사) /'08서비스단가 9,200원	2.6	65.8
가사 간병	노인요양보호사2급 (이론 40시간, 실기실습 40시간, 현장실습 40시간) 이상	보수교육 기관평가에 반영	노인요양보호사교육기관 +가사간병 교육기관 (5개센터)	6,900원 ('임금실태조사) /'08서비스단가 9,200원	미확인	미확인

출처: 사회서비스통계자료, 오은진·노대명, 2009 재인용

통치성을 구현한다. 하지만 현실적으로 여성돌봄노동자들의 노동조건 개선과 가치인정은 아직까지 미흡하다고 할 수 있다. 결국 "비공식 돌봄노동으로 대표되는 간병인의 일자리에 비해 제도화된 돌봄노동인 요양보호사의 일자리가 유의미하게 나아졌는가"에 대해서 노동환경에서는 분명 개선된 점이 있으나 임금과 노동시간운영에 대해서는 여전히 저임금의 열악한 일자리라 결론지을 수 있다(오은진·노대명, 앞의 글: 289-291).

2) 사회서비스일자리: 모순들의 저장고

이렇게 여성들의 돌봄노동이 좋은 일자리로서 보장받지 못하는 것은 관련 정책들이 출발점에서부터 모순들을 접합하는 형태로 전개되었기 때문이다. 현재 한국 사회에서 진행되고 있는 돌봄의 제도화는 여성주의적인 차원에서 전개되었다기보다는 여러 가지 사회적 필요성들이 결합하면서 진행되었다. 현실적으로 빈곤의 여성화, 돌봄위기의 심화, 경제위기, 실업의 증가 등이 동반 진행되는 상황에서 이에 대응하기 위해 정부 차원에서 개입하고 사회적 안전망을 구축하는 정책이 필요 했던 것이다. 여기에 산업구조가 재구조화되어야 할 자본주의적 경향성과 사회투자국가론이라는 복지국가 재편이 배경으로 작용하면서 사회서비스일자리의 확대에 힘을 실었다.

복지정책의 본질이나 출발점과 복지정책의 효과는 별개의 문제이다. 그러나 사회복지가 확대되는 당시의 사회적 맥락은 관련정책이 운용되는 방식을 결정하는 데 중요한 변수가 될 수 있다. 현재 한국 사회에서 진행되는 바우처서비스는 신자유주의적 자본주의 재구조화에서 나타나는 복지정책의 재편 과정 속에서 고실업, 빈곤의 여성화, 노령화 사회, 사회위험의 증가, 사회적 돌봄의 필요성 증대 등의 여러 가지 성격이 다른 모순들을 접합하여 위기를 극복하려는 시도로 진행되고 있다. 그러나 현실적인 욕구와 만족에 대한 제대로 된 검토 없이 단시일에 양적인 일자리 확대의 측면에서 진행된 바우처서비스는 '여성적 일자리', '사회적 일자리'라는 가치를 구현하면서 돌봄을 제도화한다는 정당성을 내세우지만 그 과정에서 여성들에게 그들의 노동에 대한 정당한 대가는 돌아가지 못한다.

즉 빈곤의 여성화에 대해 한국정부는 공공서비스 분야에서 '여성적 일자리'라고 생각되는 돌봄서비스의 생산자로 여성을 지목하고, 일자리를 창출함과 동시에 돌봄의 위기를 동시에 해결하고자 한다. 좀 더 부연하자면 이는 노동연계복지라는 기반에서 돌봄노동을 매개로 하여 복지의 수혜범위를 축소하거나 재편하면서 복지의 사각지대에 놓인 빈곤화된 여성들을 노동시장으로 다시 끌어들이려는 의도임과 동시에 여성노동자들을 통해 상대적으로 낮은 사회적 비용을 들여 돌봄을 사회화하려는 시도이다. 그러나 불확실함 속에서 이미 흔들린 여성노동자들의 삶은 회복되기가 쉽지 않다.

결국 현재 한국 사회에서 돌봄의 사회화는 국가가 여성들을 고용하거나 고용하도록 유도하면서 낮은 임금으로 돌봄을 공급하고 일자리를 창출하면서도 정당성을 확보하는 것으로 보인다. 정부에서 불성실한 태도로, 그야말로 '생색내기용'으로 서비스를 운용하는 것은 반드시 극복되어야 하는 문제이다.[3] 그러나 이 외에도 현재처럼 돌봄노동에 대한 이해와 가치긍정이 부재한 상황에서 수요자권한 확대는 바우처 서비스 내에서 다양한 활동을 행하는 돌봄노동자의 노동조건 악화로 이어질 것이다.[4]

게다가 바우처서비스는 재정지원이 중앙정부에서 이루어지지만 기존에 정부기관이 직접 공급해 왔던 것을 민간으로 이양하는 방식으로 행해지기 때문에 간접적으로는 시장화를 의미한다. 물론 국가가 모든 사회서비스를 공급하는 것은 불가능하기 때문에 선진복지국가들에서도 다양한 사회서비스 공급양식을 혼합한 체계를 형성하고 있는 것을 볼 수 있다. 서비스의 시장화와 공공일자리의 확대는 이 과정에서 나타나는 공통적인 과정이다. 그러나 중요한 것은 시장화가 기존의 어

---

3) "이용자들은 정부에서 그야말로 제도 잘 만들어 놓고 생색내는 거 아니냐, 라고 오히려 장애인을 두 번 울리는...(최옥채, 2008: 55)"

4) "그냥 파출부식으로 생각하시는 거예요. … 청소해달라, 빨래도 온 집안 식구들 것을 다 해달라, 청소를 1층, 2층 다 해달라고 … (최옥채, 앞의 글: 58)." "요양원에 가서 실습을 하는데 환자만 돌보는 게 아니고 청소하고 그런 것은 안 했으면 좋겠어요. 실습을 하러 가면 환자를 직접 보고 환자를 어떻게 해야 하는 것을 배워야 하는데 청소만 하고 실습은 하지도 못했어요(오은진・노대명, 앞의 글: 185)."

떤 조건 하에서 어떤 수준의 규제로 진행되느냐에 따라 그 결과가 다양하다는 것인데, 결과적으로는 공공부문이 작을수록 저가경쟁의 시장화 가능성이 높다(석재은, 2009).

한국의 경우 아직까지 바우처는 민영화나 시장화라기보다는 사회복지서비스공급량 확대의 일환이며 동시에 사회적 일자리 창출 접근의 일환으로서의 성격이 더 강한 것으로 보인다(남찬섭, 2008). 그러나 외국의 사례를 보더라도 바우처서비스는 확대되는 과정에서 점점 더 시장화 원리를 매개로 하여 확대되는 경향이 있다. 게다가 이명박 정부의 계속되는 감세정책과 복지예산삭감은 한국의 바우처서비스의 재원이 점점 더 시장 메커니즘을 중심으로 움직일 것이라는 것을 예고한다. 물론 바우처에 대해 그것을 시장화라고 하여 무조건 부정적으로만 평가하는 것도 바람직한 것은 아니며 또 마찬가지로 바우처가 부여하는 수요자 선택을 무조건 긍정적인 것으로 받아들이는 것도 바람직한 것은 아니다(남찬섭, 2009). 그러나 사회서비스의 시장화가 공급자의 질을 제고하는 것이 아니라 기본적으로 친밀성을 토대로 하는 돌봄노동의 본질을 훼손하거나 일자리를 필요로 하는 돌봄노동자들을 오히려 복지서비스 시장에서 몰아내는 형태로 진행된다면 이는 문제가 아닐 수 없다. 빈곤층 여성들의 자활을 돕기 위한 자활후견기관의 간병인사업단 역시도 이 논리에서 자유로울 수는 없다.

> "복지에 시장이 개입하면서 성과 위주로 사업을 하다 보니 그런 문제가 생겼어요. 일정하게 자활 성과가 안나는 곳은 지원도 줄여버리고 폐쇄시키겠다는 협박도 합니다. 그러면 자활 성과를 위해서는 사회적 적응력이 있는 젊은 사람을 쓰게 돼요. 정말 도움 받아야 할 분들은 배제되는 거죠(김순천, 2006)."

결국 정말 일자리가 필요한 빈곤한 여성들에 대한 노동연계복지의 일환인 돌봄일자리가 오히려 나이 들고 효율적이지 못하다는 이유로 여성들을 노동시장에서 몰아내는 결과가 생겨나는 것이다. 그렇다면 이러한 모순적인 정책 외에 우리는 어떤 대안을 상상할 수 있을까? 물론 우선적으로는 돌봄노동과 여성노동에 대한 가치인정이 선행되어야 하며, 단순히 모순들을 접합하는 수단으로서가 아니라 돌봄을 제도화하여 사람들의 삶을 긍정적인 방향으로 바꾸어내고 공동체를 가꿀 수 있는 토대를 만드는 방향으로 사회복지정책이 진행되어야 한다. 우리는 과연 어떠한 사회적 돌봄을 상상할 수 있을 것인가?

Ⅳ. 사회적 돌봄의 정치학

우리는 이제 돌봄의 역할이 기존의 공동체에서 해왔던 것처럼 여성에게 전가되는 것이 당연하다고는 생각하지 않는다. 그 빈 공간을 메우고 관리하는 것은 사회 혹은 국가의 몫이 된다. 노동하는 부모 세대와 어린 자녀로 이루어진 핵가족에서 배제된 노부모는 '독거노인'이라는 이름으로 관리대상이 되고, 가족 구성원 중 장애인이 있는 경우 국가는 간병인과 비용을 지원해 준다. 이는 최근 복지부문의 지원에 대해 끊임없이 요구되는 것이기는 하지만, 이러한 요구들이 과연 한국 사회에서 얼마만큼 관철되고 있는가에 대한 대답은 매우 회의적이다. 정권의 성격에 따라 복지예산이 삭감되기도 하고,[5] 사회적 비용

5) "국회 보건복지가족위원회 소속 곽정숙 의원(민주노동당)은 국회 예산결산특별위원회(이하 예결특위) 소속 한나라당 의원들이 2010년 예산안을 단독으로 날치기 통과시키고 본회의마저 강행처리할 예정이라고 31일 밝혔다. 곽정숙 의원에 따르면 보건복지가족부 소관 일반회계 당초 예산은 19조1235억원이었다. 이는 2009년 본예산 대비 6.2% 증가한 것이나 추경예산 대비 1471억원, 0.8%가 삭감된 것이다. 2005년부터 2009년까지 보건복지가족부 일반회계 예산의 연평균 증가율은 21.7%에 이르렀다는 점과 비교하면 그야말로 사상 최저의 증가율이라 할 수 있다(메디컬투데이,

은 나날이 증대하는데 비해 그 효율성이 의심스러운 것도 사실이다. 한국사회의 복지 수준은 아직 서구 복지국가에 비하면 일천한 수준이며, 따라서 국가 중심의 복지를 넘어선 이야기를 하기에도 요원한 느낌이 없지 않다.

티트머스(Titmuss)는 영국에서 19세기 후반 이후 사회보장 수단의 진화와 관련한 힘 관계가 존재했음을 회고하며, 이것의 주된 추진력은 단결과 상호원조라는 노동자의 윤리가 밑으로부터 우러나온 것이었고, 그들은 미시적인 형태의 복지국가를 구성하고 있었다고 주장한다(티트머스, 1982). 일종의 민중적 복지였던 이 흐름은 국가의 역할이 확대되고 그 기능이 강화되면서 국가의 영역으로 수렴되었다. 물론 현대 사회는 19세기와 비교할 수 없는 물질적 풍요와 복잡성을 보여주기 때문에 우리는 두 가지의 복지형태를 단순 비교할 수는 없다. 티트머스 또한 19세기의 친밀한 "상호부조회"로 돌아갈 수는 없으며, 복지정책의 장래의 발전 과정에 있어서 관리상의 인간애와 재분배적 사회정의를 결합하는 새로운 제도적 수단과 풍부한 상상력이 동원되는 방식을 찾아야 한다고 주장한다.

일각의 페미니스트들이 주장해 온 상호 돌봄, 사회적 돌봄, 소통의 돌봄(조한혜정, 2006; 허라금, 2006a)은 돌봄의 짐을 여성에게만 전가시키는 것을 경계하는 의미도 있지만 사람들이 서로 배려하고 돌보면서 함께 가치를 공유하는 공동체를 실천해 가는 상을 그려간다는 점에서 매우 의미 있는 것이었다. 이러한 주장은 상호배려하고 소통하는 사회에 대한 전망에서 제기되는 것으로, 이러한 사회를 만들어 가는데 있어 돌봄이 중요한 출발점이 되며 이를 위해 돌봄의 가치와 윤리를 복원해야 함을 말하는 것이다. 출산과 양육은 노동의 일종이기도 하지만 아이를 돌보고 사랑하는 과정에서 느껴지는 정서적 충족감은 노동의 힘겨움을 상쇄하며, 여성들과 남성들은 어머니와 아버지가 됨으

2010.01.01)."

로써 자신의 아이를 통해 '존재의 허무함이 사라지는' 경험을 한다. 돌봄을 필요로 하는 사람에게 도움을 주고 다른 사람을 배려하는 것은 기본적인 상호부조 행위일 뿐 아니라 함께하고 나누는 것을 통한 가치의 생성과 정서적 만족감을 주는 행위이다. 이는 개인적이고 특수한 것이었던 돌봄을 사회적이고 보편적인 영역으로 확장하는 것이며, 사회의 공동체적 성격을 강화하는 것이다.

어떤 사회의 전망을 그리고 실현하고자 하는가? 구체적인 수준에서 돌봄이 어떻게 사회화되느냐는 매우 논쟁적이다. 먼저 사회적인 것의 수준을 어떻게 정하느냐에서부터, 사회적 돌봄이 그 사회의 역사적·구조적 맥락과 어떻게 접합되며 이것들이 미시수준에 어떻게 영향을 미치느냐는 매우 예민한 문제이기 때문이다. 예를 들어 사회적 돌봄의 장소는 어디인가? 그것은 시장인가? 공공부문인가? 현재 돌봄의 위기를 해결하기 위해 돌봄의 사회화가 이루어지고 있는 방식을 보면, 크게 2가지로 전개된다. 자본주의 사회의 논리에 따라 친밀한 대상에 대한 돌봄이 화폐로 거래되기 시작했으며, 화폐를 갖지 못한 자들은 국가의 관리대상이 되거나 혹은 버려진다. 즉 한쪽에서는 '돌봄의 계급화'(허라금, 2006b)가 이루어지고, 한쪽에서는 국가복지의 형태로 '돌봄의 통치'가 이루어지는데 그나마 이 또한 제한적이다.

사실 복지국가는 재정적인 면에서 국가에 큰 부담을 주는 것을 전제로 한다. 따라서 신자유주의의 위협 속에서 국가는 복지수준을 축소하려고 시도한다. 국가는 복지와 공공지출에서 정당성을 확보하면서도 다른 한편으로는 사회적 돌봄의 역할을 가족이나 지역사회와 같은 민간 수준으로 이전하려고 하면서 다양한 방식으로 사회적 돌봄의 짐을 벗어버리려고 하는 것이다. 그러나 서구의 역사 속에서는 실질적으로 규모와 예산 면에서 이미 한번 진전된 복지체계를 후퇴시키는 것은 불가능하며, 가능하다고 하더라도 매우 치밀한 전략을 필요로 한다. 이에 대한 대중들의 거센 반발을 상쇄시켜야 하는 정치적 위험을 안고 있기 때문이다. 레이건 정부와 대처 정부는 복지국가에 대한 직접적인 개혁을 단행하는 데 있어서는 제한적인 성공밖에 거두지 못했다.

"사회란 것은 없습니다. 납세자의 돈이 있을 뿐이지요(There is no such things as society, only taxpayer's money)." 사회적 약자를 보호하는 비용에 대해 '사회가 그 역할을 해야 한다'는 말에 대한 대처의 답변은 단호한 만큼이나 명쾌하다. 대처가 '사회는 없다'라고 선언한 이후, 이 명제는 세계경제의 변화와 함께 진행된 신자유주의의 상징처럼 사용되어 왔다. 대처리즘, 레이거노믹스 등의 표현으로 대변되는 신자유주의의 영향력은 단지 경제적 압박에만 미치지 않는다. 신자유주의는 단순히 사회보다 개인을 강조하는 것보다는 사회의 공동체성을 부정하는 성격이 더 크다. 복지정책의 범위와 대상을 확장한다면 복지와 관련한 정부지출은 늘어날 수밖에 없고 조세부담이 커질 것이다. 그러니 이윤과 경쟁력을 극대화하기 위해 개인의 능력을 최대한으로 발휘할 것. 신자유주의적 가치가 맹위를 떨치는 '아무도 남을 돌보지 않는' 사회(엄기호, 2009)에서 사회적 돌봄을 이야기하고 실천해 나가는 것은 매우 어려운 일이다.

그러나 열악한 노동조건과 저임금에 시달리면서도 여성돌봄노동자들은 노동과정에서 계속해서 화폐로 환산될 수 없는 생산물들을 만들어 낸다. 그들은 복지수혜자에게 단순한 물리적 돌봄과 편의를 제공할 뿐 아니라 그들과의 관계 속에서 정서, 교감, 감정, 노동에 대한 뿌듯함 등 다양한 부산물들을 만들어 낸다. 사람들은 함께 시간을 보내고 관계를 맺으면서 서로 위로받는 이상한 존재들이다.

"... 김선희라는 장애인이 있는데 성격이 밝아요. 마흔여섯인데 저보고 언니라고 불러요. 스물여덟에 뇌출혈이 와서 몸이 마비되었어요. 거동은 어느 정도 하는데 몸이 가면 갈수록 자꾸 뒤틀려요. 뒤틀려서 잠

> 못 잘 때도 있는데, 내가 가면 그래도 얼굴이 활짝 펴져요. … 어떤 분은 당신이 움직이지 못하니까 장도 보고 수박도 사오라고 해요. 사와서 우리한테 먹으라고 해요. 우리는 수용인 집에서 음식을 먹으면 안되게 되어 있거든요. 그분들에게 피해가 가니까. 하지만 그럴 때는 그분이랑 같이 수박도 쪼개 먹고, 냉커피도 타 먹어요. 그 분들이 혼자 사다 먹기가 힘드니까, 우리들을 대접하면서 당신들도 먹는 거죠. 그럴 때는 그분들 마음을 받아요...(김순천, 앞의 글: 26-28)"

그렇다면 우리가 만들어가야 하는 돌봄의 사회화는 경직되고 법제화된 의미에서의 제도화가 아니라 돌봄노동자들의 노동조건과 임금조건을 개선하면서 개인의 자율성과 자생성을 바탕으로 하여 전체 사회를 가꾸는 움직임이어야 하지 않을까? 사실 정치적으로 사회적 돌봄의 장소가 한정되는 것도 바람직한 일은 아니다. 국가의 형태로 수렴되는 사회, 국가가 공공성을 모두 전유하는 사회가 아니라, 시장, 국가, 개인, 가족, 지역사회, 자발적 봉사자를 아우르는 혹은 그것들이 결합한 사회에서의 돌봄이 진정한 의미에서의 사회적 돌봄이지 않을까?

그리고 국가가 이러한 주체들을 매개하고 지원하는 체계로서 역할을 수행할 때 보편적인 돌봄 정책을 실현했다고 할 수 있다. 만약 바우처서비스의 형태로 진행되고 있는 돌봄의 제도화가 일자리의 양적 증가라는 측면에 천착하여 계속 유지된다면 그것은 여성적 일자리를 제공하지도 사회적 돌봄을 구현하지도 못할 것이다. 열악한 돌봄노동조건은 돌봄의 질 하락으로 이어지며 돌봄의 제도화는 비용만 잔뜩 들인 '전시행정'이 되고 말 것이기 때문이다.

우리는 정치적으로 올바른 사회적 돌봄의 개념이 무엇인지를 함께 모여서 전망을 나누면서 미래 사회에 대한 상을 그릴 수 있다. 사회적 돌봄은 물리적 측면 뿐 아니라 책임성, 관계성, 윤리성을 포괄하는 다차원적인 개념이다. 그러므로 우리는 단순히 공공지출의 양적인 확대라는 화폐적인 측면이 아닌 사회적 돌봄의 정치학을 구성할 필요가 있다. 사회적 돌봄이 단순히 정책적 차원이 아니라 사회적으로 실천되어야 할 배려의 윤리임을 인식한다면 그 정치학 또한 달라질 것이다. 상호적인 돌봄을 실천할 수 있는 사회적 조건과 그 조건을 가로막는 구조에 대항하는 담론을 구성하는 것이다.

맑스주의적 전통에 있는 이론가들의 주장대로 복지국가의 성격이 자본주의의 유지·재생산에 기여하는 것이라고 할지라도, 푸코식의 복지국가의 생체정치학이 작동한다고 할지라도, 우리는 계속해서 정치적인 재구성의 가능성을 찾아내야 한다. 국가복지가 시행되는 과정 속에는 특정의 행정적 부문들과 피고용인들이 참여하고 있으며, 물화된 것으로 인식하지 않고 여기에 개입할 가능성을 찾아내는 것이 중요하다(네그리·하트, 1996).

따라서 우리는 정말로 돌봄을 사회화하기 위해서는 국가복지가 시행되는 구체적 장소를 기반으로 하여 사회적 돌봄이 실천되는 메커니즘을 분석하고 나아가 우리가 왜 상호적인 사회적 돌봄을 실천할 수 없는지, 사회적 돌봄의 실천을 가로막는 사회구조적 한계는 무엇이며 사회적 돌봄의 지원체계를 어떻게 만들어가야 하는지, 보편적인 사회적 돌봄의 확대(장지연, 2009)를 이야기하기 전에 노동시장의 이중구조가 이에 대해 장애물이 되지는 않는지(김영순, 2009)에 대한 질문을 제기해야 한다. 이러한 질문들은 사회적 돌봄을 자율적인 영역에서 실천함에 있어 방해가 되는 요소들을 제거하고 사회구조를 변화시켜야 할 정치적 필요성에 대한 역설이다.

V. 요약 및 결론

앞서 보았듯이 복지국가는 축소되거나 그 방식이 고정되는 것이 아니라 조정과 재구조화의 과정을 거친다. 자본주의가 재구조화되는 과정에서 복지국가의 기능과 범위 역시 재편되며, 사회투자국가론의 기치와 사회서비스의 확장은 이러한 맥락에서 자본주의의 재구조화에 영향을 받으며 영향을 미치기도 한다.

공공부문서비스 부문에서 돌봄노동자가 급증한 것을 '사회적 돌봄'을 수행함에 있어 적절하고 올바른 주체로서 국가라는 것을 뒷받침하는 증거로 삼을 수 있을까? 오히려 공공부문서비스 노동자 수가 갑자기 증가한 것은 정부가 '돌봄의 위기' 자체에 대해 주체적으로 역할을 맡기 위해 개입한 것이라기보다는 금융위기에 이은 경제 불황과 실업이라는 위기에 대한 대응의 일환이라는 것이 훨씬 더 적합한 것 같다. 즉, 이윤율 저하와 탈산업화라는 경향 속에서 나타나는 여러 가지 위험과 모순들에 대한 대응으로 출산률 저하, 남성생계부양자 모델에서 보편적 생계부양자 모델로의 이행, 빈곤의 여성화, 돌봄 위기의 심화라는 성격은 다르지만 신자유주의라는 경향성 속에서 전개되는 여러 가지 다양한 모순들을 국가의 위기관리 전략 속에서 접합시키고 있는 것이다. 그 결과 여러 중첩적인 모순들을 해결하고 사회적 필요와 요구들에 대한 응답하고자 시행된 돌봄의 제도화는 처음의 모순들을 그대로 담지하고 있으며, 주의깊게 진행되어야 할 정책들이 보여주기식으로 확대 · 진행되는 경향이 있다.

특히 여성주의적 관점에서 현재 정부차원에서 시행되고 있는 돌봄노동의 확대와 제도화는 3가지 차원에서 문제가 있는 것으로 보인다. 첫째, 돌봄노동에 대한 사회적 인식이 낮고 출발점이 '돌봄'이라기보다는 일자리 창출에 있으므로 돌봄노동의 가치평가와 노동조건 개선이 제대로 이루어지지 않고 있으며 이는 열악한 노동조건 하에서 돌봄노동이 수행되는 것으로 귀결된다. 둘째, 돌봄의 본질을 여성친화적인 것으로 가정하면서 대부분의 돌봄노동자들이 여성으로 이루어져서 젠더화 되어 있기 때문에 여전히 성별분업 체계를 유지 · 재생산하는 것으로 나타난다. 셋째, 출발점이 신자유주의와 탈산업사회에서 나타나는 여러 가지 모순들을 접합하는 형태로 시행되는 과정에서 여성돌봄노동자를 이용하는 형태이기 때문에 진정한 의미에서의 돌봄의 사회화나 보편적인 상호 돌봄을 실천하고 있지 못하다. 이러한 문제들이 결합하면서 여성은 불안정한 상태의 저임금 노동을 수행하면서 빈곤의 여성화의 한 구조를 여전히 형성하고 있다. 사회서비스 확대와 돌봄의 제도화는 나름대로의 분명한 성과가 있다. 재가서비스의 형태로 이루어지는 돌봄서비스는 눈에 보이지 않고 사회와 연결지점이 없던 소외계층들을 가시화했고, 돌봄노동자와 서비스대상자는 서비스제공과정에서 단순히 '수혜자'와 '제공자'가 아닌 '온정'이 더 중요한 관계가 되고 계약기간이 끝나 헤어질 때는 '눈물을 보이기도' 한다. 그러나 그 이면에서 작동하는 국가 통치성은 여성노동을 매개로 하여 공공성을 전유하고 사회문제들을 해결하면서도 여성들의 노동의 가치에 대해서는 상대적으로 적은 관심을 보인다.

그러나 사회서비스가 축소될 수 없고 일정한 공공지출이 분명히 존재한다면 그것은 대중들의 삶의 질을 높이는 방식으로 수행되어야 할 것이다. 돌봄의 문제를 다시 개인적 영역으로 환원시키거나 사회적 돌봄의 물적 토대가 확충된다고 해서 윤리성이 확보될 수는 없다. 다만 우리는 사회적 돌봄을 이야기함에 있어 그것이 국가 통치성의 수단으로 활용되거나 국가단위로 수렴되는 것을 경계하고 올바른 정치학을 구현할 수 있는 가능성을 찾기 위해 무엇을 고민하고 걸어갈 것인지에 대해 질문해야 한다. 사회서비스의 재정조달방식 및 서비스전달체계는 제대로 이루어지고 있으며 어떤 효과를 만들어내는지, 돌봄노동의 조건과 급여실태는 바람직한지, 서비스의 질을 높이기 위해서 어떠한 정책적 노력들을 하고 있는지, 노동하는 주체는 그 과정에서 어떻게 구성되고 변화되며 사회서비스가 과연 대중들의 삶에 긍정적인 영향을 미치는지 하는 것들을 말이다.

복지는 국가가 던져주는 빵 덩어리가 아니라 적극적으로 개입해야 하는 정치의 영역이다. 그렇다면 우리는 어떻게 하면 공공성을 확보하고 이론적으로나 운동적으로나 어떠한 정치적 실천이 필요한지를 고민해야 할 것이며, 서로를 배려하고 상호간에 돌보는 사회적 돌봄을 중심에 두는 것은 공공지출이 사회의 공동체성의 제고와 연결될 수 있는 가능성을 고려하는 것과 함께 가야 하는 문제이다.

참고문헌

강은애(2007), 「돌봄 노동의 상품화 과정에 관한 연구: 가사서비스노동자의 모성노동 경험을 중심으로」, 중앙대학교 대학원 석사학위논문.

김경희(2009), "성별화된 저임금 돌봄노동의 재생산 과정 연구: 비공식 부문의 돌봄노동을 중심으로", 『아시아여성연구』, 제48권 2호, 숙명여자대학교 아시아여성연구소.

김수정(2007), "여성가구주 가구의 빈곤원인과 빈곤위험의 젠더격차", 『페미니즘 연구』, Vol.7 No.1, 한국여성연구소.

김순천, 삶이보이는창르뽀문학모임(2006), "더 이상은 안돼 – 가정복지도우미 이점순 아주머니", 『세계화시대 비정규직사람들 이야기 – 부서진 미래』, 삶이보이는창.

김영순(2009), "복지국가, 노동시장, 젠더레짐의 선순환관계를 위한 복지정치의 제도적 조건들", 『한국복지국가성격논쟁Ⅱ』, 인간과복지.

김혜경(2004), "보살핌노동의 정책화를 둘러싼 여성주의적 쟁점: '경제적 보상'을 중심으로, 『한국여성학』, 제20권 2호, 한국여성학회.

남기철(2008), "양극화시대 사회서비스체계의 재편", 『전환기의 한국복지 패러다임』, 인간과복지.

남찬섭(2008), "한국 사회복지서비스에서 바우처의 의미와 평가 – 바우처 사업의 사회적 맥락을 중심으로", 『상황과 복지』, Vol. 26, 비판과대안을위한사회복지학회.

______(2009), "최근 사회복지서비스 변화의 함의와 전망 – 지방이양, 바우처, 노인장기요양보험으로 인한 변화를 중심으로 한 탐색적 고찰", 『상황과 복지』, Vol. 28, 비판과대안을위한사회복지학회.

낸시 폴브레(2001), 『보이지 않는 가슴』, 윤자영 옮김, 또 하나의 문화.

로레인 하딩(2000), “가족정책을 위한 탐색”, 『복지국가와 여성정책』, 한국여성정책연구회 옮김, 새물결.

마경희(2005), “사회권으로서 돌봄의 제도화를 위한 대안적 패러다임의 모색”, 『여성과사회』, Vol. 16, 한국여성연구소.

마틴 휴이트(2000), 『욕구, 복지와 이데올로기』, 김영화 외 옮김, 한울 아카데미.

미셸 푸코(1994), “통치성”, 『미셸 푸코의 권력이론』, 정일준 옮김, 새물결.

______(2003), “죽음의 권리와 생명에 대한 권력”, 『성의 역사1 — 앎의 의지』, 이규현 옮김, 나남출판.

박보영(2006), “저출산, 고령사회에서의 가족정책: 일-가족 양립지원정책”, 『상황과복지』, Vol.22, 비판과대안을위한사회복지학회.

박수지(2009), “복지국가의 사회서비스 제도화 및 재구조화에 대한 고찰 — 독일의 사례를 중심으로”, 『한국사회복지학』, Vol. 61, No. 3, 한국사회복지학회.

석재은(2009), “한국 장기요양서비스의 복지혼합: OECD 국가들과의 비교적 접근”, 『한국복지국가성격논쟁Ⅱ』, 인간과복지.

송호근 · 홍경준(2006), 『복지국가의 태동: 민주화, 세계화, 그리고 한국의 복지정치』, 나남출판.

안재흥(2008), “사회투자, 성장과 복지를 잇는 선순환의 필요조건인가?”, 『한국정치학회보』, Vol.42 No.3, 한국정치학회보.

안토니오 네그리 · 마이클 하트(1996), 『디오니소스의 노동 Ⅱ』, 이원영 옮김, 갈무리.

안토니오 네그리(2005), “케인즈 그리고 1929년 이후의 자본주의적 국가이론”, 『혁명의 만회』, 영광 옮김, 갈무리.

엄기호(2009), 『아무도 남을 돌보지 마라』, 낮은산.

오은진 · 노대명(2009), 『사회서비스 분야 여성일자리 창출을 위한 정책과제 Ⅲ : 일자리 제도화』, 한국여성정책연구원.

울리히 벡(1997), 『위험사회 — 새로운 근대(성)를 향하여』, 홍성태 옮김, 새물결.

이정서 외(2002), 『사회복지학개론』, 유풍출판사.

이혁구 · 박시종(2002), “세계화와 복지국가의 위기: 지구적 사회정책을 향하여: 옮긴이 보론”, 『세계화와 복지국가의 위기』, 성균관대학교출판부.

자크 동즐로(2005), 『사회보장의 발명』, 주형일 옮김, 동문선.

장미경(2007), "취업여성의 일-가족 갈등과 국가", 『여성학논집』, Vol. 24, No. 2, 이화여자대학교 한국여성연구원.

장지연(2009), "한국 사회 젠더 레짐과 복지국가의 성격", 『한국복지국가성격논쟁Ⅱ』, 인간과복지.

제임스 오코너(1990), 『현대국가의 재정위기』, 우명동 옮김, 이론과실천.

정영금(2004), "가족 친화적 정책을 통한 일-가족 균형에 관한 연구", 『한국가정관리학회지』, Vol.22, No.5, 한국가정관리학회.

조르조 아감벤(2008), 『호모사케르』, 박진우 옮김, 새물결.

조주현(2009), "지구화와 공공성의 변화", 『벌거벗은 생명: 신자유주의 시대의 생명정치와 페미니즘』, 도서출판또하나의문화.

조한혜정(2006), "토건국가에서 돌봄 사회로", 『가족에서 학교로 학교에서 마을로』, 또 하나의 문화.

조희금・서지원(2009), "맞벌이 가정의 일-가정 균형을 위한 가정생활 영역의 정책적 요구: 자녀돌봄 및 가사노동을 중심으로", 『한국가족자원경영학회지』, Vol.13, No.1, 한국가족자원경영학회.

최예륜(2008), "생산적복지에서 능동적복지로 – 민중의 재생산 권리는 시장의 손에?", 『광장의 문화에서 현실의 정치로』, 산책자.

최옥채(2008), "바우처사업 시행에서 드러난 문제점 – 수행 인력의 경험을 중심으로", 『상황과 복지』, Vol. 25, 비판과 대안을 위한 사회복지학회.

최진(2004), "시민권론에서 본 보살핌노동지원체계의 성격 연구", 이화여자대학교 사회학과 대학원 박사학위논문.

콜린 고든(1991), "18세기의 질병의 정치학", 『권력과 지식: 미셸 푸코와의 대담』, 홍성민 옮김, 나남출판.

테레사 쿨라빅(2000), "근대화론에서 모권주의에 이르는 복지국가의 이론들", 『복지국가와 여성정책』, 한국여성정책연구회 옮김, 새뮫결.

티트머스(1982), "사회복지와 증여의 기술", 에리히 프롬 편, 『휴머니즘』, 사계절번역실 옮김, 사계절.

헬가 브라운・피르테 융(2000), "세계적 차원의 정의? 복지국가의 위기에 대한 페미니스트 논쟁", 테레사 쿨라빅 외, 『복지국가와 여성정책』, 한국여성정책연구회 옮김, 새물결.

허라금(2006a), "보살핌의 사회화를 위한 여성주의의 사유", 『한국여성학』, 제22권 1호, 한국여성학회.

______(2006b), "돌봄의 사회화", 『가족에서 학교로 학교에서 마을로』, 또 하나의 문화.

홍승아(2003), "보살핌노동의 사회적 성격과 구성에 대한 탐색적 연구", 『연세사회복지연구』, Vol. 9,

Chang, Kimberly A. · Ling, L.H.M.(2000), "Globalization and its intimate other: Filipina domestic workers in Hong Kong", *Gender and Global Restructuring: Sightings, sites and resistances*, Routledge.

〈신문자료〉

한겨레 2008.11.05.

______ 2009.07.22.

메디컬투데이 2010.01.01.

〈홈페이지〉

보건복지부 사회서비스바우처 www.socialservice.or.ke

통계청 www.kostat.go.kr

김지영: 관심영역은 자발적 복지, 공동체를 통한 복지사회의 실현, 공동체 내의 욕망과 조율 등이다. 이 흐름을 통치-관리하고 상호작용하는 복지국가의 생체권력에도 관심이 있다.

isletal@hanmail.net

4장

난임 여성들의 출산노동

– 의과학적 지식구성의 참여와 경합을 중심으로

김경례

Ⅰ. 들어가며

이 글은 신생식기술을 이용한 난임 여성들[1]의 체험을 통해 그들의 출산노동[2]과정을 드러냄으로써 의과학적 지식 구성과 의료 권력의 작

1) '난임'이라는 용어는 의학적으로 불임으로 진단(피임을 하지 않고 1년이 경과하도록 임신이 되지 않은 상태)된 여성들이 스스로를 지칭하는 용어이다. 여성들 사이에서 '난임'이라는 호명은 스스로를 임신이 불가능한 상태가 아니라 단지 남들보다 임신하기 어려운 상태로 의미화 함으로써 '임신할 수 없음'이라는 비정상적 낙인에 반하여 자신들을 위치지우기 위해 사용되는 용어이다. 특정 호명은 알튀세르가 지적했듯이 정치적 입장을 반영하는 것이므로 이 글에서는 대체로 의과학적 입장을 반영할 때는 '불임'으로, 난임 여성들의 입장을 반영할 때는 '난임'으로 표기하였다.

2) 이 글에서 난임 여성들의 출산을 노동으로 개념화하고자 하는 것은 생산과 재생산의 이분법 속에서 재생산을 생산에 부차적이거나 사후적인 영역으로 치부하는 "남성중심적 자본주의 패러다임"(태혜숙, 2007: 42)을 비판하고 출산의 수행을 가치 있고 생산적인 일로 의미화 하기 위한 것이다. 따라서 "모성(출산) 노동은 인간을 생산하는 생산노동"이다(고정갑희, 2007: 26). 하지만 신생식기술의 발달은 출산노동의 범주에 대한 이론적 개념화를 복잡하게 만들고 있다. 즉, 생식세포의 거래나 대리모를 통한

동 과정에서 난임 여성들의 위치를 분석하려고 한다. 이를 위해 신생식기술을 이용한 난임 여성들과 의사, 간호사, 과학자 등의 의료전문가 집단에 대한 심층면접을 수행하였다.[3] 신생식기술이란 인공수정이나 소위 '시험관 아기'로 불리는 체외수정 및 배양·이식기술, 배아의 냉동저장 기술 등과 같은 의학적인 불임 상태를 처치하기 위한 다양한 수태기술을 말한다(Stanworth, 1987).

지금까지 신생식기술에 관한 페미니즘적 논의는 주로 이 기술이 여성의 몸과 출산과정을 어떻게 억압, 통제하고 의료 권력을 강화하고 있는지에 초점을 맞추는 경향이 있었다(조영미, 1994). 반면 난임 여성들의 행위성(agency)을 통해 의료권력과의 관계에서 어떻게 저항, 협상하는지를 분석하고자 하는 연구들이 있었지만 그 연구들은 제한적인 것이었다. 체외수정 시술시 난임 여성들은 전문가 집단과 의과학적 지식의 대상으로서 타자화된다고 분석(박용운, 2002)되거나 기술의 효율성과 진보를 유포하는 자본과 결합된 기술과학주의 문화에 종속되어 있는 것으로 위치지워진다(김선혜, 2008). 하지만 난임 여성들은 과연 의과학적 지식의 대상이나 수혜자이기만 한가? 또한 난임 여성들은 의료 권력과 기술과학주의 문화에 종속되어 있기만 한가? 이와

자궁의 거래는 출산을 자본주의적 방식으로 교환가치화 하고 있다. 하지만 자신의 생식세포와 자궁을 통해 기술화된 출산노동을 수행하는 난임 여성들의 경우에는 자본화된 출산노동을 수행하는 것은 아니다. 그럼에도 불구하고 이 글에서 난임 여성들의 출산 수행을 출산노동으로 개념화하는 것은 한편으로는 생식세포 거래와 대리모 계약 등 몸과 출산을 자본화 하면서도, 다른 한편으로는 몸과 출산을 "자연화" 하여 생산적 가치를 발생시키지 않는 것으로 의미화 하는 자본과 권력의 이중적인 작동방식을 가장 잘 보여줄 수 있기 때문이다. 더불어 출산노동의 범주 설정과 이론적 개념화에 대한 더 풍부한 논의가 이루어질 필요가 있다.

3) 이 글의 심층면접에 참여한 난임 여성들은 총 20명이며 의사 5명, 간호사 2명, 생식세포의 처리와 수정, 배양을 담당하는 실험실의 연구원 2명을 인터뷰하였다. 연구대상의 기본적 특징은 부록1, 2를 참조하라.

같은 질문이 이 글의 문제의식이다.

이러한 문제의식 속에서 이 글은 기술화된 출산노동을 수행하는 난임 여성들의 노동과정을 따라, 특히 그들의 '몸들의 물질성'[4]에 주목하면서 난임 여성들이 어떻게 의과학적 지식구성에 참여하고 있으며 의료 권력과 경합하고 있는지를 그들의 부분적 위치와 시각에서 드러내고자 한다. 구체적으로는 기술화된 출산노동과정에서 어떤 노동을 수행하고 있는지, 의과학적 지식과 어떻게 경합하고 있는지, 의료진과의 관계설정은 어떠한지, 신생식기술을 어떻게 의미화하고 있는지를 분석할 것이며, 난임 여성들 간의 차이와 능동성에 주목하면서 그들의 생산성을 드러낼 것이다.[5]

Ⅱ. 불임 진단의 단계: 불임 진단의 불확실성과 난임 판단의 경합

난임 여성들은 불임클리닉을 방문하게 되면 불임의 원인을 파악하기 위한 문진과 각종 검사를 받게 된다.[6] 먼저 의사를 만나기 전에

4) '몸들의 물질성'은 그로츠나 해러웨이 등의 육체유물론적 관점에 입각한 것이다(그로츠, 2001; 해러웨이, 2002). 몸들의 물질성은 "사회적 관계나 의미화 작용의 저편에 존재하고 있는 것이 아니라 그 자신이 의미화 작용의 결과이면서 또한 의미화 작용에 막대한 영향을 미치는 차이와 능동성을 드러내는 차원"을 말하는 것이다(이현재, 2009: 17).

5) 신생식기술뿐만 아니라 배아복제줄기세포 연구를 비롯한 생명공학기술의 구성과정에서도 연구에 참여한 몸들의 생산성은 비가시화되고 있다(김경례, 2009).

6) 불임 진단을 위한 검진은 불임전문클리닉이 아니더라도 일반 산부인과 병원과 한의원에서도 이루어진다. 불임클리닉을 방문하기 이전에 일반 산부인과를 먼저 방문한 난임 여성들은 그 곳에서 위에 제시된 기본적인 불임진단법이 적용되며 한의원에서는 주로 전체 몸의 상태에 준거해 생

간호사를 통해 문진을 받게 되는데 나이, 불임 기간, 과거의 병력, 피임, 낙태 등의 경험 유무를 서면을 통해 체크한다. 의사는 문진의 결과를 확인하고 불임의 주요 원인 중의 하나인 난관폐쇄나 난관 유착 등의 난관 상태 및 자궁기형을 검진하기 위한 자궁난관조영술과 난소와 자궁의 상태를 체크하기 위한 질 초음파 검사, 그리고 임신 관련 호르몬의 이상 유무를 파악하기 위한 혈액검사를 기본적으로 실시한다.7)

또한 배란 검사, 성교 후 검사도 기본적인 검사에 해당되는데, 배란 검사는 난포의 성장과 배란 시기를 관찰하기 위해 예상 배란일 3-4일 전부터 역시 질 초음파를 통해 실시한다. 성교 후 검사는 배란기 새벽에 부부관계를 한 뒤 3-4시간 안에 자궁경관 점액을 채취하여 이루어지는 검사인데, 자궁 경관 점액을 통해 정자의 활동성이나 점액 상태, 점액 내 정자 거부 항체 유무, 정자 상태를 파악하기 위한 것이다.

이러한 검사를 다 하고도 난임의 원인을 정확하게 파악하지 못했을 경우, 복강경 검사, 자궁경 검사, 자궁내막 검사 등을 받게 된다. 복강경 검사는 자궁난관 사진에서 이상이 발견됐거나 자궁내막증 진단을 위해 실시하는 것으로 전신마취를 해야 하고 복강 내 유착이나 자궁내막증이 발견되면 레이저로 검사와 처치를 동시에 하는 것이다. 자궁경 검사는 자궁난관 사진 상 자궁 유착이나 근종, 폴립이 있을 때, 또는 자궁기형이 의심될 때 하는 것으로 마찬가지로 자궁기형을 진단

식력의 약화가 진단된다.

7) 자궁난관조영술은 진단방사선과에서 실시하는데 방사선과를 갖추고 있는 병원은 해당 병원 내에서, 방사선과를 갖추고 있지 않은 병원은 방사선과에 의뢰하여 실시한다. 자궁난관조영술은 조영제를 투입하여 난관이 잘 뚫려 있는지 확인하는 검사로 생리가 끝난 뒤 일주일 안에 실시하는데 이 때가 자궁과 난관의 상태를 가장 잘 확인할 수 있기 때문이다. 혈액검사는 임신과 관련된 유즙분비 호르몬이나 갑상선 호르몬, 황체 호르몬 등의 호르몬의 이상유무를 파악하기 위해 실시한다.

하거나 자궁근종이나 폴립을 제거하기 위한 처치법으로도 사용된다. 자궁 내막검사는 배란시기에 초음파 촬영으로 자궁 내막의 두께와 형태 변화를 보는 것이다.

여성들은 불임의 원인을 파악하기 위해 이러한 수많은 검사를 받는 반면, 남성들은 정자의 수나 운동성, 기형정자 등을 확인하기 위한 정액검사만 받으면 된다. 또한 여성들은 의료진의 정확한 검진을 위한 검진 일정에 맞춰 병원을 수시로 방문해야 하지만 남성들은 정액을 채취하기 위해 한 번 방문하거나 그나마도 2-3시간 안에만 병원에 갖다 줄 수 있으면 병원 외 장소에서 정액을 받아 와도 된다.[8)]

이렇듯 불임 진단을 위해서는 남성의 노고보다도 여성의 노고가 더 많이 필요하다. 그러나 그것보다 더 중요한 것은 이러한 노고를 통해서도 불임의 원인을 정확히 파악할 수 없으며 원인을 찾는다 하더라도 그것은 불임의 유일한 원인이 아니라는 것이다. 의과학적 불임 판단의 준거는 주로 생물학적 요인들인데, 이러한 생물학적 요인들은 사회 환경적인 영향을 받을 뿐만 아니라 일부 생물학적 요인들은 단지 장애요인일 뿐 임신이 되기도 하기 때문이다. 예컨대, 난관이 막혀 있는 난관폐쇄의 경우, 한 쪽 난관이 건재하면 임신이 되기도 하며 이는 주로 자궁 외 임신으로 인해 시술되는 난관절제의 경우에도 마찬가지이다. 따라서 난관요인인 경우, 양쪽 난관 모두가 없거나 막히지 않는 한 완전히 임신이 되지 않는다고 보기 어렵다. 또한 생리불순이나 자궁근종 등도 의과학적인 불임 원인 중의 하나이지만 마찬가지로 임신이 되기도 한다.[9)] 무엇보다도 이러한 생물학적 요인들 중 일

8) 일반적으로 남성들은 불임 검진을 받기를 꺼려 하는데, 이럴 경우 여성들이 남편의 정액을 받아 병원에 전달하는 경우도 있다.

9) 자궁근종은 위치나 크기에 따라 임신에 영향을 미치기도 하고 그렇지 않기도 한다고 알려져 있다. 자궁근종은 많은 여성들이 가지고 있으며 의사의 판단에 따라 임신에 영향을 미칠 정도의 크기나 위치에 있다면 그것을 제거하는 수술이 권유되기도 한다.

부는 환경호르몬이나 스트레스 등으로 표현되는 난임 부부들이 처한 사회 환경적 요인들의 영향을 받아 발생하며 임신이 잘 되지 않는 여러 원인들 중 하나가 된다.

이런 사실은 의사들로 하여금 불임의 원인을 명확히 설명하기 어렵게 하기도 하며 난임 여성들은 자신들이 불임은 아니라고 판단하게 하는 근거가 된다.

> 원인불명이래. 결혼시기에 임신이 됐는데 자궁 외 임신이 돼서 나팔관 한쪽을 제거를 해버렸죠. 한쪽만 있는 상태죠. 나도 선생님한테 괜찮냐고 물어 봤거든. 그런데 괜찮다고 아무 이상 없다고. 다낭성도 조금 있고 복합성이 조금 있기는 한데 딱히 이거다 라고는 설명을 안하죠. (사례 16)
>
> 나도 어이가 없었어. 나도 왜 막혔냐고 물어봤더니 이유가 없대. 과학적으로 증명이 안 됐대. 그런데 세균감염으로 막히는데 그게 무슨 세균이고 이런 것[설명]도 없고. 그게 과학적으로 병명을 모른대. (사례 15)
>
> ○○병원에서 난관조영술 할 때는 한쪽이 막혔다 그랬는데, ○○병원에서 할 때는 잘 뚫려 있다는 거야. 그래서 그게 막혔다 뚫렸다 하나 했지. (사례 14)
>
> 나는 내가 불임이라고 생각 안해. 불임이라는 어감도 싫어. 불임은 정말 임신이 안된다는 거잖아. 임신이 안되는 건 아니니까 난임 부부지 불임부부가 아니잖아. (사례 12)

자궁 외 임신으로 한쪽 난관을 절제한 〈사례 16〉은 그것이 의과학적 불임 요인임에도 불구하고 임신을 하는 데 지장이 없다는 설명과 함께 원인불명으로 진단받았다. 의사는 임신 가능성의 희망을 주기 위해서일 수도 있지만 실제 한쪽 난관만으로도 자연임신이 되기도 하며 무엇보다도 인공수정이나 체외수정 시술을 통해서 임신을 시도하면 가능성이 있기 때문에 한쪽 난관절제를 불임 요인으로 지목하지 않았다. 〈사례 15〉는 난관폐쇄라는 진단에 그 이유를 물었고 의사는 세균감염을 원인으로 들었지만 납득할 수 없었다.[10] 자궁난관조영술의 검진결과로서 난관소통성에 관한 〈사례 14〉의 경험은 한쪽 병원의 오진일 수도 있지만 여성의 몸 상태에 따라 실제로 발생하는 일이기도 하며, 사실 유무와 관계 없이 불임에 대한 의과학적 진단에 의구심을 갖게 하는 계기가 된다. 그래도 의과학적 준거에 의한 불임을 유발하는 생물학적 요인들은 그러한 것들이 없는 여성들에 비해 임신의 가능성을 낮출 수 있다는 점에서 여성들도 자신들의 난임 원인으로 일정 정도 인정하지만 아무런 생물학적 요인이 발견되지 않은 '원인불명'의 난임 여성들은 자신이 불임이라는 것을 더욱 인정할 수 없게 한다. 〈사례 12〉는 원인불명으로 진단받고 체외수정 시술에 6번이나 실패했지만 자신을 불임여성으로 인정할 수 없다고 한다. 즉 불임 원인의 불확실성과 복합성은 의료진에게는 명확한 설명의 한계로, 난임 여성들에게는 자신들이 불임은 아님을 보증하는 근거가 되며 의료진과 여성들 모두에게 임신의 가능성을 열어두게 하는 요인이 된다.

그런데 원인불명 진단에 대한 의사의 소견과 여성들의 판단은 다르다.

> 원인 모른다고 하는 것은 애매한데 **현대 의학적으로 봤을 때 규명이 안 된 것**을 말한 것이죠. 나팔관 검사해서 뚫려 있고 정자도 검사했는데 이상 없는데 임신이 안 된다 이런 경우는 현미경적인 검사도 해 봐야 하니까. 시험관 아기를 한다는 것은 임신을 시도한다는 것도 되지만 수정과정에 문제가 있나 없나를 알 수 있기 때문에 진단 목적도 된다는 거예요. (보조 사례 2, 의사) 〈강조는 연구자〉.

---

10) 〈사례 15〉는 결혼 전에 낙태를 경험한 적이 있는데, 본인이 납득할 수 없는 의사의 불분명한 설명보다는 낙태시술이 원인일 것이라고 생각한다. 〈사례 15〉는 임신이 안 돼는 현재의 어려움을 낙태에 대한 사회적 낙인과 더불어 자신의 책임으로 해석하지만 의과학적으로도 낙태시술 후 세균감염이 난관폐쇄를 일으킬 수 있는 여러 가지 원인들 중 하나로 설명된다.

의사는 원인불명을 "아직 의과학적으로 규명이 안 된 것"으로 해석하며 지속적인 연구나 시술과정을 통해 규명해 낼 수 있는 것으로 의미화 한다. 생식세포나 난관이나 자궁요인이 아니면 수정이나 착상과정에 문제가 있을 수도 있으며 이는 시술과정을 통해 확인할 수 있다는 것이다.

그렇다면 불임 진단은 불임의 원인을 파악하여 이를 근본적으로 치료하기 위해서 라기 보다는 거꾸로 더 많은 몸 부분들과 생식과정을 의과학적으로 관찰하고 시술의 정당성을 확보하기 위한 하나의 과정인 측면이 강하다. 따라서 체외수정 시술은 치료가 아닌 처치이며 이 처치를 통해 아직까지 밝혀지지 않은 불임 유발 원인들을 계속해서 찾아내는 것이다.

하지만 수많은 검사를 거치고도 원인불명으로 진단 받은 난임 여성들은 임신 실패나 임신 성공의 체험 속에서 의과학적인 불임진단을 신뢰하지 않으며 오히려 임신 실패의 책임을 전가하려는 변명으로 의미화하기도 한다. 즉 의료진에게 원인 불명은 "아직 규명이 안 된 것"이지만 난임 여성들에게 원인 불명은 의과학적 지식의 한계를 보여주는 것이다.

> 그게 정답인거처럼 얘기를 해요. 불임에는 원인이 없다고 하잖아. (사례 5)
>
> 그리고 거의 반 이상이 원인불명인 경우가 대부분이라고. 그러니까 여러 가지 검사를 했는데 한 가지라도 문제가 있다고 하면 그거 때문에 임신이 잘 안 되는 거다 그래서 그것을 고친다든지 어떻게 한다든지 하는데 이렇게 검사를 다 했는데도 아무 이상이 없어. 그런데도 임신도 안 되고 착상도 안 되고 해도 수치 떨어지고 그러면 당연히 원인불명이라고 하지. 의사들은 제일 말하기 쉬운 게 원인불명이야. (사례 6)

이런 의미에서 불임의 원인은 명확하지 않으며 비교적 확실한 것으로 알려져 있는 생물학적인 의과학적 불임 원인도 난임 여성들의 몸들에 대한 시술과 연구를 통해 발견된 것이다.

불임 진단과 관련해 확실한 것은 난임 여성들의 몸들에 대한 의과학적 처치를 통해 앞으로도 불임을 유발할 수 있는 수많은 요인들이 발견될 것이고 이러한 것들이 많이 발견 될수록 불임 여성들과 불임의 불확실성은 역설적으로 증가할 것이라는 거다. 왜냐하면 모든 여성들이 그 수많은 불임 유발 원인들 중 한 두 가지 정도는 해당될 것이며 그러한 요인들을 가지고 있을지라도 보조생식술의 도움 없이 임신을 하는 여성들이 있을 것이기 때문이다. 그런 점에서 보조생식술이 필요한 확실한 이유는 이런 수많은 의과학적인 불임 유발 요인들 때문이 아니라 '아이가 없다는 사실' 그 자체 때문이다.

난임 여성들이 불임클리닉을 방문해, 문진으로 나이와 불임기간을 체크하는 그 순간부터 의료진에게 난임 여성들은 보조생식술의 적용 대상이 되는 것이며 여성들 스스로는 기술화된 출산노동을 수행하고자 하는 주체가 된다.

불임에 대한 의과학적 진단과 난임 여성들 스스로 판단하는 불임 간의 차이와 의미 경합은 생물학적 불임 원인들과 관련한 것 이외에도 발생 한다. 의과학적 불임 판단은 피임을 하지 않고 부부관계를 했을 시 1년 안의 임신 가능성이라는 통계적 확률에 의거한 것이지만 난임 여성들은 이 기간과 통계에 의존하지 않는다.

> 1년 이상 정상적인 잠자리를 했음에도 불구하고 임신이 안 되는 경우를 불임증이라고 진단을 내리고 조금 더 적극적인 방법으로 임신을 시도하자고 설명을 드려요. 그 이유가 자연 임신의 80-90% 이내가 1년 이내에 임신이 돼요. 그런데 나나 남편이나 아무 이상이 없음에도 불구하고 1년이 넘어서도 임신이 안 되는 경우는 무언가 임신이 되지 않은 10-20%에 드는 거잖아요. (보조사례 4, 간호사)
>
> 불임의 원인을 알아서 교정해야 되는 판단시기가 1년이에요. (보조

사례 1, 의사)

결혼 년 수 7년이나 지났는데 왜 이제야 왔냐고 뭐라고 하더라고. (사례 10)

1년 안에 안 생기면 무조건 불임이라고 하더만. 검사를 하고 결과는 이상 없어도. 신랑이나 나나. (사례 1)

〈사례 10〉은 결혼 7년차 이지만 자신과 남편의 생애 계획 속에서 오랫동안 임신·출산의 계획이 없었고 임신·출산 계획을 세우자마자 합리적인 선택으로서 불임클리닉을 방문하였다.[11] 그래서 결혼 기간을 두고 불임이라고 진단하는 의료진의 판단에 괴리감을 가질 수밖에 없었다. 〈사례 1〉은 의료진의 설명에 의하면 10-20% 안에 있는 본인과 배우자가 아무 이상이 없이도 임신이 안 된 결혼 8년차의 기혼 여성이고 체외수정 시술을 통해 임신에 성공했지만 스스로를 불임이라고 판단하지 않으며 무엇보다도 1년이라는 의과학적 불임 판단 기준에 대해 잘못된 것이라고 생각한다. 〈사례 1〉이 자신을 불임이 아니라고 판단하는 것은 의과학적 진단으로도 불임요인이 밝혀지지 않았기 때문이기도 하다. 즉 의료진은 대체로 생물학적 요인이나 통계 및 확률을 가지고 불임을 판단하고 시술을 권유하지만 난임 여성들은 의과학적 불임 판단 기준 보다는 자신의 생애사적 계획에 따라 임신·출산을 계획하고, 생애사적 몸 체험 속에서 난임의 원인을 판단한다.

나는 처녀 때부터 피임약도 한 번도 먹어본 적이 없고 다 체외사정

11) 〈사례 10〉은 결혼 후 피임도 하지 않았지만 직장도 다니고 있었고 아이를 가질 생각도 없었기 때문에 아이가 안 생기는 것에 대해서 문제의식을 느끼지 않았다. 또한 남편의 장기 해외 출장으로 외국에 오랫동안 함께 나가 있었고 귀국해서 아이를 가질 계획을 세웠으며 출산 계획 2년 만에 병원을 찾았다. 즉 의료진의 불임기간 판단 기준은 결혼 후 1년이지만 〈사례 10〉은 아이를 가질 자신의 계획에 따라 기준을 잡았으므로 늦은 병원 방문이라고 여기지 않았던 것이다.

> 으로 피임했는데, 철 몰랐을 때는 그냥 사정도 하고 그랬는데 한 번도 안 생겼다는 거지. 그때는 날짜를 잘 피해갔구나 단지 그렇게 생각했는데 지금 생각해 보니까 내가 안 되는 가봐. 그러니까 내가 더 병원을 빨리 갔던 거 같아. (사례 4)
>
> 병원을 1년도 안돼서 간 이유는 질염이 심했어요. 그래서 그런 거 체크도 하면서 약도 받아야 되고 하니까 가서 했는데... 배가 차요. 손발도 차고. 족욕으로 나는 많이 좋아졌다고 생각해요. 어머니는 아직도 그것 때문이라고 생각해요. 유산도 몸이 차기 때문이라고. (사례 17)
>
> 나는 서로 인연이 아니니까 안 생긴다고 생각해. 왜냐면 23살 때 결혼하려고 맘 먹었던 사람이 있었어. 그때는 철모를 때였고 결혼 날짜까지 잡았는데 헤어지게 됐는데, 그 남자랑 내가 5년 동안 살았었어. 그런데 그때도 원인이 없이 안 생겼어, 애기가... 그런데 중요한 건 뭐냐면 그 사람이랑 헤어지고 나서 몇 년 후에 내가 29살에 다른 사람을 만났는데 이 사람하고는 2개월 만에 임신이 된 거야. 이 사람하고는 결혼할 생각이 없었어서 애가 생기니까 미쳐버리는 줄 알았어. [그런데] 잠깐은 좋았어. 나도 애기를 가질 수 있구나 생각하니까... 하여간 그렇게 해서 보니까 인연이 아니면 안 생긴다고 봐... (사례 2)

〈사례 4〉와 〈사례 1〉은 의과학적으로는 똑같이 원인불명이었지만 서로 다르게 자신의 난임을 의미화 한다. 이들 모두 1년이라는 의과학적 불임 판단 기한을 신뢰하지 않았지만 〈사례 1〉은 의과학적으로 확인된 생물학적 불임 요인이 없었기 때문이고 〈사례 4〉는 피임하지 않고도 한 번도 아이가 생기지 않았던 자신의 몸 체험 속에서 의과학적 불임 요인과 상관없이 자신의 난임 가능성을 판단한다. 〈사례 17〉 역시 의과학적 진단 기준이 아니라 자신의 몸 체험과 몸 상태에 대한 해석을 통해 난임을 판단한다. 이들이 원인불명이었던데 비해 〈사례 2〉는 결혼 전 난소암일지도 모른다는 의료진의 오진에 의해 복강경 시술을 받았고 그로 인해 한쪽 난관이 막힌 명확한 의과학적 불임원인인 난관폐쇄를 진단받았음에도 불구하고 자신의 아이 없음에 대해 난관폐쇄가 원인이라고 판단하지 않는다.[12] 〈사례 2〉는 한쪽 난관이 막혀 있는 난관폐쇄 상태에도 불구하고 과거에 임신했던 체험을 통해서 자신은 불임이 아니라고 해석하는 것이다.

의료진에게 생물학적 불임 요인과 불임 판단 기한은 시술의 필요성을 제기할 수 있는 근거가 되지만, 난임 여성들에게 그것들은 현재의 아이 없음이라는 결과를 만들어 낸 여러 요인들 중 하나이며 난임은 자신들의 생애사적 몸 체험 속에서 다양하게 판단되고 해석된다.

하지만 난임 여성들에게 의과학적인 불임 진단 결과는 모순된 두 방향으로 영향을 미친다. 한편으로는 의과학적 지식의 한계를 인식하게 하지만, 다른 한편으로는 의료진에게 명확한 원인을 찾아내라고 요구하게 한다. 이는 명확한 원인이 없음에도 아이가 없는 상태에 대한 답답함 때문이기도 하지만 명확한 원인이 없을 경우, 가부장적 문화와 맞물리면서 아이 없음에 대한 책임이 여성에게 전가되기 때문이기도 하며 무엇보다도 명확한 원인을 찾아내면 그 해결책도 있을 것이라는 인과론적 세계관을 반영한 것이기도 하다.

> 아무 이상이 없어도 내 잘못인거 같애. (사례 12)
>
> 다 정상. 저 같은 사람 많아요. 차라리 어디 기능이 저하가 됐다 그러면 기능을 올려주고 폐쇄가 됐다 그러면 뚫어준다거나 그것도 아니면 포기하고 시험관 한다거나 이유가 있어야 하는데 아무 이유 없이 한다는 거 그런 것도 억울하기도 하고. 그런 사람이 많으니까. (사례 7)
>
> 그나마 나 같은 사람은 정말 다행이지. 나는 신랑이 문제인데 이런 거 몰랐어봐. 시어머니랑은 당연히 내 탓이라고 생각하지. 얼마나 억울하겠어. (사례 6)

〈사례 12〉를 비롯해 원인불명으로 진단받은 난임 여성들은 "원인이

12) 〈사례 2〉가 결혼 전 복강경 시술을 받았고 시술 결과 악성 종양이 아니라 일반 종양이었다는 것은 사실이며 이 시술이 난관폐쇄의 원인 이라는 것은 〈사례 2〉의 해석이다.

라도 알았으면"이라는 언설을 많이 사용하며 원인을 알아내 그것을 해결하면 임신이 더 용이할 것이라고 의미화 한다. 때문에 난임 여성들은 보조생식술 이외에도 생식력의 진단 및 향상과 관련된 유전자 검사나 염색체 검사, 자궁경, 복강경 등과 같은 더 많은 의료적 처치에 참여하게 된다. 한편 남편에게 불임요인이 있는 〈사례 6〉이 진술하는 것처럼 의과학적 불임 진단은 아이 없음에 대한 책임을 여성에게 전가하지 못하게 하는 도구가 되기도 한다. 때문에 난임 여성들은 불임의 원인을 찾기 위한 의료적 처치에 적극적으로 참여한다.

결국 불임의 원인을 찾아내기 위한 의과학적 연구를 가능하게 하고 그것을 추동하는 힘은 난임 여성들의 적극적인 기술화된 출산노동참여와 불임 원인에 대한 설명 요구이다. 난임 여성들의 적극적인 기술화된 출산노동은 생식을 기혼여성의 의무와 1차적 책임으로 상정하는 혈연주의적이고 가부장적인 정상가족 이데올로기와 연동되어 있으며 불임 원인에 대한 설명 요구는 인과론적인 근대적 세계관과 연동되어 있다. 그렇다면 불임 진단법과 관련한 의과학적 지식의 생산은 의과학자들의 지식노동만이 아니라 난임 여성들의 적극적인 출산노동과 몸적 참여를 통해 이루어진다고 볼 수 있다.

Ⅲ. 배란유도 및 인공수정의 단계: 섹슈얼리티 및 생식에 대한 의과학적 통제와 몸 관리 노동

불임 진단을 받은 난임 여성들은 보조생식술을 이용한 시술에 곧바로 들어가기 보다는 대체로 배란일에 맞춘 자연임신을 먼저 시도해 보거나 경구용 배란 유도제(클로미펜)의 처방을 받아 배란을 유도하고 배란 시기의 성관계를 통한 임신시도를 먼저 권유 받는다. 자연배란주기나 유도된 배란주기에 맞춘 임신 시도는 난임 부부들에게 의과학적인 섹슈얼리티의 통제와 관리를 경험하게 한다. 이때 난임 부부의 섹슈얼리티는 쾌락 목적 이라기보다는 생식 목적이 되며 권리라기보다는 의무이자 스트레스가 된다.

> 배란날짜 잡아주면 의무적으로 해야 되는 거야. 근데 그걸 맞추기가 너무 힘들어. (사례 12)
>
> 스트레스도 많고 하니까 빨리 이 숙제를 끝내고 싶었어. (사례 13)
>
> 그런데 협조가 잘 안돼요. 술 먹고 늦게 오거나 이런 작업자체가 좋아서 해야 하는데 목적이 하나기 때문에 기분도 안 내키는데다가 그 이야기를 매달 하는 것도 한계가 있고, 그래도 웬만하면 맞춰 보려고 해. 동물 같다니까. 그럴 때가 있어요. 나도 늦게 와서 피곤한데 유도를 하지. 그래도 혹시 모르니까 유도도 하고 6년 넘어서 약도 거의 안 먹었어요. 아파도 생리주기 다 돼서 아프니까 혹시 [임신일지도] 모르니까 약을 안 먹었어요. (사례 17)
>
> [배란일 맞춰서] 해야 되는데, 우리 신랑이 술 먹고 들어와 버려. 심지어 나는 술 먹고 들어와 자는 거 깨워서 그런 적도 있다. 우리 신랑은 못 한 적도 있어. 갑자기 하다가 못 하겠다고 그래 버리대. (사례 6)
>
> 진짜 기분 나쁘다. 나도 신랑이 협조적이기는 했는데 내가 담배를 피지 말라고 했어. 그런데 담배를 펴서 한번 싸웠는데 진짜 싸우고 기분 안 좋고 속이 타는 거야. 해야 겠는데 이 남자는 돌아누워서 자려고 하고. 나는 자존심에 하자고도 말 못하겠고. 그러면 자기가 먼저 얘기를 꺼내야 되는데 멀뚱거리고 있으면 진짜 기분 나빠. 그리고 아무리 사이가 좋아도 그 배란일 맞춰서 해야 하는 날 하기가 싫어. 그런데 해야 돼. 그러면 해야 하는 거야. 형식상. 나는 막 운적도 있어. 좋아서 하는 게 아니라 맞춰서 해야 하잖아. 서럽잖아. (사례 5)

이러한 배란주기에 맞춘 생식 목적의 섹슈얼리티는 생식의 1차적 책임을 여성에게 지우는 가부장적 문화와 맞물려 남성보다는 여성에게 더 많은 부담을 갖게 하며 섹슈얼리티를 넘어서 여성의 몸 전체를 통제한다. 〈사례 17〉의 경우, 배란주기 동안에 비협조적인 남편과의 성관계를 유도해야 했을 뿐만 아니라 배란 주기 동안 성관계를 가졌을 경우, 혹시나 임신이 될지도 모른다는 가정 하에 태아를 위해서 자신의 몸이 아프더라도 약을 복용하지 않는다. 또한 술이나 담배 등 임신에 유해하다고 알려진 것들에 대한 통제는 자신에게 뿐만 아니라 남편에게도 해당되는 것이며 이는 난임 부부의 생물학적 몸 뿐 만 아니라 전체 생활을 통제하는 효과를 발휘한다. 즉 배란주기에 맞춘 임신 목적의 성관계는 전통적인 생식중심의 성별 이데올로기를 강화할 뿐만 아니라 자신의 몸보다는 태아를 돌봐야 하는 모성이데올로기와 맞물려 여성의 생물학적 몸 뿐 만 아니라 삶의 방식까지 통제하는 기제로 작동한다.13)

난임 부부의 섹슈얼리티 통제는 동시에 생식의 의과학적 관리를 용이하게 하기 위한 것이기도 하다. 배란주기에 맞춘 임신 시도는 불임의 원인인 배란 장애와 정자의 생존율을 진단하기 위한 것이기드 하고 배란주기에 맞춘 임신 시도가 실패하였을 경우, 인공수정이나 체외수정 등의 보조생식술을 이용한 처치의 필요성을 정당화하는 근거가 되기 때문이기도 하다.

> 배란일 하고 성교 후 검사가 안 좋게 나오더라고. 정자가 자궁 속에 얼마나 살아있는가 보는 건데 거의 희박하더라구요. (사례 14)
>
> 처음에는 클로미펜 하다가 기초체온을 쟀어. 기초체온은 배란일만 아는 게 아니라 몸의 사이클 다 나와. 그날 그날 점액체크도 하고 그러거든요. 그거 기록해서 병원에서 오라는 날에 들고 가면 그거 보고 시술 하려는 거 같아. 대학병원은 기초체온을 제일 중요시 했어. 잘 재면 좋은 데 그거 체온계 시간 맞추는 게 너무 힘들어. (사례 13)

---

13) 이런 의미에서 피임이나 낙태 등의 전통적인 생식관련기술은 쾌락 중심의 성과 생식 중심의 성을 분리하여 여성들의 성을 생식 중심의 성으로부터 벗어날 수 있게 해 주었다. 반면에 보조생식술은 생식 중심의 성을 강화하는 데에 일조한다.

즉 〈사례 13〉과 〈사례 14〉의 진술처럼 배란일에 맞춘 성관계는 임신 시도를 목적으로 하기도 하지만 의과학적 불임 진단이나 시술 준비 과정에서의 몸 상태에 대한 점검을 목적으로 하기도 한다. 성교 후 배란 장애 검사나 배란일과 더불어 난임 여성의 몸 상태를 체크하기 위한 기초체온 검사가 그것이다. 이는 의료진의 의과학적 생식관리를 용이하게 하기 위한 것이며 둘 다 임신시도 및 진단을 위해 의료진의 지시에 따른 난임 여성의 병원 방문과 적극적인 노동 참여를 필요로 한다. 특히 기초체온 검사의 경우, 날마다 시간에 맞춰 체온을 재고 기록하는 노동은 난임 여성들의 몫이며 의료진은 그 결과를 토대로 몸에 대한 지식을 생산하고 시술을 결정한다.

한편 배란일에 맞춘 임신시도가 의료진의 의도적인 섹슈얼리티 통제 및 관리라면 체외수정 시술이 진행되는 과정에서는 의도하지 않게 난임 여성들의 섹슈얼리티를 통제한다.

> 시험관시술 하는 동안에는 못했지. 쉬는 동안에는 잘했고. 난자 채취 3일 전에는 꼭 해 한번. 3일 동안 키워야 난자가 잘 나온다고 병원에서 그러던데. (사례 13)
>
> 남자들이 무서워해, 안 하려고 그래. 시험관 준비하는 동안에는. 그래서 한 달 동안 안 할 때도 있어. 요즘 들어서는 하는데 처음에는 둘 다 무서워서 아예 안했지. (사례 15)
>
> 몸이 힘들어서 아예 관계도 안하지. 할 마음도 없고 잊어버리게 된다니까. 시험관하면서부터 몸의 변화가 오기 시작했어. 괜히 하는 것도 귀찮고, 몸 자체에서 안 받아주는 것 같아. (사례 2)

〈사례 13〉은 체외수정 시술과정에서 얻게 된 의과학적 지식을 토대로 자신의 섹슈얼리티를 스스로 통제한다. 또한 체외수정 시술이 진행되는 과정에서 발생하는 육체적, 정신적 고통은 〈사례 2〉와 〈사례 15〉처럼 의료진의 지시나 권유가 아니더라도 성관계를 갖지 못하게 한다. 따라서 시술과정의 각종 의과학적 처치는 의과학적 개입을 통한 임신 가능성은 높일지 모르지만 자연적인 섹슈얼리티를 통한 임신의 가능성은 감소시킨다. 따라서 난임 여성들은 자연적인 출산노동보다는 기술화된 출산노동을 더 많이 수행하게 된다. 또한 시술과정의 각종 의과학적 처치는 부부관계의 악화와 불화를 낳는 원인이 되기도 한다.

> 우리 신랑도 알면 좋을 거 같아. 모르니까 물어보는데 나는 하고 싶지 않지. 내 몸이 불편하니까 혹시나 하는 생각도 들고. (사례 5)
>
> 하기는 하는데 난자채취 할 때쯤에는 아예 안 하지. 그리고 우리는 시험관 때문에 부부관계가 더 안 좋아졌어. 그 전에는 그런대로 괜찮았는데 시험관하면서 그 기간 동안에는 안 하고 임신 수치 나왔을 때는 그것 때문에 안 하고 유산 되었을 때 그것 때문에 안하고 그러니까 안하는 기간이 길어지니까 서로 무뎌졌어. 내가 아랫배가 아프니까 배란할 때 까지는 괜찮은데 배란 끝나고 나면 아랫배가 아프기 시작하거든. 생리하고 그럴 때 1주일 정도 하기 싫잖아. 할 수 있는 기간이 딱 1주일 정도야. 그러니까 우리 신랑도 너무 안하는 기간이 기니까 그렇고 나는 나대로 배도 아프고 하니까 그렇고. 처음에는 그거 가지고 많이 싸우고 그랬어. (사례 6)

체외수정 시술이 반복 될수록 난임 여성들의 생물학적 몸의 변화와 고통은 심화되며 쾌락 중심의 섹슈얼리티로부터 점점 멀어지고 점점 더 의무적인 생식 중심의 성 노동과 기술화된 출산노동을 수행하게 되는 것이다.

자연배란주기나 경구용 배란유도제 처방에 의해 배란일을 맞춘 임신시도가 성공하지 않으면 난임 여성들은 본격적으로 인공수정 및 체외수정시술을 권유받는다. 이때 대체로 병원에서는 35세 이상의 '고연령' 이거나 불임 기간이 길거나 직접적인 불임요인이 있는 경우가 아니면 체외수정시술 이전에 인공수정시술을 먼저 권유한다.

인공수정은 자연인공수정과 과배란 인공수정이 있다. 자연인공수정은 과배란제(주사)를 사용하지 않고 배란주기에 맞춰 정자를 주입해 주는 시술이고, 과배란 인공수정은 난자를 체외로 꺼내지 않을 뿐 과배란 주사제를 사용하여 인위적으로 배란을 촉진시켜 정자를 주입하는 시술이다. 이때부터 생식과정은 자연적인 성관계에 의존하지 않고 인공적인 개입에 의한 의과학적 처치와 관리의 과정이 된다. 하지만 인공수정도 정자의 주입과 수정 및 착상에 도움을 주는 의과학적 처치가 이루어지기는 하나 수정과정과 수정란의 성장은 여성의 몸 안에서 일어난다. 즉 인공수정과 체외수정시술의 차이는 수정과정이 여성의 몸 안에서 이루어지는지 그렇지 않은지에 달려 있다. 인공수정은 수정과 배아의 성장이 여성의 몸 안에서 이루어지지만 체외수정시술은 그것이 여성의 몸 밖, 실험실 안에서 이루어진다. 생식과정의 인공적 개입이 더 많아지는 것이다. 자연 인공수정은 과배란 인공수정에 비해 과배란제의 부작용이나 후유증을 겪지 않아도 된다는 측면에서 몸에 대한 기술적 침윤이 덜하다. 하지만 과배란 인공수정과 체외수정시술은 난자채취 유무만 다를 뿐 과배란제의 부작용과 후유증을 경험함에도 불구하고 난임 여성들은 수정과 배아의 성장이 자신의 몸 밖에서 이루어지는 체외수정보다 그렇지 않은 인공수정을 상대적으로 더 담담하게 받아들인다. 이는 시술절차가 비교적 간단하며 비용도 크게 부담이 되지 않기 때문이기도 하다.[14]

실제로 인공수정을 통해서도 임신에 성공하지 않아 체외수정 시술을 권유받은 난임 여성들은 "내가 시험관 시술까지 하게 될 줄은" 몰

14) 자연인공수정은 10-20만원 정도가 소요되며 과배란 인공수정은 과배란 주사제값 때문에 50-60만원 정도가 소요된다. 이런 점에서 일부 저소득층의 난임 여성들은 병원에서 시험관 시술을 권유받더라도 계속해서 인공수정을 시도하기도 한다. 인공수정은 배아생성의료기관으로 지정되지 않은 일반 산부인과 병원에서도 시술 받을 수 있다.

랐으며 체외수정 시술은 "특별한 사람들이 받는 것"이라고 여기는 시술에 대한 부정적인 의미화와 두려움을 드러낸다. 그러면서 잠시 기술화된 출산노동 수행을 중단하기도 한다. 하지만 체외수정 시술에 대한 부정적인 의미화와 두려움을 드러내면서도 그것을 자신의 기술화된 출산노동의 종착점으로서 받아들이기도 한다.

한편 아이를 갖기 위한 난임 여성들의 출산 노동은 보조생식술이나 여타의 의과학적 시술을 이용하는 데에만 머무르지 않는다. 일단 '아이 갖기'라는 목표를 세운 난임 여성들은 이 목적에 맞춰 자신들의 시간과 공간을 재 조직화 한다. 이는 의과학적 시술 이외의 다양한 몸 관리 노동을 수행하는 것이기도 하며 공적영역과 사적 영역 모두에서 일어난다. 공적 영역에서는 직장을 그만둔다거나 일과 출산 노동을 병행하는 방식으로 나타난다. 사적 영역에서는 주로 출산을 위한 몸 관리에 주력하는 방식으로 나타난다. 대체로 안정적이고 전문적인 직종인 경우에는 일과 출산노동을 병행하는 경향이 있으며 불안정한 직종의 경우에는 직장을 그만두고 출산노동을 수행하는 경향이 있다.

> 2차 실패하고는 아예 직장 그만두고 마음먹고 1년을 시험관으로 해야 겠다 하고 계획을 하고 돈까지 계산해 놓고 했죠. (사례 11)
>
> 불임병원은 내가 시간 맞춰 가야 하니까 그게 힘들고 늦게까지 해주면 좋겠는데 그게 안되니까 불편하지요. (사례 7)
>
> 애기 때문에 그만뒀죠. 병원 다닐려고. (사례 16)
>
> 회사 다니면서 시험관 시도를 했었죠. 회사 사정도 있었지만 제일 큰 거는 애기 가질 려고 그만뒀죠. 스트레스를 많이 받으니까. 난자채취해도 질이 떨어지고 안 좋아서 그만뒀어요. 몸도 만들고 해보고 안되면 [다시] 직장을 얻더라도 그만두고 해보자 해서 그만두고 한의원도 다니고 침 맞으러도 다니고 한약도 먹고 술도 끊고 마음 편하게 지내고 그러니까 [임신이]된 거 같아요. (사례 14)

〈사례 11〉은 치기공사로 시험관 2차 시술까지는 직장일과 병행하다가 3차 시술 때 직장을 그만두었다. 하지만 다시 취업하기가 비교적 쉬운 직종이어서 시술계획과 재취업 계획을 본인이 결정할 수 있었다. 〈사례 7〉은 공무원으로 일과 출산노동의 병행에 있어서 어려움을 토로하였지만 직장을 그만두고 출산노동을 수행할 생각은 없었다. 이에 반해 〈사례 16〉은 결혼 전에 영업직에 종사하였고 결혼 이후에는 오빠의 사무실 일을 도와주고 있었지만 본격적으로 병원에 다니기 위해 그만두었다. 〈사례 14〉 역시 사무보조직에 종사하다가 아이를 낳기 위해 직장을 그만두었다. 즉 비교적 재취업이 용이하거나 안정적인 직종에 종사하는 여성의 출산계획에 있어서의 주도성은 그렇지 않은 여성들에 비해 상대적으로 높았으며 출산에 대한 압박은 상대적으로 더 낮았다. 그럼에도 불구하고 시술과정의 육체적, 정신적 고통은 대부분의 여성들로 하여금 직장을 그만두거나 잠시 중단하게 한다.

이러한 경향성은 한편으로는 기술화된 출산 노동의 수행이 직장에서의 공적 노동의 수행과 병행하기 어려울 만큼 힘든 과정이라는 것을 보여주는 것이기도 하지만, 다른 한편으로는 난임 여성들의 사회적 위치가 가족 구조 안에서의 위치, 그리고 출산노동의 강도에 영향을 미친다는 것을 알 수 있다. 안정적인 직종에 종사하는 여성 일수록 상대적으로 가족구조 안에서 출산에 대한 압박을 덜 받으며 기술화된 출산노동 수행의 한계를 정하는 경향이 있으며 불안정적인 직종에 종사하거나 결혼과 함께 전업주부가 된 여성들의 경우에는 출산에 대한 압박과 출산노동의 강도가 더 커지는 경향이 있다. 이러한 경향은 일상생활 속에서 출산을 위해 수행되는 몸 관리 노동에서도 나타난다.[15)]

---

15) 저소득층의 전업주부인 난임 여성들일 수록 출산에 대한 압박과 출산노동의 강도가 상대적으로 더 높게 나타난다. 이는 가족 안에서의 자신의 역할과 위치가 '어머니됨'을 통해서 보증 받을 수 있기 때문이다. 실제로 지역모임 안에서 난임에 대한 스트레스를 더 많이 받고 더 많은 정보(특히 병원비와 관련하여)를 습득하며 더 열심히 몸 관리를 수행하는 여성들

난임 여성들의 일상생활은 시술 일정에 맞춘 병원 방문과 몸 관리를 위한 실천으로 채워지는데, 몸 관리는 운동이나 식이요법에서부터 한약 복용이나 각종 건강식품 섭취에 이르기까지 다양한 방식으로 이루어진다.

> 한약은 입에 달고 살았고 시어머니가 경주에 대추밭이라고 유명한 데 있는데 거기까지 갔어. 그리고 가물치, 두유 갈아먹고 석류주스도 원액으로 사서 먹지, 야채즙 먹고 나는 밥 안 먹고 그 약으로 배 채워. 홍삼 먹지... 안 먹어 본 게 없어. (사례 15)
>
> 뭐 시골 어디 진안까지 가서 무슨 용하다는 할아버지한테 한약도 지어 먹고 무슨 단방약 같은 거 있잖아. 뭐 복분자, 장닭, 흰 접시꽃, 선모초 안 먹어본 게 없어. 고구마도 먹고. (사례 10)
>
> 나는 1차 때는 질이 별로 안 좋았는데 2차 때부터 운동했는데 질이 참 좋다고 그랬어. 잣하고 호두가 면역력을 높여준다고 하잖아요. 우리가 평상시에 안 먹으니까 또 과다복용하면 성인병의 원인이래요. 그래서 멸치에다가 볶아 먹는 거야. 그게 열이 가해지면 성분이 날라 간다고 하더라고. 그래서 마지막에 넣고 먹어요. 나는 살 빼려고 식이섬유 양배추, 브로콜리 먹고 고구마가 난자의 질을 좌우한다고 해서 고구마도 하루에 한 두 개 씩 먹어. 두유도 꼬박꼬박 먹고. 미국에서 나온 건데 사이트에서 공동구매 해 가지고 '퍼틸리티'라고 있어. 그것도 먹고. (사례 2)
>
> 식품종류도 많이 먹고 비타민도 먹고 공동구매해서 '퍼틸리티'도 먹고 엽산은 처방받아서 먹고... (사례 12)
>
> 나는 다른 건 잘 모르겠고 복분자는 효과 봤어. (사례 6)
>
> 병원에서 살 빼라고. 살 빼야지 임신 된다고 처방해줬어. 이 사람들은 임신을 하기 위해 도와주는 사람들이니까 몸을 최상으로 만들어야 한다는 생각이 있는데 내가 살이 많이 찌다 보니까 비만 여성이 임신이 잘 안 되는 확률도 많고 임신이 됐다 해도 임신성 당뇨나 임신 중

은 직장이 있거나 전업주부라 하더라도 남편의 경제력이 좋은 여성들 보다는 그렇지 않은 여성들이었다.

독 때문에 힘들어. 차후 그런 것까지 생각하는 거거든. (사례 8)

이러한 난임 여성들의 몸 관리는 가족이나 주변인들의 정보, 특히 다른 난임 여성들의 몸 체험을 통한 인터넷 정보에 많은 영향을 받는다. 의료진은 주로 시술과정에서 엽산이나 아스피린, 비타민제 등의 약품을 처방·권유하며 나머지 운동이나 식이요법, 한약 및 건강식품 섭취 등은 임신에 성공한 다른 난임 여성들의 경험담을 듣고 난임 극복 방법의 일환으로서 자발적으로 실천된다. 의료진은 한약복용에 대해서는 부정적이며 최근에는 걷기 운동 정도를 권유하기는 하지만 다른 건강식품 복용이나 운동이 생식력 향상에 크게 도움이 된다고는 여기지 않으며 따라서 몸 관리를 적극적으로 권유하지는 않는다.

〈사례 8〉의 경우에만 병원에서 비만관리를 권유하고 약 처방을 하였는데, 그것은 그녀가 다낭성 난소증후군 증상 중의 하나로서 비만군에 속하였기 때문이며 비만은 최근에 난임을 유발할 수 있는 하나의 원인으로서 매체에 자주 소개되고 있다. 그래서 비만과 생식력 간의 상관관계의 사실 유무를 떠나 체중조절은 〈사례 8〉처럼 명백한 비만군에 속하지 않더라도 다른 난임 여성들도 일반적으로 수행하고 있다.[16] 〈사례 2〉의 경우, 다른 여성들이 독종이라고 표현할 정도로 철저한 계획 속에서 자신의 일상생활을 몸 관리를 위한 실천으로 조직화한다.[17]

---

16) 비만이 의과학적 질환의 범주로 들어가게 된 것은 최근의 일이다. 비만이 성인병 등의 각종 질환을 유발하는 원인이 될 수 있다는 점도 사실이지만 의과학적인 비만의 범주가 일반인들이 생각하는 비만의 범주와 다르다는 점, 그리고 비만이 의과학적 관리를 필요로 하는 질환이 되면서 비만관리 프로그램을 운영하는 병원들이 늘어나고 있으며 운동이나 식품 등의 다른 몸 관리 산업의 확장에도 기여하고 있다는 점도 사실이다.

17) 인터뷰 참여자들 중 〈사례 2〉는 가장 철저하게 몸관리를 수행하였는데, 운동계획에 맞춘 시간 조절 뿐만 아니라 생식력에 도움이 된다고 알려진 음식을 위주르 한 식단 작성, 체중관리를 위해 음식의 열량을 체크하고

여성들의 일반적인 체중조절 노력이 외모지상주의 문화와 맞물린 몸 가꾸기의 일환이라면 난임 여성들의 체중조절 노력은 생식력 향상을 주(主) 목적으로 한다. 하지만 양자의 경계가 명확하게 구분되지는 않는다. 확실한 것은 의사들의 일부 권유와 난임 여성들의 정보를 통한 자발적 실천으로서의 생식력 향상을 위한 몸 관리 노동은 의료 기관 뿐 만 아니라 그 이외의 불임 관련 시장을 확장 시키고 있다는 것이다. 최근에 난임 여성들을 겨냥해 생식력을 향상시켜 준다는 '퍼틸리티'의 공동구매나 생식력 향상을 마케팅 전략으로 내세운 운동이나 식품 관련 산업 등은 이를 잘 보여준다. 생식력 향상을 위한 몸 관리 실천은 모든 난임 여성들이 일반적으로 수행하고 있으며 이는 임신·출산을 계획하고 있는 난임 여성들의 일상생활 뿐만 아니라 전체 여성들의 생식을 염려한 몸 관리로까지 점점 확장되고 있다. 이러한 몸 관리 실천은 소비자본주의 아래에서의 소비노동의 형태로 나타나며 난임 여성들에게는 시술비용 이외의 별도의 비용부담이 된다.

Ⅳ. 시술법 선택: 의사의 권유와 난임 여성들의 요구

체외수정시술 단계에 들어가게 되면 난임 여성들은 다양한 시술법을 경험하게 된다. 체외수정 시술의 처치법은 과배란제 투입 기간과 사용하는 호르몬제의 종류에 따라 장기요법, 단기요법, 길항요법으로 나눠진다.[18] 각각의 요법에 따라 시술과정에 약간의 차이가 있으며

계산한 섭식 등을 철저히 준수하여 실제로 체중조절에 성공하였고 더 많은 질 좋은 난자를 생산하였으나 임신 성공은 이루어지지 않았다.

18) 과배란 유도시 사용되는 호르몬의 종류에 따라 처치법이 달라지며 의사의 판단에 따라 호르몬 주사제의 용량과 투여방법이 달라진다. 과배란 유도를 통해 난자를 채취하기 위해 기본적으로는 생식샘자극 호르몬(Gonadotropin) 주사제를 투여한다. 성숙한 난자의 수나 질의 향상 또는 조기

의사의 판단에 따라 혼용하기도 하지만 공통적으로 거치는 시술과정이 있다. 먼저 의사는 과배란 주사제를 처방하고 난임 여성들은 병원에서 주사를 맞기도 하지만 대부분의 경우에는 난임 여성들 스스로, 또는 남편의 도움을 받아 집에서 주사를 맞는다. 과배란제를 투여하는 기간 동안 난임 여성들은 수시로 병원에 방문하여 초음파로 난포의 성숙도를 검사받는다. 난포가 충분히 성숙되면 의사는 난자를 채취한다. 채취된 난자는 실험실로 옮겨져 연구원에 의해 난자와 정자가 저절로 수정되게 하거나(자연수정) 연구원이 직접 수정시킨다(미세수정). 채취된 난자의 개수나 질에 따라 차이가 있으나 일반적으로 자연수정과 미세수정은 절반의 수준으로 이루어진다. 이렇게 수정된 수정란이 많은 경우, 일부는 다음의 시술을 위해 냉동보관 되며 나머지는 여성의 자궁에 이식하여 착상이 이루어지도록 한다. 마지막으로 혈액검사와 초음파 검사를 통해 임신 여부를 확인한다.

시술법의 결정과 시술과정에 대한 통제는 기본적으로는 의사의 판단과 권한으로 이루어진다. 하지만 시술이 반복될수록 시술법은 몸 체험과 정보를 통한 난임 여성들의 요구와 선택으로 결정되기도 한다. 또한 난임 여성들은 시술과정에 전략적, 또는 적극적으로 개입하기도 한다.

> 여러 가지 요법을 설명했던 거 같아. 그런데 길항이 제일 좋다고 하자고 해서, 네 했어. [의사는] 바로 하자 그랬는데, 그분은 빨리 서두르

난포파열의 방지 등을 위해서 대부분의 경우에 생식샘자극호르몬분비호르몬 유도제(GnRH agonist)나 길항제(GnRH antagonist)를 병용해서 투여한다. 난포가 충분히 자란 것으로 판단되면 난자의 성숙 및 난포의 파열을 유도하기 위해 융모생식샘자극호르몬(HCG: human chorionic gonadotropin) 또는 황체형성호르몬(LH: lutenizing hormone) 주사제를 투여하여 난자를 채취한다. 호르몬 주사제의 투여 과정은 시술절차와 의료진의 판단에 따라 난자나 난포를 성장시키기도 하고 성장을 막기도 하는 과정이다.

니까 지치더라고. 쉬었다가 하자고 했어. 그래서 쉬었어. (사례 13)

저번에 장기로 했는데 안돼서 요번에는 단기로 하자고 그랬어. (사례 2)

○○병원은 계속해서 장기로만 해. 근데 장기로 해서 안 되면 다른 걸로 바꿔봐야 되잖아. ○○병원은 자꾸 바꿔 보드라고. (사례 10)

〈사례 13〉은 시술법 결정에 있어서 처음에는 의사의 권유에 따랐지만 시술이 반복되면서 자신의 몸 상태에 따라 의사의 권유를 거부하고 잠시 시술을 중단하였다. 〈사례 2〉는 자신의 경험에 따라 의사의 권유와 상관없이 이전과 다른 시술법을 선택, 의사에게 요구했다. 〈사례 10〉은 다양한 시술법의 적용이 병원 선택의 기준이 되었다.

대체로 체외수정 시술에 처음 들어가는 난임 여성들은 장기요법을 권유받아 시술하는데 시술법의 선택 기준으로 의사가 제시하는 것은 성공률이다. 성공률은 마찬가지로 난임 여성들의 몸 체험을 통한 시술법 요구의 준거이기도 하다. 장기요법과 단기요법의 구분 기준은 과배란 유도과정의 기간 차이인데, 장기요법은 월경 1주일 전부터 매일 한 대씩 난소 기능을 안정시켜 난자의 질을 높이는 주사를 맞아야 한다. 월경 사흘째부터는 과배란을 유도하는 주사도 매일 한 대씩 엉덩이에 맞는다. 두 주사는 난자를 채취하기 이틀 전까지 계속 맞아야 한다. 월경 7일째 부터는 매일 병원에 가 난자가 잘 자라는지를 알아보는 피검사와 초음파검사를 받는다. 난자가 성숙한 것이 확인이 되면 난포 터트리는 주사를 맞고 배란이 시작되면 난자를 채취하는 것이다. 단기요법은 월경 1주일이나 10일 전부터 시작하는 과배란 유도과정을 월경 3일째부터 집중적으로 실시한다.

하지만 난임 여성들은 의료진의 설명에 의해 장기요법이 단기요법보다 성공률이 높고 효율적이라고 받아들이면서도 장기요법이 확실히 효율적이라기보다는 여러 처치법 중의 하나이며 의료진이 자신들의 몸 상태를 점검하는 방식 중의 하나라고 의미화 하기도 한다.

> 처음에는 대부분 장기를 해. 생리 오기 최하 1주일 전부터 시작하면 장기고 생리하고 3일째 그때부터 주사 맞는 게 단기야. 의사들도 처음에는 장기 하면서 몸 상태를 보는 거 같더라고. (사례 5)

〈사례 5〉는 의료진이 단기요법보다는 장기요법을 통해 더 오랜 시간 다양한 과배란제를 적용하면서 특정 과배란제와 자신의 난포 성숙도의 상관관계를 점검하고 의료적 처치를 용이하게 하기 위한 것으로 의미화 한다.

> 몸을 화학 반응화 시켜 놓은 거야. 딱 맞게끔. 난포 터지는 주사도 놓고 안 터지는 주사도 놓고 인위적으로 만드는 게 어쩔 수 없는 거지. (사례 12)
>
> 나도 그런 생각이 들었는데 자연적으로 키워 놓으면 자기들이 터질 건데 그걸 터지는 주사를 하고. (사례 19)

더 나아가 〈사례 12〉와 〈사례 19〉의 경우에는 기술과학적 처치가 자신들의 몸을 화학적 물질로 이루어진 기계론적 몸으로 다루며 마음대로 조작하고 분해하고 있음을 정확히 인식하기도 한다(미즈 · 시바, 2000).

V. 과배란제 및 각종 처치법에 대한 해석들: 몸들의 차이와 능동성

난임 여성들은 체외수정 과정에서 과배란제 투여 뿐만 아니라 각종 의과학적 처치들을 체험하게 되는데, 이러한 처치법들에 대한 해석들은 의료진과도 다를 뿐만 아니라 난임 여성들 안에서도 다양하게 나타난다. 이는 난임 여성들에 따라 처치법에 대한 몸적 반응과 체험성이 다르기 때문이다.

> 저희는 아직까지 과배란이 여성건강을 해친다는 것을 별로 생각해 본 적이 없는데요. 생각해 본 적이 없다기보다는 그런 경우를 못 본거 같은데. [그래도 아까 과자극증후군도 말씀 하셨고]. 그거는 일시적인 현상이에요. 그게 쭉 가는 게 아니라. (보조 사례 5, 연구원)
>
> [복수 차고 이럴때 의사한테 물어봤을꺼 아니야.] 원래 그런다고 대답해. 너무 많이 차고 못 움직이겠으면 다시 병원으로 오래. 과배란제 부작용이란 말은 안 해주고. (사례 16)

과배란을 통한 난자채취로 인해 난임 여성들에게 가장 빈번하게 나타나는 증상은 난소과자극증후군(OHSS)으로 복수가 차는 증상을 동반한다. 의료진은 이것을 일시적인 현상으로서 여성 건강을 해치는 것은 아니라고 의미화 하거나 임상에서 과배란제의 부작용이라고 설명하지 않는다.

> 나는 언니 이야기 듣고 알부민 맞으러 갔었는데 복수 차서 너무 힘들다고 그랬더니 수간호사가 와서 부작용이냐고 그랬더니 부작용이라고는 할 수 없고 대부분 난자 개수가 많이 나오면 환자들이 복수를 경험한다고 하더라고. 근데 그게 부작용이지 뭐야. 부작용인데 일반적으로 다 그러니까 부작용이 아니고 다 그런 거라고 말하지. (사례 5)
>
> [복수가 너무 많이 차서] 배가 너무 많이 나와서 66도 안 들어 갔었어 바지가. 학교를 가야하는데 창피해서 얼굴도 붓고 그 정도로 나왔는데... 3차는 살이 엄청 찌드만. 병원에서는 아니라고 하잖아요. 운동을 했는데도 살이 쪘다니까요. (사례 17)
>
> 복수 차는 거는 있어요. 그런데 불편하게 많이 차지는 않고 사람마다 틀린 거 같아요. (사례 7)

대부분의 난임 여성들은 〈사례 5〉와 〈사례 17〉처럼 복수가 차거나 복통, 그리고 살이 찌는 증상들에 대해 과배란제의 부작용으로 해석하며 의료진에 비해 더 심각하게 받아들인다. 하지만 복수가 차는 정도와 복수로 인한 고통의 해석은 난임 여성들 안에서도 차이가 있다. 〈사례 7〉는 복수가 차거나 복수로 인한 고통을 많이 느끼지 않았기에 자신의 체험을 준거로 〈사례 5〉나 〈사례 17〉에 비해 복수가 차는 것을 심각하게 받아들이지 않는다. 또한 대체로 과배란제를 많이 투여해 많은 수의 난자를 채취한 여성 일수록 복수가 더 많이 차는 경향이 있으며 복수가 아니더라도 몸의 변화로 인한 다양한 고통을 체험하게 된다.

> 냉동된 거 3개는 놔두고, 그대로 보관해 놓고 원래 5개씩 넣어줬거든. 나는 [난자가] 많이 나오니까 채취를 하자고 했어. 스물 한 서너 개 나왔을까? 많이 나오는데 빈껍데기가 많아. 난자 채취하면 많이 나오니까 너무 힘들어. 지치고 토할 거 같고. 배가 아프지 항상. 복수는 안찼어. 첫 번째 난자채취 할 때는 다른 사람들 이식을 해야 하니까 한 시간도 못 눕고 갔을 거야. 너무 힘들더라고. 몇 개 빼는 사람들은 힘 안들어라 하는데 나 같이 많이 빼는 사람은 몸이 지쳐버리더라고. (사례 1)
>
> 1차 때 단기로 해서 난자 13개 나와서 냉동 없고 5개 이식했어요. 몇 개월 쉬면서 흑염소도 먹고 쉬다가 작년 추석 때쯤 2차 길항제로 한다고 해서 했는데 난자가 27개가 나온 거예요. 1차 때도 소화가 안 되는 거예요. 2차 때는 더 많이 크니까 더 힘들었던 거 같아요. 배가 많이 불러오니까 너무 힘들어서. (사례 4)
>
> 난자를 10개, 20개 뺀 애들이 복수가 차고 힘들더라. 그만큼 많이 난소를 건드는 거잖아. 나 같은 경우는 항상 6개 이하여서 가스차고 복부 살찌는 거 밖에 없었어... 그거 할 때마다 살찌는 거 같아. 그게 안 좋았어. (사례 3)

난임 여성들은 체험을 통해 복수 이외에도 메스꺼움, 복통, 소화불량, 비만 등의 증상을 과배란제 투여를 통한 많은 수의 난자 채취가 가져오는 부작용으로 지목한다.

이외에도 난임 여성들이 난자 채취를 비롯해 체외수정 시술 과정에서 가장 많이 경험하는 부작용은 부정출혈이며 이 외에도 물혹 발생, 이전에 있던 근종의 확대 등의 생물학적 몸의 변화 뿐만 아니라 스트레스나 기억력 감퇴, 전체 몸의 기능 저하 등을 경험하기도 한다.

> 난자 채취할 때 출혈이 가장 두려운 거. 마취도 하기 싫어. 수면 마취를 하는 것도 안 좋더만. ○○병원 다니는 사이에 6-7번을 했어요. 수면마취를 하면 딱 바보 돼버려. 생각이 안나. 단어가. 그게 유산되고 나서 엄청 심하더라고. 컵이란 말이 안 나와. 머리가 멍한 거예요. 물혹도 두 번 텄는데, 마취하고. (사례 4)
>
> 시험관 1차 하고 나서는 생리를 3일 하고 나서 끝난 줄 알았는데 또 2주를 계속 부정출혈 하더라구. 나는 물혹이 생기지는 않았고 복수는 차기는 했는데 처음에는 이식할 때까지 찼다가 저절로 빠지고 이번에는 이틀 차고는 빠지고 나중에 임신이 되니까 다시 쫌 찼던거 같아. (사례 14)
>
> 나는 스트레스 받아서 치질이 생겼어. 그래서 수술까지 하고. (사례 18)
>
> 과배란주사 맞을 때 나는 잠을 못 잤어. 저녁내 화장실 들락 달락 하고 매일 헛꿈만 꾸고 저녁 내 보대끼는 거야. [복수가 차거나 그렇지는 않았고?] 그런 거는 없었어. 저녁내 잠을 못 자고 이상해. 몸이 안 편해. 신경질적이고 옆에 있는 사람도 귀찮고 짜증 나고. (사례 18)
>
> 나는 건망증이 너무 심해졌어. 부작용 증상이 느껴지니까 너무 싫은 거야. (사례 12)
>
> 나는 근종이 있었어. 아무 다른 원인은 없었고 근종이 있었는데 시험관 하면서 근종이 엄청 커져 버린 거야. 하면은 커지고 안하면 작아지고 호르몬 주사 때문에. 원장님이 근종이 안에 있는 게 아니고 자궁 뒤쪽에 있어서 상관없다고 해서 계속 시험관을 했었어. 그런데 그게 엄청 커져 버린 거야. 그래서 이번에 나 수술했어. 너무 크다고 임신해도 지장있겠다고 해서. 작았을 때는 상관없는데 너무 커져 버린 거야. 진짜 아프드만. (사례 18)

이때 시술을 통해 발생한 생물학적 몸의 변화는 또 다른 시술을 받게 하는 원인이 되기도 한다. 〈사례 4〉는 시술과정에서 발생한 자궁의 물혹을 제거하기 위해, 〈사례 18〉은 기존에 있던 자궁근종이 임신에 지장이 될 만큼 커져 버려서 자궁근종을 제거하기 위해 복강경 시술을 받아야 했다.

> 자궁경도 한 게 내가 병원을 재작년 말경부터 계속 안 다녔는데 갑자기 출혈이 1달 동안 있어서 근처 산부인과 갔는데 거기서는 생리가 길게 하는 거라고 특별한 이상은 없다고. 그런데 약을 먹어도 안되니까 다시 ○○병원으로 찾아 갔지. 거기서도 약 처방해주고 그랬는데 그때는 생리가 좀 잡힌듯 싶었는데 이번에는 보름에 한번 씩 생리를 하는 거야. 두 달 동안. 그래서 자궁경 한번 해보자 했지. (사례 6)
>
> 과배란 인공수정 한 뒤로 난소난종이 계속 생겨 가지고 그거 제거 수술만 3번 했어. 없애면 또 생겨가지고. 또 한달 내내 출혈이 있고 배 아프고 그래서 많이 울었어. 근데 의사한테 물혹제거 수술을 했는데도 출혈이 있냐고 그랬더니 수술은 잘됐는데 그런 체질이 있대. 호르몬의 갑작스런 변화라네. 그래서 또 자궁경까지 했어. (사례 10)

〈사례 6〉은 부정출혈을 잡기 위해, 〈사례 10〉은 시술과정에서 발생한 난소 낭종을 제거하기 위해 자궁경 시술을 받아야 했다. 즉 시술과정에서 발생하는 각종 부작용을 다시 복강경이나 자궁경과 같은 의과학적 처치를 통해 해결하고자 하는 것이며 이는 계속해서 반복적으로 나타난다. 한편 복강경과 자궁경은 임신 장애 요인을 제거하거나 거꾸로 임신하기 좋은 몸 상태를 만들기 위해 난임 여성들이 체외수정 시술 외에 가장 많이 받는 시술이기도 하다.

> 냉동 끝나고 자궁경을 하면 착상이 더 잘 될 수 있다고 병원에서 하자고 그래서 했어. 특수배양세척술이라고 자궁 안에 엄청 고가의 약인데, 이걸 하면 착상이 잘된다 해서 냉동하기 전에 했어. 비싸 30만

원. 근데 나중에 서울에 있는 병원 사이트 들어갔더니 도움 안된다고 그러대. (사례 13)

자궁이 엉겨 붙어 있대서 자궁유착 제거 수술 했어. (사례 15)

○○병원에서 클로미펜 먹고 6개월 후에 자궁 외 임신이 됐어. 이거를 복강경으로 나팔관 하나를 절제를 했다고. 이게 되게 아팠다고. (사례 3)

정부지원 받았어도 한번 씩 할 때마다 200 들었지. 복강경 수술도 많이 했잖아. ○○병원에서 두 번, ○○병원에서 두 번. 왜냐면 ○○병원에서는 처음에 뚫는 수술했어. 그런데 자궁외 임신돼서 다시 또 막혔어. 그래서 ○○병원에서는 왜 안되냐고 열어봤어. 그런데 수종이 있었어. ○○병원에서 뚫어놓은 자리에 수종이 생긴 거야. 그래서 수종을 봐서 상태가 괜찮으면 뚫기로 했어. 다시 뚫었어. 그래서 인공수정 했는데 안돼서 또 막힌 거 아니냐. 다시 복강경을 하자고 그랬어. 그래서 11월 달에 뚫어 놓고 1월 달에 인공수정해서 안돼서 다시 열어봤더니 석달 만에 재발이 돼서 다시 생겼어. 나는 복강경하면서 2년을 보냈어. 다른 사람들에 비해서 시험관은 3차였지만 비용은 많이 들었지. (사례 3)

〈사례 13〉은 착상력을 높이기 위해 병원의 권유로 자궁경과 특수배양세척술을 시술하였고 〈사례 15〉는 자궁 내 유착을 해결하기 위해 자궁경 시술을 받았으며 〈사례 3〉은 자궁외 임신을 처치하기 위해, 그로 인해 발생한 막힌 난관을 뚫기 위해, 난관수종을 해결하기 위해 복강경 시술을 받았다.

이렇듯 난임 여성들의 체외수정 시술과정은 다양한 몸의 고통과 변화를 만들어내며 다시 이를 처치하기 위해 각종 처치법을 계속해서 적용해야 하는 과정이다. 난임 여성들은 이러한 직접적인 자신의 몸 체험성과 주변 정보를 통해 체외수정 시술이 각종 부작용과 후유증을 유발한다는 사실을 인식하고 있다.

> 과배란 주사는 의사들이 몸에 해가 안 된다고 해서 믿었는데 우리처럼 한 사람들은 그렇게 생각 안 해. 나 같은 경우는 폐경 증상이 왔었어. 시립병원에 가서 물어봤는데 호르몬 주사하고 조기폐경하고 전혀 상관이 없다고 그랬어. 나는 그 말을 믿었는데 한의원에서는 인공으로 건드려 놨는데 어떻게 난소가 정상일 수 있냐고 그러대. (사례 3)
>
> 4, 5년 전에 시험관을 한 큰 집 형님이 있어. 근데 시술 후유증인데 입이 돌아가서 뇌수술을 받았어. 애기 낳자마자. 그런데 그렇게 후유증이 있다고 하더라고. 그래서 외국에서는 웬만해서는 시험관 안한다고 하더라고. 그 형님 보니까는 자꾸...[무섭기도 한데], 5번 까지만 해볼려구, 남편한테 계속 이야기해. 생리도 안 좋아지고 너무 빨라지고 양도 줄고 날짜도 짧아지고 2차 하기 전에는 몸도 피곤하고 내 몸이 내 몸이 아니었지. 사방이 다 아팠지. 막상 들어가면 또 하게 되고 실패하면 온 몸이 다 아프고 내 몸이 내 몸이 아니야. (사례 2)
>
> ○○병원에서 나팔관조영술 했는데, 잘못 찍었어. 그때는 한쪽이 막혔다고 그랬거든. 근데 ○○병원에서 다시 찍자 그래서 찍었는데, 그때는 괜찮다는 거야. 그리고 ○○에서는 나팔관 검사할 때 진짜 힘들었는데, ○○병원 위층 방사선과에서 나팔관 검사할 때는 빨리 끝나고 하나도 안 아프더라구. (사례 13)

〈사례 3〉은 의료진의 설명과 다른 부작용을 체험하였고 〈사례 2〉는 자신이 처한 조건 속에서 체외수정 시술을 받고 있기는 하지만 후유증에 대한 간접적인 경험을 통해 시술의 기한을 정하게 되는 계기가 되었다. 〈사례 13〉은 앞서 〈사례 14〉처럼 각각 다른 병원에서의 난관조영술에서 다른 진단을 받은 경험을 통해 몸 상태에 따라 난관이 막히기도 하고 뚫리기도 하므로 굳이 난관을 뚫어주는 시술을 받을 필요가 없다고 해석하는 계기가 되었다.

또한 난임 여성들은 자신들의 몸 체험성과는 다른 설명을 하거나 각종 부작용에 대해 명확한 설명을 해주지 못하는 의료진을 통해 의과학적 지식의 한계로 해석하기도 한다.

> [의료진은] 어떻게 보냐면 혹시라도 내가 부작용이라고 말을 하면 그런 걸로 걸고 넘어질 소지가 있으니까 아예 그런 거를 미연에 방지하기 위해서... 나도 하고 나서 증상이 이런데 혹시 시험관 때문에 그럴 수도 있나요? 하면 [의료진은] 꼭 그렇지만은 않다고 그래. (사례 6)
>
> 간수치도 많이 나와서 간장약을 먹고 있다고, 시험관 하면 무리가 오냐고 그랬더니 그렇지는 않고, 임상실험은 없었다고 그래. 그런데 [의료진이] 모르니까 그럴 수도 있다는 생각이 들어. 아니면 사람마다 다르니까. 일반적인 거는 아니니까 그럴 수도 있지만 내과병원 의사는 시험관해서 힘들어서 그럴까요? 하니까 그럴 수도 있지 하지. (사례 5)

〈사례 6〉과 〈사례 5〉는 자신들의 몸의 변화를 체외수정 시술 때문이라고 해석하면서 의료진의 책임 회피나 무지의 가능성을 제기한다. 한편 난임 여성들은 같은 처치법에 대해서도 자신들의 몸 체험성을 통해 다양하게 해석한다. 앞서 〈사례 4〉는 난자 채취시 시행하는 마취를 자신의 건망증을 유발하는 원인으로 설명하였던데 반해, 〈사례 14〉는 마취를 자신의 육체적, 정신적 고통을 관리할 수 있는 수단으로 해석한다.

> 자궁내시경 하고 나서 남들은 많이 아프다던데, 나는 하나도 안 아팠어. [난자채취시] 국소 마취보다 오히려 수면 마취할 때 편안하게 일어났던 거 같아. ○○병원에서 국소 마취할 때 아프고 서러워서 막 울었는데 ○○병원에서 수면 마취하고 자고 일어나니까 나중에 출혈도 없고 아프지도 않고. (사례 14)

미세수정에 대해서도 〈사례 8〉이 건강한 난자와 정자를 선별해 수정하는 것이므로 건강한 아이를 낳을 것으로 해석하는 반면, 〈사례 2〉는 미세수정이 자연수정에 비해 아이에게 안 좋은 영향을 미칠 것이라고 해석한다.

우리 미용실 원장님이 인공으로 가졌다고 하는데, 시험관으로 애기를 낳은 거 같아. 아무래도 시험관으로 딸을 낳은 거 같은데 결론은 애가 많이 아파. 애가 안 좋아서 심장수술도 해야 되고 그렇드라고... 안 좋은 애는 안 좋지. 미세수정한 애들 인거 같아. 암만해도. 미세수정으로 하면은 애기들이 안 좋은 경향이 있다고 하더라고. (사례 2)

또한 일부 난임 여성들은 의료진이 권유하지 않더라도 자신이 습득한 지식과 정보를 통해 필요한 처치를 적극적으로 요구하기도 한다.

[3차 때 난자가 하나도 안 나왔을 때] 800명에 1-2명 꼴로 이렇게 난자가 안 나온다고 했어. 다음번에 했더니 더 많이 나온 사람도 있었다고 했어. 내가 6월 초에 첨단 종합병원에서 남편이랑 같이 종합검진을 했어. 그런데 난소기능저하로 나왔어. 이번에 생리하고 나면 호르몬 검사 좀 해 볼려고. 내 컨디션 좋아지면 올해 안에는 할려고. (사례 3)

원래 자궁내시경은 [○○○원장님이] 세 번 정도 실패한 사람이 하는 거라고 안 된다는 거야. 그래서 이번에 2차 하고 나서 이번에도 안 되면 선생님이 책임지라고 그래서 해준 거야. 그래서 하고 살덩어리가 나오고 그거 청소하고 나니까 착상이 됐잖아. (사례 2)

○○○선생님은 나한테 인터넷이 사람을 이렇게 배려놓는다고 하던데 유산하고 나서 또 유산되면 어쩌냐고 부부끼리 하는 검사 그것 좀 해줘요 그랬거든 그게 40만원 든데. 염색체 검사라고 부부가 아무 이상 없다고 해도 유산시키는 그게 있다고 하더만. 그런 게 있어서 나하고 우리 신랑하고 염색체 검사를 해 보는 거야 그래서 둘 중에서 한 명이라도 이상이 있게 나오면 그걸 고치면 되는데 염색체에서도 아무 이상 없는데도 계속 유산되면 어쩔 수 없는 거래. (사례 2)

나는 적극적이어서 누가 했다 그러면 물어봐요. 비타민도 먹을 까요 물어봐서 먹고. 돈이 한번 시술 300인데 한 번 덜 하는 게 이익이지 한 번 할 때 돈 더 쓰는 거는 손해가 아니라고 생각해서 할 수 있는 건 다 해야겠다. 그래서 면역검사도 내가 한다고 했는데 안된다고 그랬다니까. 시술 10번하는 것보다 원인 아는 게 더 나으니까. 우리 신랑도 하라고 했는데 [병원에서는] 할 필요가 없다고 생각하는 거 같

아. (사례 17)

〈사례 2〉처럼 임신할 수 있는 최고의 몸 상태를 만들기 위해 요구하기도 하지만 대체로는 계속되는 시술 실패의 원인을 찾기 위해 요구하는 경향이 있다. 〈사례 3〉과 〈사례 17〉은 난자가 잘 나오지 않는 원인을 찾기 위해 각각 호르몬검사와 면역검사를 하려고 한다. 〈사례 2〉 역시 시술을 통해 한 번 착상되었으나 계류유산[19]이 된 경험이 있어 수정력과 착상력을 알아보기 위해 염색체 검사를 하려고 한다.

Ⅵ. 건강한 난자의 생산 및 수정, 착상력: 협업을 통한 몸들의 생산성

의료진의 과배란 유도과정의 목적은 더 많은 난자를 채취하여 임신의 성공률을 높이기 위한 것이다. 더 많은 수의 난자 채취는 더 많은 배아의 생성을 가능하게 하며 많은 수의 배아를 이식함으로써 임신의 성공률을 높이는데 일조한다. 임신의 성공률을 높이기 위한 많은 수의 난자채취는 난임 여성들의 바람이기도 하다. 하지만 의료진에게 불임 시술의 성공률과 효율성은 시술의 필요성과 신뢰를 만들어 내 더 많은 난임 부부들을 시술과정으로 끌어 들이고 이윤을 창출하기 위한 것이지만 난임 여성들에게 성공률과 효율성은 자신이 처한 조건과 계획 속에서 아이 갖기를 위한 합리적인 선택이거나 시술 비용과 몸에 가해지는 육체적, 정신적 고통을 줄이기 위한 전략적 선택이 되

19) 난임 여성들은 체외수정 시술을 통해 임신에 성공하더라도 유산을 하게 되는 경우가 많다. 계류유산은 임신 초 사망한 태아가 자궁 속에서 계속 그대로 남아있는 경우를 말한다. 이럴 경우 인공낙태수술을 시행하여 태아를 끄집어낸다.

기도 한다.

더욱이 많은 수의 난자는 임신 성공의 필요조건 이기는 하지만 충분조건은 아니다. 임신 성공의 관건은 난자의 개수보다도 건강한 난자의 생산에 있다.

> 성공률이 높으려면 난자가 많을수록 좋은 난자를 고르니까 성공률이 높죠. 하나도 안 나온 사람도 있고 20개 나온 사람도 있고 사람마다 다릅니다. 젊을수록 많이 나옵니다. (보조 사례 2, 의사)
>
> 난자의 개수가 성공률에 많은 영향을 미치죠. 분모가 많아야 되잖아요. 캠브리지대학에서 시험관애기 만들 때는 자연주기로 한 개의 배아를 가지고 임신을 시킨 거예요. 그 동안에도 많이 실패됐어요. 그 이유가 하나 있으면 하나를 뺄 때 못 뺄 수도 있고 인공적인 것은 자연스러운 것을 이길 수가 없어요. 요즘에는 3일 배양해서 10세포 배포 때 넣어주는데 자궁에 착상하는 것은 배포 때 착상해요. 더 크면 안돼요. 배포까지 키워야 성공이 되는데 하나면 2배포 때 넣어주는데 많이 나오면 배양을 더 할 수도 있고 10세포까지 분모가 클수록 안정성이 있으니까 그 기술이 과배란 유도라고 그래요. 여러 가지 호르몬을 조합해서 난자가 많이 나오도록 조합하는 거야. **난자가 너무 많이 나와도 안돼. 우성난자가 많이 나와야 돼.** 배아가 많으면 성공률이 높고, 배포까지 자라면 성공률이 높고, 한꺼번에 여러 개 못 넣으니까 3개 정도 넣어주고 나머지는 냉동 보존술로 보관해 놨다가 그 사람 자연 주기 때 넣어주면 돈이 적게 들고 시술 당 성공률도 올라가겠지만 누적 임신률도 높이고. 배포단계에서 이식하면 임신율이 정상 수준까지 올라가요. (보조 사례 1, 의사) 〈강조는 연구자〉.

의료진은 일단 성공률을 높이려면 충분한 수의 배아가 필요하고 이를 위해 과배란제를 이용한 많은 수의 난자 채취가 필요하다고 말한다. 그렇지만 여성들의 몸에 따라 20여 개가 넘는 난자가 생산되기도 하지만 과배란제를 많이 사용하더라도 난자가 많이 생산되지 않거나 아예 생산되지 않기도 한다.

> 난포가 잘 안자란다고 단기로 한 거 같은데. 난포가 엄청 안자란다고 그래서 약을 두 번째 때는 더 세게 썼는데 채취를 처음엔 4개, 두 번짼 2개인가 한 거 같아요. (사례 11)
>
> 고날F하고 루크린하고 둘 다 배에다 5일간 맞았어. 무조건 주사 용량을 정해 주는 게 아니라 중간중간 초음파 보면서 내꺼 난포 자라는 걸 봐. 3일 만에 한번씩 가서 봤더니 고날F가 참 좋은 주사인데도 내가 또 반응이 없다고 했어. 난포가 거의 안 자랐다고 했어. 그래서 메리오날이라는 또 과배란 주사 약제가 있거든. 그걸 배에다가 하루에 3방씩 3일간 또 맞았지. 이게 용량이 되게 많거든. 가루약으로 되가지고. 이걸 물에다가 타가지고 배에다가 맞아. 3일 후에 또 갔는데 또 난포 반응 무반응을 한 대. 아예. 이렇게 많은 양을 써도 반응을 안 한대. 이 정도면 이제 그만 맞고 해야 하는데, 처음에 인공수정 할 때는 반응 좋다고 해서 두 번 했잖아. 이때 IVF-M 근육주사라고 인공수정 때 이거 써 가지고 조금 반응 좋다고 했잖아. 이걸 한번 맞아 보자고 하더라고. 3일 후에 병원에 갔더니만 난포가 조금 반응이 생겼어. 근데 이거 가지고는 안된대. 과배란 주사를 더 세게 처방 했었어. 폴리트롭이라는 주사가 있어. 그건 8개. 이것도 가루약이었어. 8통에다가 들어가지고 있거든. 용량 세게. 이것을 두 번 맞았어. 그 뒤로 가봤더니만 역시나 난소가 두 개, 발육부진. 난소 저반응군이라고 나한테 판정을 하더라고. 이거에 대해서 인터넷에서 찾아봤어. 난소 저반응군 이것이 한 2%정도가 그런대. 난포 두 개. 근데 이 난포도 상태가 안 좋은 것 같았어. 이때 벌써 약값으로만 200만원 넘게 나왔었어. 다음날 난포 두 개 가지고 하자고 그랬었어. 그래서 오비드렐을 맞았는데 이것은 난포 터지게 하는 주사거든. 이 약 맞으면서 주사제가 너무 세 가지고 속이 울렁거렸다. 그래서 이날 난자채취를 했는데 이 두 개를 믿고 했는데 이거 빈 난포라고 확정됐어. 껍데기만 있는 난포라고. (사례 10)

〈사례 10〉은 과배란 인공수정과 시험관 시술을 통해 엄청나게 많은 과배란제를 맞았지만 난자가 잘 생성되지 않았고 마지막 시술 과정에서는 과배란제로 인한 고비용만 들었을 뿐 난자 채취가 되지 않아 아예 시술을 받을 수가 없었다.[20] 난임 여성들은 이러한 과배란 유도를 통한 난자채취의 직·간접적인 체험을 통해 난자의 개수보다는 질이 중요하다는 것을 알게 된다.

> 난자개수가 많다고 해서 무조건 좋은 게 아니야. 개수가 많이 나온 사람들 보면 다 허당이야. 확률적으로 보면 질이 떨어지는 것 같아. 급이 떨어져. 개수보다는 질이 중요한 거 같아. (사례 12)
>
> 그렇지. 난자 질이 떨어지면 성공률이 별로 없다고 말하던데. 그러니까 최상급으로 넣어 주고 병원에서도 난자 질을 이야기 하고 정자도 제일 힘 좋은 거를 넣어서 체외수정을 하는 거기 때문에 그 아이가 더 똑똑하고 예쁘다고 이야기 하던데. (사례 8)

더 나아가 이러한 몸 체험성을 통해 건강한 난자의 생산은 난자의 질을 향상시키기 위한 주사제에 의해서가 아니라 자신들의 몸 관리 노동을 통해서 이루어진다는 것을 알게 된다.

> 운동을 했어. ○○병원에서 실패하고 등산도 하고 배드민턴도 하고 걷기도 하고 했는데 다 적성에 안 맞는 거야. 수영을 해보자 해서 6개월을 했지. 지금도 생각하는 데 내 난자가 ○○병원에서 [건강한 난자가] 50%였잖아. 여기서는 100%잖아. 운동한 게 제일 중요하고 도움이 되었던 거 같아. (사례 5)

이렇듯 건강한 난자 생산은 난임 여성들의 몸 관리 노동을 통해 이루어지며 이는 운동 뿐만 아니라 3절에서 논의한 것처럼 난임 여성들의 정보공유를 통해 난자의 질 향상에 도움이 된다고 알려진 각종 건강식품의 섭취 및 일상생활의 조직화를 통한 노력의 결과이다.

다음으로 일단 건강한 난자가 생산 되면 난자는 수정과 배양을 위

---

20) 〈사례 10〉은 과배란 인공수정이나 시험관 시술, 그 밖의 각종 의과학적 처치들을 받았음에도 불구하고 임신이 되지 않다가 인터뷰 참여자 중 유일하게 자연 임신이 되었다.

해 실험실로 옮겨지는데, 실험실의 연구원은 건강한 난자와 정자를 선별, 처리하고 수정 및 배양 노동을 수행한다. 연구원은 건강한 난자와 정자의 선별 기준에 따라 자연수정과 미세수정을 수행한다.[21] 일반적으로 수정력에 대한 의과학적 판단 기준을 준거로 하여 채취된 난자들을 절반 정도의 비율로 자연수정과 미세수정을 수행하지만, 어떤 수정을 하든지 간에 건강한 난자가 수정력을 높이는 관건이 된다. 즉, 실험실 안에서의 수정과 배양은 건강하든 그렇지 않든 간에 난임 부부들의 생식세포와 연구원의 지식노동, 배양액이나 배양조건의 협업을 통해 이루어진다.

> 신선한 난자는 모양이 있어요. 안 좋은 거는 시커멓고 탄력이 없다거나 주위에 있는 세포 상태가 안 좋다거나 이런 거에 따라서 틀리죠. 좋은 난자일수록 자연수정 가능성이 높겠지만 대신 정자 상태가 안 좋은 경우에는 자연수정을 시킬 수가 없죠. [자연수정비율과 미세수정비율은] 반반 정도 하게 되는데 왜냐면 저희가 무턱대고 자연수정을 하거나 미세수정을 하는 게 아니라 기본적인 검사를 해서 수정이 잘될 거 같다는 몇 가지 기준에 따라서 판단이 되면 자연수정을 하고 수정이 잘 이루어질 거 같지 않다 그러면 정자직접주입술을 하게 되구요. [배양이 잘 되려면] 일단 배양조건이 맞아야 하거든요. 이산화탄소 농도라든지 온도가 가장 중요하구요. 배양액 상태라든지 보관상태 라든지 여러 가지가 있어요. 해동할 때는 온도가 가장 중요하죠. (보조 사례 5, 연구원)

이는 임상에서의 착상과정에서도 마찬가지이며 의과학자들의 기술력과 배양액 및 배양 조건, 착상을 도와주는 호르몬제의 효능과 효용

---

21) 자연수정은 배양접시에서 난자와 정자가 우리 몸 속에서 수정되는 것처럼 자연스럽게 만나게 해 주는 것이고 미세수정은 난자에 정자를 직접 주입해 주는 방법이다. 이를 난자직접주입술이나 난자세포질 내 정자직접 주입술이라고 한다.

성은 난임 부부들의 생식세포의 반응과 착상의 성공을 통해 검증된다. 하지만 이러한 의과학적 지식노동의 결과는 제한적인데, 그것은 난임 여성들의 몸적 반응이 동일하지 않기 때문이다. 즉 똑같은 기술력과 동일한 호르몬제를 적용한다 할지라도 앞서 과배란제의 적용 결과를 논의한 것처럼 수정과 배양 및 착상의 결과는 난임 여성들의 몸들에 따라 다르게 나타난다. 따라서 생명생산 노동의 결과는 그것이 임신의 성공으로 귀결될지, 실패로 귀결될지 예측할 수 없지만 기술화된 생명 생산 과정은 의과학자들과 난임 부부들의 협업을 통해 이루어지며 특히 난임 여성들의 적극적인 노동 참여가 없었다면 의과학적 지식 생산과 처치법의 개발은 불가능하거나 더뎌졌을 것이다.

이는 의과학적 지식이 전문가들의 배타적인 영역이 되거나 자본주의적 이윤창출의 수단이 되어서는 안 되는 이유이다. 또한 궁극적인 생명 생산의 힘은 제약업체의 과배란제를 비롯한 각종 약품이나 생식세포 채취, 수정, 배양, 착상 등의 노동을 수행하는 의과학자의 노동으로부터 나오는 것이 아니라 기술화된 출산노동을 수행하고 있는 난임 부부들의 몸들로부터 나온다.

그래서 의료진은 체외수정 시술 과정에서 난임 여성들의 몸들을 처치하는 모든 과정에 대한 정확한 정보를 제공하고 매 과정마다 동의를 구할 의무가 있다. 황우석 사태 이후로 불임클리닉에 대한 관리와 감독이 강화되면서 형식적인 동의서는 갖추어져 있지만 그것은 배아생성동의서이거나 체외수정시술 동의서이지 과배란 유도를 통한 난자채취의 부작용과 위험성을 충분히 고지하는 것은 아니다.

> 기억 안 나는데 무서웠어. 시술하다가 잘못될 수도 있다 뭐 그런거였던 거 같애. 간호과장이 사인하라고 주면서 괜찮으실 거예요 그러기에 사인했지. 근데 동의서를 우리한테는 왜 안주는지 모르겠어. 병원에서 가져 가더라구. (사례 13).
>
> 동의서 내용은 기억 안 나는데, 안 돼는 책임은 자기가 진다 뭐 이

런 식으로 되어 있었던 거 같애. (사례 14)

난자채취의 부작용과 위험성은 의료진의 설명을 통해서가 아니라 난임 여성들의 직접적인 몸 체험성과 정보공유를 통해 알게 되는 경우가 많다. 난임 여성들은 난자 채취의 부작용과 위험성 뿐만 아니라 채취된 난자를 수정하거나 처치하는 과정에 대해서도 충분한 설명을 제공 받지 못한다. 이는 난임 여성들에게 의료진을 신뢰할 수 없게 만들기도 하지만 중요한 것은 동의서가 시술실패나 시술과정에서 발생하는 문제들에 대한 의료진의 책임 없음을 보증하는 장치가 될 수 있다는 것이다.

> 몇 개는 채취하고 몇 개는 이식하고 이식할 때 말해줘. 자연수정 했으면 했다고 하고 미세수정 했으면 했다고 하고. 나는 이때까지 내가 자연수정 안한 줄도 모르고 다 미세수정 하는 지도 몰랐어. 다 미세수정 했다고 하더라고.(사례 12).[22)]
>
> 냉동은 해동하다 많이 죽는대. 해동하다가 잘 안돼서 이식 날짜 잡아 놓고 못하고 그런 사람 많이 있어. (사례 12)
>
> 채취한 난자를 어떻게 하는지 우리는 의사말만 통해서 아는 거지 알 수 없지. 네 개만 수정되고 난자질이 안 좋아서 버렸다 하면 알 수 없는 거잖아. 폐기했다고 하지. 냉동이 아니면 폐기했다고 하지. (사례 12)
>
> 처음에는 3일 배양하고 나중에 5일 배양이 착상이 잘된다고 해서 했는데, 이 많은 걸 말도 없이 전부 5일 배양 한 거야. 몇 개만 할 줄 알았는데. (사례 13)

---

22) 연구원의 설명에 의하면 〈사례 12〉의 난자는 절반은 자연수정, 절반은 미세수정을 해야 한다. 왜냐하면 〈사례 12〉 부부는 둘 다 건강하다는 진단을 받았기 때문이다. 이는 자연수정의 처치비보다 미세수정의 처치비가 신기술로서 더 비싸기 때문인 것으로 보이지만 의료진이 자연수정을 통해 수정될 확률이 희박하다고 판단을 하면 난임 부부들은 따를 수밖에 없다. 이런 점에서 의료시장은 의과학적 권위와 맞물리면서 "가격 한계가 없는 시장"의 특성을 지닌다고 볼 수 있다(김선혜, 2008).

이런 점에서 난임 여성들은 체외수정 시술 과정에서 건강한 난자를 생산하는 노동 뿐만 아니라 의과학적 지식을 적극적으로 습득하고 공유하며 자신의 몸 상태와 체험을 통해 시술의 문제점을 해석하고 의료진에게 알려줌으로써 지식노동을 수행하고 있기도 하다.

또한 난임 여성들은 직접적인 의료 노동을 수행하기도 하며 임상실험에 참여하여 신약의 효용과 안전성을 검증하는 노동을 수행하기도 한다.

> [프로게스트 주사를] 항상 놔줬어. 그거 맞으면 엉덩이가 붓고 아프고 한데 맛사지도 맨날 해주고. (사례 19)
>
> 남편이 주사는 잘 놔요. 간호사보다 더 잘 놔. 뭉치도 안하고 한 번에 잘해주. (사례 4)
>
> [신랑이] 주사는 베테랑이야. 간호사들보다 오히려 더 잘 놔요. 처음에는 배도 멍들고 그랬는데 지금은 배도, 엉덩이도 멍도 안 들고 뭉치지도 않고. (사례 17)
>
> 주사 맞고 내가 주사를 놓으니까... 처음에는 그것도[주사 맞는 비용] 만만치 않더라고. 날마다 맞는 것도. 그래서 배워가지고 엉덩이, 배에 주사 놨지. (사례 1)

난임 여성들은 보름 이상을 배란이나 수정, 착상에 도움이 되는 각종 주사제를 맞아야 하는데 매일같이 의료기관을 방문해야 하는 불편함이나 비용의 문제 때문에 자신들이 직접 주사를 놓거나 남편의 도움을 받기도 한다. 이는 직접적인 의료행위에 해당된다.

이에 더하여 난임 여성들은 새로운 과배란제의 임상 연구에 참여하기도 하는데 자격요건에 맞는 참여의 대가로서 임상실험 관련 검사나 약을 무료로 제공 받는다. 신약의 경우에는 아직 유효성과 안전성이 검증되지 않았기 때문에 저소득층의 난임 여성들이 참여하게 될 가능성이 크며 혹시나 발생할지도 모르는 약물적 처치로 인한 후유증이나 부작용에 대한 사후 조치가 보장되는지 의문이다. 후유증이나 부작용,

그로 인한 사후 조치의 제도화도 중요한 문제이지만 신약의 임상연구를 통한 유효성과 안전성의 검증이 이 연구에 주로 참여하게 될 저소득층 난임 여성들의 몸들을 통해 이루어진다는 점도 중요하다.

Ⅶ. 나가며

지금까지 난임 여성들의 몸 체험성을 통해 그들의 기술화된 출산노동과정을 따라가면서 어떤 노동을 수행하고 있는지, 의과학적 지식과 어떻게 경합하고 있는지, 의료진과의 관계설정은 어떠한지, 신생식기술을 어떻게 의미화하고 있는지를 드러내려고 하였다.

요약하자면 첫째, 난임 여성들은 의료체계 안에서 의과학적 지식의 권위에 무조건적으로 순응하는 것이 아니라 끊임없이 협상·저항한다. 난임 여성들은 시술이 지속 될수록 의과학적 지식의 불확실성과 불완전성을 몸으로 체험하면서 의료진의 판단과 자신의 몸 체험성을 통한 판단 사이에서 경합한다. 의과학적 불임 판단은 피임을 하지 않고 부부관계를 했을 시 1년 안의 임신 가능성이라는 통계적 확률과 불임을 유발할 수 있는 생물학적 요인들의 유무가 그 준거이지만 난임 여성들은 이 기간과 통계에 의존하지 않으며 생물학적 요인 이외의 사회 환경적 요인이나 자신들의 생애사적 체험들 속에서의 다차원적인 준거를 가지고 다양하게 해석한다. 특히 원인불명의 경우, 의료진은 의과학적 연구를 통해 밝혀 질 수 있는 것으로 의미화 하지만 난임 여성들은 의과학적 지식의 한계로 의미화 한다. 또한 의료진에게 불임 시술의 성공률과 효율성은 시술의 필요성과 신뢰를 만들어내 더 많은 난임 부부들을 시술과정으로 끌어 들이고 이윤을 창출하기 위한 것이지만, 난임 여성들에게 성공률과 효율성은 자신이 처한 조건과 계획 속에서 아이 갖기를 위한 합리적인 선택이거나 시술 비용과 몸에 가해지는 고통을 줄이기 위한 전략적 선택이 되기도 한다.

둘째, 체외수정 시술법 및 그 외의 각종 처치법이 시행되는 과정에서 난임여성들과 의료진의 관계는 지배, 종속 관계 라기 보다는 견제적 공생관계라고 볼 수 있다. 즉 난임 여성들은 자신들의 몸 체험성을 통해 의과학적 지식 뿐만 아니라 의료권력에 대해서도 무조건적으로 순응하는 것이 아니라 끊임없이 경합한다. 난임 여성들의 섹슈얼리티와 생식력은 의과학적 관리와 통제의 대상이 되며 시술과정을 주도하고 시술법을 선택하는 것은 기본적으로는 의료진의 판단과 권유에 의해서이다. 하지만 시술이 반복 될수록 난임 여성들은 자신들의 몸에 나타나는 징후들에 대한 의과학적 설명이나 다양한 처치법들을 적극적으로 선택, 요구하기도 한다. 그래서 의료진과 난임 여성들의 관계는 완전히 종속되어 있거나 적대적이기 보다는 견제적 공생관계에 놓여 있다고 볼 수 있다. 의료진에게 난임 여성들은 한편으로는 치료와 관리 및 이윤창출의 대상이지만 다른 한편으로는 의과학적 지식의 유효성과 한계를 확인할 수 있는 지식 생산의 자원이 된다. 난임 여성들은 의과학적 지식에 근거한 의료진의 판단에 따르기도 하지만 그것에 위반하는 몸들의 징후와 체험성에 의해 의료진과 경합하고 의과학적 지식의 생산에 기여한다.

셋째, 난임 여성들의 출산노동 수행, 즉 생명생산 과정은 의과학적 지식 생산에 참여하고 그것을 추동하는 과정이기도 하다. 무엇보다도 난임 여성들은 임신·출산에 성공했을 때 그것이 불임시술만의 결과라기 보다는 자신들이 수행한 수많은 몸 관리 노동과 노력의 복합적인 결과라고 의미화 한다. 또한 난임 여성들과 의료진 모두 임신·출산 성공의 관건은 건강한 난자의 생산이라고 보는데 과배란제의 효능이 불확실하고 난임 여성들의 몸들에 따라 다르게 나타난다고 할 때, 건강한 난자의 생산은 난임 여성들의 몸 관리 노동이 중요한 요소가 된다. 마찬가지로 난자의 수정력과 착상력은 건강한 난자의 생산을 위한 난임 여성들의 몸 관리 노동을 중심으로 실험실 연구원의 수정 및 배양 노동, 배양액이나 배양 조건 등의 협업을 통해 결정된다. 이것이 바로 생식세포의 수정과 배아의 초기 성장과정이 실험실로 이전되었다 할지라도 생명생산의 궁극적인 힘은 난임 여성들의 기술화된 출산 노동 수행과 몸들에 있는 이유이다. 또한 의과학적 지식은 의료진과 난임 여성들의 협업과 소통을 통해 생산되며 그래서 공통적이고 사회적인 성격을 지니고 있다(네그리 · 하트, 2008). 이는 의과학적 지식이 '공통의 부'이며 전문가들만의 배타적인 소유 및 통제 영역이거나 이윤창출의 수단이 되어서는 안 되는 이유이다(Negri · Hardt, 2009)

결론적으로 난임 여성들은 체외수정 시술의 직접적 체험과 지식의 습득 및 정보교류를 통해 의과학적 지식생산노동에 참여하며 의료진의 의과학적 지식과 권위에 끊임없이 전략적으로 개입하고 경합한다. 또한 시술의 효율성과 불임극복의 확실성을 유포하는 기술과학주의 문화를 완전히 내면화하지 않으며, 시술의 불확실성과 의과학적 지식의 한계를 체험하고 해석한다.

참고문헌

고정갑희(2007), "여성주의 이론생산과 여성운동, 사회운동: 가부장체제의 사막에서 이론의 오아시스를 찾아나가다", 『여/성이론』 통권 17호, 여이연.

김경례(2009), "줄기세포연구에 대한 대항담론의 구조와 몸들의 정치」, 『아시아여성연구』, Vol.48 No.1.

김선혜(2008), 「'불임치료산업'과 한국의 재생산 정치」, 연세대학교 대학원 석사학위논문.

도나 해러웨이(2002), 민경숙 역, 『유인원, 사이보그, 그리고 여자』, 동문선.

마리아 미즈 · 반다나 시바(2000), 『에코페미니즘』, 손덕수 · 이난아 옮김, 창비.

박용운(2002), 「불임여성의 몸을 통해 본 재생산기술의 정치학: 시험관 아기 기술을 중심으로」, 계명대학교 여성학대학원 석사학위논문.
안토니오 네그리 · 마이클 하트(2008), 『다중』, 조정환 외 옮김, 세종서적.
엘리자베스 그로츠(2001), 『뫼비우스 띠로서 몸』, 임옥희 옮김, 여이연.
이현재(2009), “육체유물론과 차이의 정치경제학”, 『여/성이론』, 통권 제20호, 여이연.
조영미(1994), 「출산테크놀로지에 대한 여성학적 접근: 시험관아기시술을 중심으로」, 이화여자대학교 대학원 석사학위논문.
태혜숙(2007), “대항지구화와 여성주의 주체생산 모델: 몸-섹슈얼리티-노동-자본-자연”, 『여성이론』, 통권 제17호, 여이연.
Negri, A. · Hardt. M.(2009), *Common Wealth*, Harvard University Press.
Stanworth, M. ed.(1987), *Reproductive Technologies: Gender, Motherhood and Medicine*, Polity Press.

김경례: 페미니즘 안에서 과학기술의 문제를 연구하고 있다. 주요 관심분야는 페미니즘 과학기술학, 과학기술사회학, 의료사회학 등이며, 특히 생명의료기술과 몸, 젠더, 재생산의 문제에 주목하고 있다.
jangmi2037@hanmail.net

부록 1 주요 사례 연구 대상의 기본적 특성

인적사항		의과학적 난임요인	체외수정 시술 횟수	자녀 수	체외수정시술 외 이용한 보조생식술 (시술과정시 이용한 여타의 의료기술)	비고
사례 1 (34세)	결혼 8년차 직업: 주부 전직업: 사무직	원인불명	3번 (성공)	1	과배란 인공수정 2회	
사례 2 (33세)	결혼 2년차 직업: 주부 전직업: 미용 보조	난관폐쇄	2번 (실패)	`	자궁경	시술중 인공낙태 1회
사례 3 (39세)	결혼 5년차 직업: 주부	난관절제	3번 (실패)	`	복강경, 자궁경	자궁외 임신 1회
사례 4 (28세)	결혼 5년차 직업: 주부	원인불명	2번 (실패)	`	인공수정 5번 자궁경	시술중 인공낙태 1회
사례 5 (35세)	결혼 5년차 직업: 주부 전직업: 학원강사	원인불명	3번 (성공) 쌍태아	2	인공수정 3번 과배란인공 1번	
사례 6 (33세)	결혼 4년차 직업: 주부 전직업: 텔레마케터	남성요인 (고환에서 정자채취)	7번 (실패)	`	인공수정 6번 과배란인공 1번	시술중 인공낙태 1회 입양준비중
사례 7 (33세)	결혼 7년차 직업: 공무원	원인불명	2번 (실패)	`	인공수정 4회	
사례 8 (33세)	결혼 7년차 직업: 주부 전직업: 사무보조직	다낭성 난소증후군	1번 (실패)	`	복강경 인공수정 3회	
사례 9 (37세)	결혼 8년차 직업: 주부, 농장운영	난관폐쇄	2번 (실패)	`	자궁경	자궁외 임신 1회
사례 10 (35세)	결혼 8년차 직업: 주부 전직업: 사무직	원인불명	1번 (실패)	1	인공수정 2번 자궁경	자연임신
사례 11 (34세)	결혼 6년차 직업: 치기공사	자궁내막증	3번 (성공) 쌍태아	2	복강경	쌍둥이 임신
사례 12 (34세)	직업: 주부 전직업: 치기공사	원인불명	6번 (실패)	`	자궁경	
사례 13 (33세)	결혼 5년차 직업: 주부 전직업: 은행원	원인불명	3번 (실패)	`	과배란인공 7번 복강경	

인적사항		의과학적 난임요인	체외수정 시술 횟수	자녀 수	체외수정시술 외 이용한 보조생식술 (시술과정시 이용한 여타의 의료기술)	비고
사례 14 (32세)	결혼 [illegible]년차 직업: 주부 전직업: 사무보조원	원인불명	3번 (성공)	1	인공수정 1-2번 과배란 3번 자궁경	
사례 15 (37세)	결혼 5년차 직업: 주부	난관폐쇄	6번 (실패)	-	복강경	
사례 16 (31세)	결혼 3년차 직업: 주부 전직업: 사무보조원	난관절제	1번 (실패)	-	과배란인공 3번	자궁외 임신 1회
사례 17 (33세)	결혼 7년차 직업: 과외, 대학원생	원인불명	5번 (실패)	-	과배란인공 3번 인공수정 3번	시술중 인공낙태 1회
사례 18 (43세)	결혼 5년차 직업: 주부 전직업: 공무원	남성요인 (고환에서 정자채취)	6번 (실패)	-	복강경	
사례 19 (33세)	결혼 3년차 직업: 대학행정직	원인불명	1번 (성공)	1	과배란인공 2번 인공수정 1번	
사례 20 (34세)	결혼 3년차 직업: 주부 전직업: 사무직	원인불명	3번 (실패)	-	복강경, 자궁경	입양

부록 2 보조 사례 연구 대상의 기본적 특성

사례	성별	직업	근무처
보조사례 1	남	의사	종합병원 불임클리닉 전문의
보조사례 2	남	의사	종합병원 불임클리닉 전문의
보조사례 3	남	의사	개인불임클리닉(A병원) 전문의
보조사례 4	여	간호사(간호과장)	개인불임클리닉(A병원) 간호사
보조사례 5	여	연구원	개인불임클리닉(B병원) 연구원
보조사례 6	남	의사	개인불임클리닉(C병원) 전문의
보조사례 7	여	의사	개인불임클리닉(D병원) 전문의
보조사례 8	남	연구원	개인불임클리닉(A병원) 연구원
보조사례 9	여	간호사(주사실)	개인불임클리닉(A병원) 간호사

5장

농촌의 재생산 위기와 여성 노동의 중요성*

– 전라남도 마을만들기 사례를 중심으로

박즈희

Ⅰ. 농촌의 재생산 위기와 마을만들기

한국 사회에서 농촌의 재생산 문제를 논하는 것은 이제 진부하게 들린다. 최근에 이르러서야 사회적 재생산의 위기가 담론화되고 있지만, 농촌의 재생산의 위기는 이미 존재해 왔음에도 불구하고 사회의 중심적인 담론 속으로 들어오지 못했다. 1970년대부터 가속화된 도시화는 농촌 인구의 급격한 감소를 불러왔고, 국가의 농산물수입시장 개방 정책 등은 농촌의 빈곤화를 초래했다. 현재 농촌은 고령화가 심각한 수준이며, 주민들의 소외 의식과 패배감으로 두레나 품앗이 등의 공동체문화는 거의 사라졌으며, 그 빈자리를 자본주의적 임노동 관계나 이윤 논리가 메우고 있다.

이렇듯 쇠락한 농촌에 '신활력'을 불어넣을 목적으로, 최근 정부와 지방 행정단위가 공모하는 마을만들기 사업들이 활발하게 이루어지고

* 이 글은 필자의 논문 "주민주도형 농촌 마을 만들기에서 여성의 노동에 대한 연구 – 전라남도 마을 만들기 사례를 중심으로", 『농촌사회』 제19집 2호(2009)를 일부 수정한 것임을 밝힌다.

있다. 이 사업들은 관광마을, 체험마을 등의 이름으로 시행되고 있고, 그 목적도 주민의 삶의 질 향상, 소득 창출, 지역 개발 등등 매우 다양하다. 이전의 운동이 관 주도가 특징이었다면, 최근 지역개발 담론 아래에서 진행하는 사업들은 민간 주도, 즉 주민들이 계획부터 실행까지 주도하는 운동을 강조 한다.

한편 마을만들기를 바라보는 이론적 흐름에서는 '마을'이라는 공간에 대해 사회운동적 실천의 장으로서, 그리고 사회복지 기능을 수행하는 중요한 장소로서 강조하는 입장이 두드러진다. 이러한 주장에 따르면 마을만들기는 마을 경관 조성이나 복지시설 건립 등등의 활동에 국한되는 것이 아니라, 국가의 관료화로 인한 자율성 상실의 문제를 해결하고, 자본주의로 인한 경쟁, 인간소외, 환경파괴문제 등을 치유해 나가기 위한 집단적인 실천이다(유정길, 1998). 또한 마을만들기는 도로를 정비하는 것과 같은 하드웨어 차원의 사업이나 성과 만들기가 아니라, '사람 만들기'이며 더 나아가 '돌봄과 배움의 공동체' 만들기이다(조한혜정 외, 2006).

이렇게 현대 사회의 문제에 대해 마을을 통한 자치적 해법을 추구하는 것은 매우 중요하다. 하지만 이러한 주장이 정부가 재정을 지원하는 지역개발담론과 결합할 때 그 실천이 현실에서 어떻게 나타날 것인가에 대하서는 의심스럽다. 현실 농촌이 고령화 및 여성화 되고 있는 현실을 고려할 때, 우리 사회의 농촌 마을만들기가 주로 소수 전문가들이나 이장과 같은 리더십에 크게 의존하는 점은 마을 내부에서 기획주체와 실행주체 사이에 괴리가 발생할 소지가 높음을 의미한다. 또한 다소 이상적인 이러한 논의들을 농촌이라는 공간에 적용할 경우에, 농촌의 경제적 궁핍함과 사회적 자본의 열악함 때문에 소득 증대 기회를 늘려야 한다는 현실론에도 불구하고, 농촌은 도시민들의 목가주의를 충족하는 소비 공간의 역할을 할 가능성이 크다. 실제로 건축 등의 물리적 요소를 강조하는 정부 및 지방자치단위의 공모사업의 경우, 단기적인 관광객 유치전이 될 가능성도 존재한다. 뿐만 아니라 소수 전문가가 주도하는 마을만들기 사업에 여성들이 주체적으로 참여하기보다는 동원될 가능성 역시 존재한다.

촌락 생활에 대한 이전의 연구들은 협력과 상호부조 정신을 특징적으로 강조해 왔다. 그러나 촌락 공동체에 대한 이러한 상상은 특수한 젠더 관계와 밀접한 관계에 있다. 즉 공동체 생활의 핵심은 언제나 여성이다. 여성의 활동은 마을 내의 '공동체적' 활동의 토대가 되는데, 이는 잔치, 교회, 교구 위원회, 아기 엄마 모임, 자원 봉사를 포함한다. 이러한 의미에서 가족과 공동체는 서로 분리될 수 없다. 또한 마을만들기가 생활인 자신이 살아가는 삶의 터전을 가꾸는 운동임을 고려할 때, 여성들은 성별분업 구조 아래에서 자연스럽게 생활정치의 주체가 된다. 다른 한편으로 우리 사회에서 농촌이라는 공간은 도시에 비해 여성차별문제가 여전히 강력하게 존재하는 공간으로 이미지화된다. 따라서 이러한 맥락 안에서 여성들은 마을만들기에 매우 중요한 역할을 함에도 불구하고, 운동에 동원되는 존재로 그려지거나 기여도가 평가 절하되기도 한다.

한편 '농촌 마을만들기'에 대한 연구는 정부 정책 분석 및 제언과 관련된 연구가 주를 이룬다. 한편 마을만들기 과정에서 주민들의 경험과 변화와 관련된 미시적 접근들도 꾸준히 있었다. 하지만 기존의 마을만들기에 대한 사례를 다룬 연구들은 젠더 관점이 완전히 배제된 연구들이 대부분이다(김백준, 2000; 박혜련, 2002; 김대호, 2005). 또한 마을만들기에서 주민참여에 대한 경험적 연구들 역시 마을 내부의 힘 관계를 구성하는 젠더, 경제적 수준 등으로 드러나는 주체들의 다양한 입장들을 고려하지 않고 있다(송미령 · 성주인, 2005; 김혜민, 2006; 안종현, 2007). 특히 명망가들 중심의 인터뷰나 홍보 자료에만 기초한 연구들은 마을 내부에서 참여와 배제의 다양한 힘 관계를 드러낼 수 없다.

최근에서야 비로소 젠더 관점에서 마을만들기 혹은 생태공동체 만들기의 사례를 발굴하려는 연구들이 눈에 띈다. 황선애(2004)는 독일 생태공동체의 사례를 중심으로, 공동체 내 젠더 갈등 및 그 해결 과정에 대해 서술하고 있다. 김미경 외(2004)는 남녀평등사회를 실현할 수 있는 방안으로 제도적 개혁이 아니라 공동체주의적 방법을 시안으로 제시한다. 하지만 원칙적인 차원에서 남녀 모두의 참여만을 제안할 뿐 마을만들기에서 왜 남녀평등 참여가 중요한지를 뒷받침해 줄 구체적인 현실 사례와 그에 대한 분석을 제시하지 않는다는 한계가 있다. 농촌마을 활성화에 있어서 성별요인이 중요함을 통계자료를 통해 제시하는 연구도 있다(허미영·공미혜, 2007).

왜 여성 참여에 주목하는가? 여성들의 재생산, 생산 노동이 없이는 주민이 주체가 되는 마을만들기는 가능하지 않기 때문이다. 성별분업 아래에서 여성들은 주로 노인 돌보기와 같은 돌봄노동과 잔치상 차리기와 같은 형태의 가사노동을 담당한다. 손노동이 많은 유기농업을 실천하는 농촌에서는 농약을 사용하거나 기계에 의존하는 기존의 관행농업보다 여성 노동에 대한 의존도가 높다(허미영, 2002). 이와 함께 농촌 인구의 고령화와 빈곤화로 인해 여성 노인들의 경우 농촌 임노동에 참여하는 비율이 높다. 여성 노인들이 마을의 재생산 영역에서 수행하는 노동은 비숙련의 단순한 노동으로 인식되며, 그 가치가 평가 절하되어 눈에 띄지 않는 그림자 노동으로 간주된다(일리치, 2005).[1] 다른 한편으로 최근 몇몇 연구에서는 환경농업에 종사하는 젊은 귀농 여성들이 성 평등 의식면에서 향상되고 있다는 점에서 에코페미니즘적 시각으로 의미화하기도 한다(신필식, 2007). 이 글에서도 마을만들기 및 환경농업에 있어서 여성 참여가

---

1) 농촌에서는 하루 농업노동 임금으로 관행적으로 남성은 5만원을 주는데 비해, 할머니들에게는 3만원을 주고 있다. '쭈그려 앉아서' 장시간 일하는 여성 노동이 주로 '힘을 쓰는' 남성 노동에 비해서 덜 중요하다는 가치평가가 임금결정 매커니즘에 작용하고 있는 것이다.

일부 사례에서는 여성의 성취감에 긍정적인 역할을 하는 모습을 확인할 수 있었다.

하지만 농촌 사회 여성들에게는 일원화 할 수 없는 차이가 존재한다. 구체적인 사례 여성의 학력, 경제적 수준, 연령, 남편의 마을 내에서 사회적 지위, 귀농 이유 등 여성들의 차이를 드러낼 필요가 있다. 어떤 여성에게는 해방의 경험이 다른 여성에게는 착취의 경험이 되기도 한다. 따라서 이 논문에서는 개별 여성의 참여가 의미화되거나 또는 배제되는 양상에 주목한다. 이러한 주제에 대해 분석하기 위해 농촌 마을만들기에서 제도보다는 미시적 수준에서 주민들의 경험에 주목한다. 이는 사회집단을 단순하고 무비판적으로 지도화하는 것에서 벗어나, 차이가 구성되는 과정과 특정한 주체성이 특권화되거나 주변화 되는 방식에 초점을 맞춘다. 이러한 분석을 통해 마을만들기 과정에서 가시화되는 주체는 누구이며, 배제되거나 비가시화되는 주체는 누구인가에 대한 지형을 그려볼 것이며, 이러한 지형의 사회적 의미는 무엇인가에 대해 분석할 것이다. 또한 마을만들기에서 국가 개입을 중요한 변수로 두고 마을의 변화 양상을 살펴볼 것이다.

Ⅱ. 연구대상 및 연구방법

1. 연구대상

이 글에서는 농촌 마을만들기를 실천하고 있는 사례로, 전라남도 담양군 대덕면 운산리에 위치한 운산마을[2]을 연구사례로 삼았다. 운

2) 행정구역 이름인 '운산리'라고 했을 경우 윗마을인 산정마을을 포함한다. 산정마을은 인구는 10가구 내외지만 이장이 따로 있다. 이 논문의 연구대상인 마을을 직접적으로 지칭할 때는 '저심마을'이라고 부른다. 하지만 대외적으로는 행정구역명을 따서 '운산마을' 혹은 '운산리'로 알려져 있기 때

산마을은 기존의 전통마을을 생태적으로 변화시키려는 유형으로, 이는 주로 농촌지역이나 오래된 마을에서 해체된 공동체적 관계를 일부는 복원하고 일부는 새롭게 구성하는 방식으로 기존의 마을을 공동체로 거듭 살아나게 하는 운동이다. 해당 지역에 상호부조의 전통을 되살리고 참여와 자치를 통해 두레의 전통을 되살리기도 한다. 현재 농촌은 계속 인구가 줄어들고 고령화 현상이 심각하므로 공동체를 살리기 위해서 젊은 귀향인[3]들을 적극 받아들이기도 한다. 실제로 이러한 마을은 귀향인들이 적응하기 수월하여 선호되는 곳이기도 하다. 유기농업이 활발하고, 생산공동체나 교육활동 등도 활발하게 이루어진다. 마을공동체라 부르기 위해서는 해당 지역 주민의 상당수가 공동체운

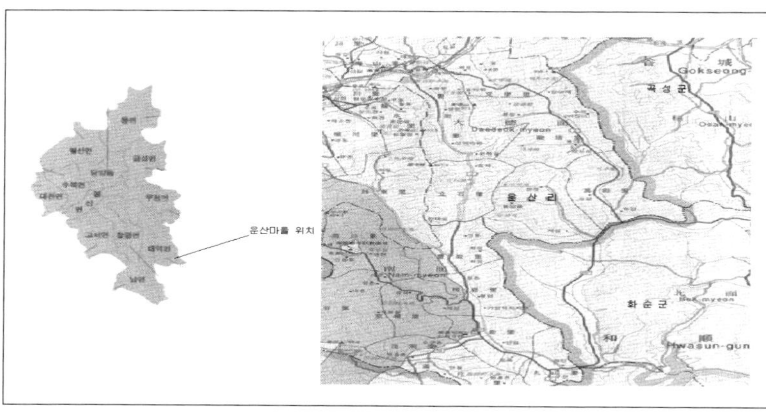

그림 1. 담양 운산마을의 위치

문에, 이 논문에서는 운산마을로 통칭해서 사용한다.

3) 보통 도시에서 살다가 농촌으로 삶의 터전을 옮기는 사람들을 보통 '귀농인'이라고 부르지만, 귀농(歸農)은 "다른 일을 하던 사람이 그 일을 그만두고 농사를 지으려고 농촌으로 돌아가는 현상"으로 농촌에서 농사를 짓지 않고 다른 일을 하는 사람까지 포괄하지 못한다. 따라서 이 글에서는 생명의 고향으로 돌아간다는 의미에서 귀향(歸鄕)이라는 표현을 쓴다.

동의 활동에 결합되어 있어야 한다(이근행, 2006: 48-49).[4]

2. 연구 방법

연구방법으로는 문헌연구, 심층면접, 참여관찰을 사용했다. 우선 운산마을에 대한 통계자료, 신문자료, 보고서, 안내책자 등의 문헌자료를 수집하고 시민단체 활동가를 만나 마을의 기초정보를 수집했다. 시민단체 활동가를 통해 마을행사에 참석해서 현재 이장님과 전(前) 이장님을 소개받을 수 있었고, 일정 기간 정주하면서 조사하는데 있어서 협조를 받았다. 한편 연구자는 2008년 전남대학교에서 지원하는 특별교육프로그램으로 '생태공동체마을탐방'을 기획했고, 방학 기간을 이용해 사회학과 학생들과 함께 이장님과의 만남 및 농촌체험을 진행했다. 이 경험은 연구를 진행하는데 있어서 큰 도움이 되었다.

조사 진행 과정을 말하자면 80여명의 마을 주민들 중 20여명에 대해 우선 설문조사를 해서 마을만들기에 대한 대략적인 주민의식을 파악했다. 하지만 설문조사만으로는 마을 내부의 역학을 살펴보는데 있어서 한계가 있었다. 그래서 2008년 6월부터 12월까지 6개월 동안 직접 마을에 며칠 머물거나 행사에 참석해 참여관찰을 진행하고, 심층면접을 했다. 2009년 1월부터 8월 사이에는 마을 공식 행사가 있을 때 한 번씩 마을을 방문해서 그동안 변화된 상황을 관찰하고, 부족한 인터뷰 내용을 보완하는 등 추가 조사를 진행했다. 여성인 연구자는 여성들과 자연스럽게 만나거나 가까운 생활을 살펴보는 기회가 많았으나 심층면접의 경우 여성과 남성을 비슷한 비율로 시행하려고 노력했다.

---

4) 이러한 흐름 안에서 운산 마을만들기 역사는 아직 출발 단계에 있으며, 운산 마을의 공동체성을 평가하는 것은 아직 이르고 이 글의 주제와도 거리가 있다.

표 1. 여성 정보제공자의 인적사항

사례명	연령	직업	거주기간	비 고
가	70대 중반	농업 및 가공(된장)	약 53년(시집)	
나	80대 중반	무직	약 65년(시집)	아들이 영농조합원
다	40대 중반	주부	약 10년(귀향)	전(前)부녀회장
라	40대 중반	교사	약 6년(귀향)	이장 부인
마	70대 초반	농업 및 가공(된장)	약 50년(시집)	딸이 영농조합원
바	50대 후반	농업(벼, 콩)	약 25년(시집)	
사	60대 중반	무직	약 25년(시집)	
아	40대 중반	교사	약 8년(귀향)	
자	40대 중반	예술인	약 4년(귀향)	

표 2. 남성 정보제공자의 인적사항

사례명	연령	직업	거주기간	비 고
a	40대 후반	농업(콩)	6년(귀향)	이장
b	40대 중반	농업(콩 등)	3년(귀향)	반장
c	40대 후반	농업(콩)	8년(귀향)	전(前)이장
d	70대 후반	농업(벼, 콩)	77년(토박이)	전(前)이장
e	50대 초반	농업(벼, 콩)	49년(토박이)	
f	60대 초반	농업(벼, 고추)	약 23년(귀향)	
g	40대 중반	예술인	10년(귀향)	
h	40대 중반	식당, 축산, 농업(콩,벼)	15년(귀향)	

표 3. 보조정보제공자의 인적사항

사례명	연령	성별	직업	직책	비 고
A	40대 중반	남	사회복지사	지역아동센터장	
B	30대 중반	남	시민단체활동가	명예주민	
C	30대 중반	남	예술인	명예주민	
D	40대 중반	여	사무직	마을 사무장	시목마을

3. 사례마을 주민 특성

운산마을은 인구 85명, 43가구의 작은 산촌 오지마을이다. 운산마을 역시 10년 전만 해도 이러한 패배감과 소외감이 심각한 상황이었고, 다른 산촌 오지와 마찬가지로 마을의 고령 인구의 비중 역시 높아, 10년 전 운산마을의 60대 이하 세대주는 단 2가구, 평균 연령도 70세에 가까웠다. 하지만 약 8년 전 자연농부이자 시인인 한원식의 영향을 받은 386세대 사람들이 귀향하면서부터 마을인구가 증가하기 시작했다. 이후 여러 가구의 젊은 층(40대 부부)이 귀향하여 40여명의 주민이 생겼다. 현재 운산 마을 인구구성을 보면 50대 미만이 42명으로, 산촌 지역임에도 불구하고 일반 농촌지역에서는 보기 힘든 인구구성이다(그림 2). 평균 연령도 49세로 줄어들었다. 초등학교에 다니는 어린이도 7-8명에 이르고 유치원생까지 생겼다. 한편 남녀의 인구구성은 남성은 35명, 여성은 42명으로 여성 고령인구가 많은 남도의 다른 농촌에 비해 성비는 비슷한 편이다. 하지만 60대 이상에서는 여성의 비율이 압도적으로 높다. 또한 기존에 거주하고 있던 도예가 가족을 비롯하여

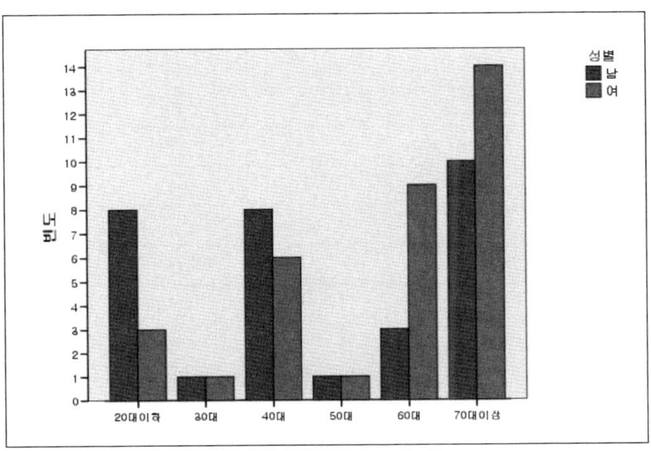

그림 2. 연령별, 성별 막대도표

표 4. 주민의 인구통계적 속성

(단위: 명, %)

구분		빈도	비율
거주기간	태어나면서부터	8	13.7
	5년 미만	7	10.8
	5년-10년	12	18.4
	11년-20년	5	7.7
	21년-30년	5	7.7
	31년-40년	2	3.1
	41년-50년	8	12.2
	51년-60년	7	10.7
	61년-70년	5	7.5
	무응답	5	7.7
직업	없음	28	43.1
	농업	20	30.8
	예술인	2	3.1
	교사	3	4.6
	기타	3	4.6
	학생	5	7.7
	무응답	4	6.2
학력	무학	18	27.7
	초졸	10	15.4
	중졸	3	4.6
	고졸	2	3.1
	대졸	7	10.8
	무응답	25	38.5

자료: 설문조사

새롭게 문인화가 등이 마을에 들어와 살면서 작품 활동을 하고 있다. 직업 구성을 보면 일정한 직업이 없고 무학인 인구의 비율이 비교적 높은데, 이는 80세 이상으로 교육을 받지 못한 여성 노인이 과반수를 차지하기 때문으로 보인다(그림 2, 표 4 참조). 20여명 정도인 이들 중 13명이 기초생활수급자로 거동이 불편하기 때문에 돌봄이 절대적으로 필요하다. 토착민들은 대부분 농업을 생업으로 삼고 있지만, 자작농보다는 소작농의 비율이 훨씬 높다. 도시로 이주한 마을의 문중 사람들이 대부분의 토지를 소유하고 있고, 농사를 짓는 주민들은 소작을 주로 한다. 이밖에도 예술인, 교사 등 농사를 전업으로 하지 않고 외부직장을 가진 인구가 있는데, 이들은 모두 귀향인들이다.

Ⅲ. 이론적 검토

1. 공동체 돌봄에 대한 이론적 논의

최근 신자유주의 시대의 문제를 마을, 공동체 등을 근간으로 한 풀뿌리 민주주의를 통해 극복하자는 목소리가 높다. 이러한 주장들은 압축적 경제성장으로 건설된 토건국가에서 인간성 상실의 문제와 돌봄의 문제를 공동체의 역량을 통해 풀어가고자 한다(조한혜정 외, 2006). 즉 무엇보다 현재의 국가적 위기, 구체적으로 가족 해체와 저출산, 고령화와 사회안전망의 파괴, 교육의 파탄 상황을 돌파할 주체들을 찾아내고 지원하면서 돌봄 개념을 중심으로 사회를 재편할 수 있어야 한다는 것이다. 그런 일의 핵심은 지금까지 가정에서, 그리고 공식적으로 인정되지 않은 비공식/지하 영역에서 돌봄을 감당한 이들의 경험을 사회화하는 것이다. 이는 물론 그간 공공 영역에서만 머물며 '도구적 행위'에 몰두한 이들의 또 다른 소외 문제를 해결하는 것을 포함한다. 달리 말해, 해체가 한창 진행 중인 후기 근대적 위기 상황을 타개할 새로운 국가 패러다임이 나와야 하며, 이는 가정 영역 고유의 친밀성과 돌봄에 대한 논의, 그리고 자본주의 사회에서는 다룰 수 없는 미지불 노동과 일자리 문화에 대한 논의를 그 핵심으로 한다(앞의 책, 21-22).

한편 공동체 돌봄에 대한 논의는 젠더화되고 상업화된 돌봄 노동에 대한 대안으로도 제기된다. 돌봄노동과 가사노동은 성별분업 아래에서 여성에게 부과되면서도 미지불 노동이자 평가절하된 노동으로 나타난다. 또한 소위 여성적 가치로 여겨지는 정서적, 감정적 가치를 생산한다는 측면에서 비물질노동으로 범주화할 수도 있다[5]. 이에 대한 반응으로 돌봄노동의 '유급화' 전략이 국가의 사회복지정책 후퇴와 함께 나타났다. 하지만 돌봄노동의 유급화는 노동시장에서 여성노동이 저임금화되면서 돌봄 노동자에 대한 착취로 나타난다(Bubeck, 1995). 또한 돌봄의 문제는 여전히 남성은 논의대상에서 빠진 채로 여성의 문제로 논의된다. 재생산노동의 신국제분업의 맥락에서 전지구적으로 돌봄의 연쇄(care chain)[6]가 사회적 문제로 대두하고 있는 것도 공동체 성원 모두의 돌봄이 필요함을 시사한다(Ehrenreich · Hochschild eds, 2003; 파레냐스, 2009). 이러한 돌봄의 연쇄는 국가 간 경제적 위계 뿐만 아니라, 여성 사이의 위계 문제를 제기한다. 따라서 누가 돌보느냐의 문제는 그만큼 사회적 위계구조의 맥락에서 논의되어야 할 의제인 것이다.

한편 이러한 공동체 돌봄에 대한 논의를 비판적으로 바라보는 입장은 신자유주의 흐름 아래에서 공동체 역시 국가와 시장에 의해 포섭될 가능성에 대해 우려한다. 신자유주의 흐름 아래에서 세계은행 같은 자본의 국지적 대표체들은 다양한 사회적 관계, 관습, 연줄망을 포

---

5) 돌봄노동의 비물질적인 가치 생산의 측면에 대해서는 다음을 참고했다. 질 들뢰즈 외(2005), 『비물질적 노동과 다중』, 서창현 외 옮김, 갈무리.

6) 노동의 시장 경제의 세계화로 인해 재생산 노동은 3단계로 이전된다. 돌봄의 연쇄는 먼저 선진국 특권계급 여성이 필리핀 등 후진국 이주 가사노동자의 서비스를 저임금으로 구매하는 가운데 동시적으로 후진국 이주 가사노동자는 본국에 남아 있는 더 낮은 임금의 가난한 여성의 서비스를 구매하는 연쇄적인 관계다.

괄하는 사회적 자본(social capital) 또는 비공식적 섹터(informal sector)를 육성시킨다는 미명 아래, 사회복지 비용의 축소가 초래할 수밖에 없는 약자들의 고통을 그 약자들이 속한 공동체로 전가하려 하고 있다. 사회적 자본에 입각한 사회 정책이 빈곤을 초래한 구조 자체를 건드리지 않고 그 부담을 지역 공동체로 전가하려 할 때 여성이 책임져야 할 부담이 두 배, 세 배로 늘어날 수밖에 없다(서영표, 2009).

또한 새로운 농촌 패러다임의 변화를 신자유주의적 통치성 개념을 통해 비판하는 논의도 있다(Herbert-Chershire, 2000; Herbert-Chershire · Lawrence, 2005; Agrawal, 2005; 허남혁, 2008; 허남혁, 2009). 이 논의들에 따르면 최근 세계화와 농업 개방 시대를 맞이하여 벌어지고 있는 새로운 농촌개발 관련 사업들 – 어메니티 개발과 그린투어리즘, 마을만들기, 도농교류, 농촌사랑운동과 1사 1촌 운동, 지역농업 클러스터 사업, 기업가적 농민 양성 – 은 자율과 혁신, 시장과 경쟁이라는 신자유주의적 통치성으로 개념화할 수 있다(허남혁, 2008). 이 주장들에서 공동체로 지칭되는 마을이라는 공간은 대안 운동이 가능한 새로운 공간이 아니라, 신자유주의적 통치성이 발현되는 공간이다. 국가는 친밀한 통치가 아닌 거리를 두는 전략을 통해, 주민들 내부에서 지배와 통치가 일어나게 한다. 따라서 농촌 마을은 하나의 통치 수단이며, 국가의 새로운 농촌개발 정책을 통해 젠더 관계를 비롯하여 내부 위계가 다층적으로 나타나는 공간으로 볼 수 있다.

Ⅳ. 마을만들기에서 여성 노동

1. 봉사와 착취의 경계

운산마을의 마을만들기는 2002년 마을 앞 공터에 마을회관을 주민들의 힘으로 조성하면서 출발했다. 마을회관을 새로 짓기 전 마을 광장은 컨테이너가 방치되어 있었고, 마을회관 건물 자체가 없었으며 도로가 제대로 정비되지 않았다. 하지만 지금은 마을회관 건물을 비롯해, 쉴 수 있는 정자나 평상을 만들고 솟대를 세우는 등 마을 경관이 많이 바뀌었다. 이러한 노력은 마을 주민들이 기금을 마련하여 성사된 것이며, 이를 계기로 마을 주민들이 모일 수 있는 장소가 조성되었다. 보통 마을회관이 행정적 지원을 받아 건축되는 것과 대조적이다. 특히 마을회관 안에는 부엌과 방 3개를 만들어 기초생활수급자 노인들에게 점심을 제공할 수 있는 공간이 생겼다. 그리고 2007년부터는 자가용을 살 형편이 안되는 주민들을 위해 담양군에 건의해서 공영 버스가 마을회관 앞까지 들어올 수 있게 되었다.

이러한 사업들을 구상하고 실행한 주축은 귀향인 남성들이었다. 이 과정에서 귀향인 남성들과 토착인 남성들 사이에서 갈등이 있었는데 이러한 갈등은 주로 귀향인 남성들이 이장직을 중심으로 권력을 잡는 것을 둘러싼 세력 다툼 때문이었다.7) 이때의 갈등을 절정으로 그 이후 젊은 귀향인들의 이주가 늘어나고, 귀향인들이 마을회관 건축과 도로 포장 등과 같이 눈에 보이는 성과를 보여주면서 마을에서 핵심세력으로 부상하게 되었다. 현재는 직접적으로 갈등을 빚었던 토착민들이 마을 내 소수 세력으로 방관자 입장에 있다.

현재 이장은 앞서 귀향한 친구(전(前)이장이며 현 행복마을 추진위원장)의 소개로 귀향했고, 귀향 전에는 오랫동안 노동운동에서 중요한 역할을 했던 이력이 있다. 지금은 국가나 자본가라는 대항세력을 설정하고 권력 탈환을 목적으로 하는 운동 방식에 대해 불만을 가지고 있

7) 이 갈등은 토착민 출신으로 오랫동안 이장을 하다가 물러난 마을 남성이 마을 정자 앞에 비석을 파손하는 사건으로 폭발했다. 마을에서 남성 '어른'들의 공간으로 사용되는 정자의 경우 2002년에 부녀회를 비롯한 마을 주민들 및 주민 자녀들의 기부를 받아 건축했는데, 이를 기념하기 위해 정자 앞에 기부자 이름을 새긴 비석을 세웠다. 그런데 이에 불만을 품은 토착민 남성이 이 비석을 파손한 것이다.

표 5. 마을만들기 과정 개괄

년 도	내 용	주체 및 지원처
2003년	유산각(정자) 건립	군 지원, 주민기부
2004년	용산골자연학교 개교	자연과 함께하는 사람들, 용산골 한마음회, 동문회
	정월대보름 축제 시작	주민 주도, 시민단체 지원
	마을회관 건립	수변구역 기금, 주민기부
	공영버스노선 유치	주민 건의로 연장됨
2005년	우리콩 영농조합 설립(된장, 간장)	조합원 5명
2008년	용산골우리학교 개교	용산골 한마음회
	백중제 시작 (음력 7월 15일)	주민 주도, 시민단체지원
	녹색농촌체험마을사업 집행 한지공방, 방문자 센터(대통사랑채) 건립	농림부 2억 지원 받음 농협중앙회, KT노조, 마을 등 1억 (대통사랑채)지원
2009년	'운수대통마을'이라는 마을브랜드로 체험, 교육, 식품가공품 생산 시작	우리콩영농조합법인 주도
2010년~	3년 동안 산촌 생태마을 조성 계획	산림청 15억

고, 의식과 생활양식을 바꾸어 나가며 새롭게 삶을 만들어나가는 운동을 지향한다. 그는 이상적인 농촌 마을로 전통사상에서 나타나는 '대동(大同)' 사회에 대한 희망을 품고 있다. 또한 그는 소신이 강하고 원칙론적인 태도를 가지고 있으며 이러한 생각을 실행에 옮기는데 있어서 마을을 중요한 활동무대라고 평가한다. 또한 현 이장은 지역 명망가로서 시민사회단체와의 연대 및 교류를 통해 사회적 자본 및 경제적 자본을 끌어 모으는 데 있어서 결정적인 기여를 했다.

이러한 현 이장의 이상주의적이고 공동체주의적인 지향은 마을만들기에서 때때로 주민들과 갈등을 빚기도 한다. 주민들이 마을만들기에 자발적으로 참여하는 동력은 이장이 생각하는 '공동체' 정신보다는 참여 과정에서의 재미, 도로를 비롯한 마을 경관의 변화, 경제적 소득에 대한 기대심리 등의 실리적인 요인이 주를 이루기 때문이다. 반면에 주민들 중 다수는 생계문제를 크게 느끼고 있으며, 농사 등으로 바쁜 한철을 보낸다. 따라서 주민들의 참여를 유인하거나 제한하는 요소는 경제적인 맥락 속에서 살펴볼 필요가 있다. 주민들 다수는 이장의 이상적인 생각들에 대해서 토착민들은 '도시에서 살다 온 엘리트의 이상(理想)'일뿐 현실에서는 실현 가능하다고 생각하지는 않는다. 또한 '이장이 도시에서 교사생활을 하는 부인 덕에 경제적인 문제에서 일정 정도 벗어나 있기 때문에 마음 편하게 꿈꾸면서 살 수 있다'고 말하기도 한다.

> 우리 이쪽 구조가 처음에 뭐냐면 현재 상태에서 시골에서 자급자족하는 사람이 없어요. 다들 그 사람들은, 표현이 어쩔랑가 모르겠는데, 경제적인 부분이 책임감이 없기 때문에...[공동체 운동도 하는거예요.] (사례 h)

〈사례 h〉의 경우처럼 마을 주민들의 다수가 생계를 위해 식당, 농사, 축산 일을 모두 병행하고 있는 상황에서 마을만들기 활동 때문에 일이 많아지는 것을 부담스러워 한다. 그리고 마을 일을 할 때는 금전적인 보상을 해줘야 주민들의 참여를 유도할 수 있다고 말한다.

이러한 간극은 마을 커뮤니티 공간이나 돌봄 체계를 만들려는 이상과 현실 실행 과정에서 나타나고 있다. 구체적으로 국가생활보호대상자를 대상으로 한 정부가 비용을 지원하는 노-노(老-老) 돌봄 서비스의 일환인 점심식사 당번과 관련된 갈등이 있었다. 복지 수혜자들은 여성들의 노동을 국가에서 제공하는 서비스이며 임금을 받는 노동으로 간주한다. 반면에 부녀회원들은 어르신들이 반찬투정을 한다던가, 반찬 가짓수가 한두 가지만 줄어들어도 돈의 행방을 의심하기 때문에 고생한 만큼 인정받지 못한다고 느낀다. 또한 10명이 넘는 사람들의 식사를 '매일' '정해진 시간'에 해야 하는 일이기 때문에 시간 척도로 노동량을 측정할 수 없다. 이렇게 적은 돈을 받고 '봉사'정신이 필요한 일임에도 불구하고 가사노동이 평가절하 되는 사회적 맥락 때문에 그 노동의 가치를 인정받지 못하는 것이다.

> 마을 사람들 있으면 정확하게 계산해서 해주고 정기적으로 해야된디, 워낙 우리 이장이 금전적 이런 부분에 희박한 개념을 갖고 있으니까. 거의 **나눔**[의 의미로 하는거지] 이렇게 뭐 거래[일을 하면 정확하게 화폐로 계산해주기]야 이렇게 한디 현실적으로 살아가는 사람은 그게 안 되거든. 그래서 오히려 힘 빼는 경우가 많지. 마을 일 할 때 일당 쳐서 딱 줘 불고 그러면 정말 편하게 순조롭게 가는데 뭐 그냥 와서 **봉사** 이런걸 봐 브니까 이게 한 두 번이지 이렇게 일 많은 상태에선 안 된다. 그리고 마을 사람들이 정확하게 마을에서 지금 뭘 하고 있는지도 정확하게 느끼지 못하거든. (사례 h) (강조는 연구자)

위 사례에서 드러나듯이 마을만들기를 주도하는 지도자가 강조하는 나눔과 봉사 정신은 이 경우 여성들의 무임 노동을 통한 착취를 은폐하는 기제로 작동하고 있다. 임시방편으로 이장은 부녀회원들이 돌아가면서 하도록 순번을 정했으며, 도시에 직장을 다니는 여성은 주말에 하도록 강제했다. 이는 일-가정 양립의 어려움을 느끼는 직장여성에게 삼중고로 작용하기도 하며, 결국은 2명의 부녀회원이 돈을 받고 일을 하는 것으로 결정되었다. 결국 여기서도 경제적 동기부여가 여성의 참여에 중요한 동기임을 알 수 있다.

한편 마을의 고령인구를 돌볼 수 있는 일꾼은 여전히 부족하며, 복지서비스를 제공해야 할 국가는 돌봄 역할을 마을 내에 상대적으로 젊은 여성노인에게 전가시키고 있다. 하지만 이러한 돌봄이 마을의 재생산에 핵심적인 부분이며, 이제 기존의 가부장제의 핵가족체계로 이 문제를 해결할 수는 없다. 이는 마을 내부의 관계성 즉 의사소통의 문제다. 누가 돌보는가의 문제는 권력관계에 대한 물음과도 연결된다.

현재 사회의 권력구도 속에서 재생산이 생산에 비해 가치 절하되는 상황에서 상대적으로 약자의 위치에 놓인 사람이 사적인 돌봄을 담당하게 된다.

따라서 사적인 해결이 아닌 남녀 모두가 돌보는 '돌봄의 사회화'가 형성될 필요가 있다. 돌봄을 사회화하는 것은 단순히 가정이라는 사적영역에서 이루어지던 돌봄을 국가나 시장이 맡는 것을 의미하지 않는다. 여기서 '사회화'의 의미는 '돌봄이 필요한 사람들에게 돌봄을 분배하는 것'이다(허라금, 2006). 이는 구체적으로 돌봄을 담당하는 사람들을 착취하지 않으면서 돌봄의 가치를 사회적으로 중요한 하나의 목표로 인식하는 사회를 구상하는 것이다. 그러한 돌봄의 형태로 가장 적합한 것은 소규모 공동체가 돌보는 것이다. 이러한 공동체에서 돌봄 제공자는 동시에 돌봄의 수혜자가 될 수 있다. 돌봄은 더 이상 스스로 돌보는 것이 불가능한 사람을 돌보는 활동이나 복지와 같은 협소한 개념이 아니라 '서로를 돌보는' 의미로 확대된다.

2. 고향이라는 목가적인 담론을 통한 장소마케팅과 여성 참여

촌락 공간은 대개 도시적 삶의 속도와 활동과 대비되어 '자연적인' 혹은 순수한 환경으로 재현된다. 따라서 촌락은 도시적 삶의 억압적 양상으로부터 해방된 일종의 도피처로 인식된다. 촌락에 유토피아적 공간을 건설함으로써 대안적 삶의 양식을 추구하려는 급진적 운동이 오래전부터 나타나기도 했고, 촌락은 대개 다양한 종류의 편안함과 휴식을 제공하는 여가공간으로 간주된다. 그러나 동시에 촌락 경관은 중요한 생산의 공간이자 일터이기도 하다. 촌락공간이 이용되는 다양한 방식으로 고려해볼 때, 이질적인 활동 사이에서 갈등이 발생하기도 하고 경관에 대한 외부의 압박이 심하게 나타나기도 한다(발렌타인,

2009: 319). 그리고 농촌의 빈곤을 은폐하는 것은('가족', '공동체' 건강에의 이로움과 같이 중간계급의 촌락 이미지와 같은) 촌락 생활에 대한 목가주의다(Cloke · Jo eds, 1997).

운산 마을은 '후덕한 인심과 시골의 정갈스러운 맛'이라는 남도의 이미지를 강조한다. 이는 '얼이 살아있는 공동체'를 지향하는 마을 기치에서 발견할 수 있다. 마을터가 고광순 의병장이 처음 출병을 모의했던 본영터였다는 역사적 사실과, 한승호 명창의 태생지였다는 사실은 마을의 '얼'을 이야기하는데 있어서 중요한 문화적 자원이다. 이러한 역사적, 문화적 자원들은 의향과 예향의 정기를 바로 세우는 노력으로 혼이 살아있는 마을, 생명과 함께 평화가 넘치는 평화마을, 문화가 살아있는 풍류마을만들기라는 일종의 장소마케팅에 있어서 중요한 근거가 되고 있다. 또한 농촌의 생활문화의 예 중에 하나였던 마을에서 전통적으로 내려오는 당산제와 화전놀이 등을 복원하려는 노력 역시 목가적인 마을 이미지를 통해 농촌관광 콘텐츠를 만들려는 일환이다.

운산 마을은 정부가 지원한 녹색농촌체험마을사업비를 통해 2008년에 한지공방과 민박시설을 한옥으로 건축했다. 이 공간들은 현재 백중제나 정월대보름 축제에 오는 도시민들에게 부채만들기, 팽이만들기 등을 체험하게 하는 공간으로 활용하고 있다. 이는 농촌에 대한 목가주의를 그린투어리즘[8)]과 결합시킨 것으로, 현재 한국 사회의 농

8) 그린 투어리즘(Green Tourism)이란 원래 나무가 푸르게 우거진 전원에서 즐기는 관광을 말하며, 주로 농촌지역과 농가를 목적지로 하는 관광을 의미하는 것으로 알려져 왔다. 한국 사회에서는 농촌의 쾌적한 자연환경 속에서 전통문화와 농촌생활을 체험하고 익히며, 전통음식을 즐기는 체험관광의 의미는 크다. 한편 그린 투어리즘은 환경오염을 일으키지 않고 자연의 부담을 최소화하는 '에코 투어리즘(Eco Tourism)'과는 약간 구분해서 사용할 필요가 있다. 볼거리와 체험관광을 위한 토목 중심의 경관조성사업 등에서 에코의 의미는 축소되기 때문이다. 예를 들어 최근 광주

촌 경관은 이러한 사업유형이 지배하고 있다. 하지만 관광은 동질화하는 힘이며 그 결과로 국지적, 지역적 경관은 파괴되고 무장소적 공간이 남게 된다. 이러한 경관은 '타자 지향 건축물'이라고 부른 것으로 전형화 될 수 있는데, 이 건축은 의도적으로 외부인, 구경꾼, 통행인, 무엇보다도 소비자를 지향해서 지은 것이다. 이런 건물들은 그 안에서 살아가고 일하는 사람들에 대해서는 거의 아무 것도 말해주지 않는다(렐프, 2005: 203-204). 하지만 이러한 경관에 '얼'과 정서를 불어넣는 주체는 대부분 여성들이다.

녹색농촌체험마을사업의 산업적 성격은 행사의 규모가 커지고 방문객이 늘어남에 따라서 강화된다. 늘어나는 방문객들을 감당하기 위해서는 더 철저하게 체험프로그램을 기획하고, 이후에도 방문객들을 관리하는 노력이 필요하다. 또한 방문객들에게 판매할 농산물 및 가공품들은 지역에 풍부한 자원을 바탕으로 지역 담론 생산을 통해 브랜드화한다. 도시민을 손님으로 맞아들이고 그들에게 농촌에서의 추억을 만드는 활동은 농업만으로는 살아남기가 힘겨운 농촌에서 생존을 위한 산업이다. 더 나아가 그 성격이 재미를 주는 것 뿐만 아니라 위로와 안정, 보살핌 같은 다양한 정서가 팔린다는 점에서 위로 산업(care industry)'[9]으로도 규정할 수 있을 것이다.

전남지역에서 4대강 살리기 명목으로 진행하고 있는 '영산강 뱃길 복원' 사업의 경우 형식상 그린 투어리즘에 가까워 보이지만, 더 엄밀히 말해서 청계천 '복원'사업과 마찬가지로 '신개발주의(홍성태, 2004)' 사업의 전형일 뿐이다.

9) 위로 산업은 외로운 인간을 대상으로 하는 엔터테인먼트 산업(성 산업도 이 산업에 속한다)의 다른 명명이다. 엄기호(2009)는 자신의 책에서 "과거에는 이러한 엔터테인먼트 산업을 향락 산업이라고 불렀지만 사랑마저도 소비되는 신자유주의 시대에는 'care industry'를 차라리 위로 산업이라고 부르는 게 더 맞아 보인다"고 말한다. care는 일반적으로 '돌봄'으로 번역되지만, '돌봄 산업'이라고 번역했을 경우 시장화, 사회서비스화된 돌봄노동을 매개로 한 산업형태만을 지칭하는 협소한 의미만을 전달할 수 있다.

상품뿐만 아니라 정서를 함께 판매하는 특성은 마을의 영농조합 사업에서도 나타난다. 영농조합에서 판매하는 유기농 콩으로 만든 된장과 간장은 우리나라의 대표적인 향토 음식이며 참살이 시대에 각광받는 대표적인 슬로푸드다. 된장은 제조 과정에서 전문 지식과 숙련된 경험을 요구하기 때문에, 특히 할머니들의 토착 지식과 손맛이라고도 할 수 있는 손노동이 중요한 역할을 한다.[10)] 단순히 된장만을 판매하는 것이 아니라, '정성'과 고향의 정서를 함께 파는 것이다.

무엇보다도 영농조합의 된장 장인으로 불리는 〈사례 마〉는 지도자들이 강조하는 목가적이고 향토적인 이미지를 현실에서 구체화하는데 있어서 중요한 역할을 한다. 〈사례 마〉의 '손맛'으로 통하는 전문 토착지식을 활용한 노동을 포함하여, 농촌체험과 판매 현장 등에서 〈사례 마〉가 직접 된장 만드는 과정을 설명하는 노동을 함으로써 도시민들의 신뢰감을 높이는데 기여하고 있는 것이다. 조합을 찾는 많은 사람들이 된장을 담그는 〈사례 마〉의 명성을 듣고 찾아오며, 된장뿐만 아니라 산야초 등등의 구입을 의뢰하기도 한다. 실제로 서울에서 한살림이 주최한 상품전시회에 〈사례 마〉가 참여한 이후로는 사례 마에게 된장에 대해 질문하는 전화가 많이 온다고 한다.

'위로 산업'이라는 번역 역시 현대사회의 모순과 병폐라는 부정적인 요소에 대한 방어적인(혹은 치료적인) 역할을 하는 산업이라는 느낌이 강하다. 이는 care의 좀 더 생산적이고 긍정적인 효과를 축소할 위험이 있다. 앞으로 이 산업에 대한 구체적인 연구가 나온다면 좀 더 적절한 번역어를 찾을 수 있을 것이다. 개괄적인 설명은 엄기호(2009), 76-77쪽을 참조하라.

10) 영농조합 홈페이지에서도 제조 과정이 정성과 손노동이 많이 들어간다고 설명한다. '○○○된장은 조합원들이 친환경 인증을 받아 직접 재배한 콩을 무쇠솥에 장작불을 지펴 유기농으로 농사지은 볏짚을 깔고 황토방에서 건조 발효시킨 후 숨 쉬는 전통 항아리에서 자연 숙성하여 정성을 다하여 만들었습니다.'

> 다른 사람이 전화 받으면 할머니 [전화] 바까달라고 한다 그래. 그때 행사장에 나온 고운 할머니 바꿔달라고 [웃음] 오늘은 뭔 사람이 와서 뭔 소리를 하고 가는지, 또 내일은 무슨 사람이 와서 뭔 소리를 하면 뭇이 재밌고 [⋯]. (사례 마)

또한 서울을 비롯해 먼 곳에서 직접 된장을 제조하는 시설을 구경하러 오는 사람들도 많아졌다. 할머니는 오랫동안 남편의 가정폭력에 시달려왔으며 자신의 일을 인정받을 기회가 거의 없었다. 하지만 조합 활동을 통해 토착지식을 사회적으로 활용하고 있으며, 명망도 얻게 되면서 자신의 일에 자부심을 가지게 되었다. 이렇게 할머니는 자신이 살아오면서 익힌 토착지식에 대해 자부심을 가지고 있으며, 된장을 홍보하고 판매하는 경험을 통해 자신감도 향상되는 경험을 하고 있다.

> 면담자: [⋯] 할머니는 힘드셔도 그런 재미가 있죠? 외부 사람들이 오면 내가 만든 된장 먹어주고 맛있다 해주고..
>
> 사례 마: 그러지. 긍께 사람이 그게 서운한 뭣을 다 채워주는 거 같애. 내가 가만히 생각 하믄 저녁에 가서 다리 쭉 뻗고 텔레비전 브면서, 야~ 오늘 어찌고 살았냐 내가. 그래도 보람은 있다. 내가 마음은 편하다.

하지만 본인의 기여를 인정받으면서도, 다른 한편으로 이러한 이미지를 구축하기 위해 할머니의 과중한 노동이 필요하다. 영농조합에서 이러한 노동을 주로 담당하는 두 할머니의 경우 형식상으로는 조합원이 아니며 아들, 딸이 조합원으로서 초기 사업부터 참여했다. 무엇보다도 조합원들은 전문토착지식이 있는 〈사례 마〉의 참여를 딸과 사위에게 적극적으로 권했다고 한다. 하지만 전문토착지식이 필요하지 않은 단순 손노동도 두 할머니가 해결한다.

현재 자녀들을 비롯해 조합원들은 모두 '바쁘며', 전문토착지식이 떨어지기 때문에 된장을 제조하는 일은 두 할머니의 몫이 되었다. 실제로 연구자가 마을을 방문했을 때, 콩 고르기, 된장 포장하기 등등을 모두 수작업으로 하는 할머니들의 모습을 쉽게 볼 수 있었다. 더욱이 도농 교류나 체험프로그램을 통해 마을 방문객들이 급증하면서 조합에서 만든 방에서 거주하는 사람들이 많아졌다. 이 경우 손님맞이 청소를 비롯해 뒷정리를 하는 일 역시 사무실을 관리하는 할머니의 몫이 되었다.

> 사례 마: 긍께 어머니가 있어야 한다 그래.
> 면담자: 그럼 어떻게 그런 거를 다 관리하시고, 여기 사무실 청소도 다 하시고,,.
> 사례 마: 사무실 청소 만이여? 불 때다 말고 가브러. 그러면 그거 걷어 넣야지. 또 가서. 걷어놓고 집에를 가야지 그럼. 우리가 늦게라도 와요 그러믄 늦게라도 오믄 불이다 꺼진디.
> 면담자: 방이 따뜻하더라구요. 언제 불을 때셨대요?
> 사례 마: 방이 뜨뜻해? 어제 ○○○ 그 사람들 여기에서 자고. [가고 나서] 청소[도 하고] 어저께 아침에는 [그 사람들]올지 생각도 안 했어. 청소를 혼자서 싹 했어. 그래놓고 있었더니 점심 때 돼서 왔다고 그려. 그래서 뭐시 와야?
> 면담자: 얘기도 안 해주시는 구나 이장님이. 온다 어쩐다...
> 사례 마: 전화도 잘 안 혀. 오면 나만 바빠 디지제.
> 면담자: 여기서 불을 때세요? 이 방?
> 사례 마: 아궁이 있어. 메주 말리는 발효시키는 요 가운데 것만 기거든. 이불 다 깔고 다해서 해놨더니 오메 방이 뜨거와서 다른 이불을 다 내 가지고 또 깔았는가벼...
> 면담자: 그런 관리를 할머니가 다 하시는 거 무리다 무리...
> 사례 마: 그니까 내가 어쩌끄. 냅뒀어 그냥.

이 대화 속에서 〈사례 마〉는 조합 내 중요한 정보에 거의 접근하지 못하고 있다. 〈사례 마〉는 시간으로 환산되지 않는 노동 조건 때문에, 노동의 양적 착취에 더욱 취약하다. 그럼에도 조합이 아직 적자를 면치 못하는 상황에서 정당한 임금이나 할당량을 요구할 수 없다. 즉, 조합의 은영과 수익을 위해 〈사례 마〉의 희생이 요구되고 있다. 하지만 사례 마는 영농조합에서 핵심적인 역할을 하고 있으며, 동시에 전문토착지식을 사회적으로 활용할 기회를 얻었다. 따라서 이러한 참여에 대해 개인적으로 큰 의미를 부여하고 있으며 성취감도 느끼고 있지만, 다른 한편으로 건강상의 문제가 발생하는 등 노동 착취 상황에 쉽게 노출된다는 점에서 양가적인 경험을 한다.

3. 친환경농업으로의 전환에서 숨겨진 비용: 여성의 손노동

현재 운산마을의 농지면적은 논 32.29ha, 밭 25.06ha로, 마을면적의 80% 이상은 친환경농지다. 산촌의 특성상 근거리인 광주보다 아침 기온이 5-6℃ 정도 서늘하고 일교차가 심한 지역이기 때문에 작물이 자라기 좋은 환경이다. 그 만큼 영양이 많고 작물이 튼튼할 수 있기 때문이다. 특히 물 빠짐이 좋기 때문에 콩 재배에 알맞은 토양이다. 마을 주민들 대부분은 벼나 콩 등의 단일 작물을 주로 재배했었다. 이마저도 마을의 고령인구가 증가하면서 쉬는 땅이 많았다. 하지만 귀향인들이 들어오면서 유기농업 마을에 대해 구상하기 시작했고, 유기농 콩을 재배하려는 노력을 시작했다.

하지만 현실적으로 농사가 미숙한 귀향인들이 지역에서 잘 자라는 콩을 재배하려고 했을 때, 다양한 작목을 재배하는 것이 어려울 뿐만 아니라, 현실의 농촌에서 품앗이 등의 협동농업 형태가 거의 사라진 현실에서 잔손질이 많이 드는 유기농법을 실천하는 것은 매우 어려웠다. 또한 친환경농법을 넘어 '자연농법(태평농법)'을 실험하고자 하는 움직임도 있었지만, 몇 번의 실패를 경험해야 했다. 귀향인들은 유기농업의 특성상 지역 전체가 제초제를 쓰지 않는 방식의 협업이 필요하기 때문에 친환경농법에 대해 홍보하고 협조를 요청하지만, 실패 경험만으로는 사람들을 설득하기 어려웠다. 또한 여러 번 마을 내부에서 '농약 없는 마을' 만들기를 위해 우렁이농법을 홍보하는 등의 노력이 있었지만 손이 많이 간다는 인식 때문에 사람들을 설득하기는 더욱 어려웠다. 하지만 면 행정단위에서 우렁이를 공짜로 배포하고 나서, 그 효과를 확인한 농민들은 유기농은 아니더라도 '무농약' 재배에 합의해 가고 있다.

친환경농업은 귀향인들이 추진한 중요한 마을 사업이지만, 이를 실현시키는데 있어서 여성 손노동에 대한 농사 의존도는 매우 높다. 그 이유로 콩을 유기농으로 대규모 재배할 경우 잡초 제거 등 손이 가는 일이 많은데, 농촌의 성별분업에서 밭농사는 주로 여성들이 담당하기 때문에 여성노동력 동원이 필수적이다. 특히 유기농법으로의 전환과 같이 농업변화에서 숨겨진 비용은 여성의 시간, 건강, 자율 및 고된 일에서의 비용을 높인다(로빈스 2008: 127). 이렇게 친환경농업의 실천에서 성별요소가 강조되는 것은 친환경농업의 노동특성, 즉 잔손질 노동과 보살핌 노동 같은 여성적 특성과 무관하지 않다(허미영, 2006). 하지만 저임금 때문에 여성노동자를 구하기가 쉽지 않기 때문에 마을 내에서 한 부농의 경우 내부에서 일할 여성들을 구할 수 없어 다른 마을에서 돈을 주고 인부를 고용하기도 한다.

한편 친환경농업에서는 생산뿐만 아니라 유통과 마케팅의 역할이 중요하다. 농산물의 생산과 함께 1차생산물을 가공하고, 생산품을 안정적으로 판매할 판로를 확보하는 것이 수익과 직결되기 때문이다. 농산물의 판로는 농촌의 경제에서 아주 큰 비중을 차지하며, 직거래 체계를 구축할 경우 과도한 물류비용을 절감할 수 있다. 그래서 2005년에 메주, 된장, 간장 등을 생산하는 영농법인을 설립했고, 이를 토대로 지역에서 생산한 콩을 영농조합에서 수매하고, 간장이나 된장으로 가공하여 생협 등의 소비자 조직과 직거래하는 체계를 마련했다.

표 6. 우리콩영농조합법인 연혁

년도	내용
2005. 1.	우리콩영농조합법인 설립(조합원 5명) 1톤의 된장과 간장 담음
2006. 9.	친환경농산물 인증(저농약 24,682㎡, 무농약 26,405㎡)
2006.10.	콩6톤으로 메주 가공(4천개)
2006.11.	공장 부지 매입
2007. 2.	메주건조장 건립
2007. 3.	된장, 간장 12톤 담음
2007. 9.	식품제조시설 건립(조합원 8명)
2008. 5.	발표시설 완공, 공장 기공식

이 법인은 처음 출발할 당시에는 5가구의 조합원으로 출발했다. 영농조합은 사업적인 측면에서 안정적인 판로가 없다면 위험성이 크며, 초기 출자금 등 거액의 투자 비용이 들어가기 때문에 마을 사람들 다수가 참여하는데 있어서 경제적으로 한계가 있다. 조합원으로 등록한 사람은 모두 귀향인들이었으며, 또한 대규모 콩농사를 할 수 있는 부지를 확보하고 있거나, 영농조합 일이 생업이 아닌 부농들이다.

이는 마을의 대다수를 이루는 빈곤한 여성 노인의 참여를 의도치 않게 배제하는 결과를 가져왔다. 투자액이 큰 반면 수익률이 단기에 발생하기 않고 장기적인 기반 투자가 중요한 농촌 사업들의 특성상 투자 자본을 가지지 않은 빈곤층은 참여하기 어려운 것이다. 하지만 다음에서 살펴보겠지만 영농조합의 운영에 있어서 농작물 생산이나 가공에서 여성 농민들은 중요한 노동력으로 기여하고 있다.

4. 정책입안자와 실행자의 분리: 변하지 않는 성별분업

녹색농촌체험마을 사업은 정부의 농촌 정책의 새로운 패러다임을 반영한 것으로, 형식상으로는 주민 공모 방식이며, 사업 추진 방식에서도 주민 주도 방식을 강조한다. 내용상으로도 주민 삶의 질 향상의 측면보다는 농외소득 증대를 강조하고 있다. 때문에 예시되는 사업들 역시 도시민을 유치하기 위한 시설들이 주를 이루고 있다. 이렇게 정부가 공모하는 농촌정책 사업에서는 마을의 소수 지도자들이 기획한 내용을 바탕으로 한 사업에 1~2억이라는 거액이 들어온다. 때문에 기획 단계에 참여했던 소수 사람들의 마을 내 목소리가 커질 수밖에 없고, 이러한 소수의 사람들의 기획이 실행에도 그대로 반영되는 경우가 대부분이다. 운산마을 역시 이장을 비롯한 몇몇 운영위원들이 결정권을 가지고 있다. 한편 참여가 얼마나 골고루 분배되고 있는가에 대해서는 새로운 원칙보다는 기존의 성별분업 관행을 대부분 따른다.

하지만 공동노동이 필요한 마을 행사 등에서 여성들의 불만이 많이 표출된다. 최근 마을은 사업 이후 도시민을 대상으로 한 행사의 증가로 몇 달에 한번 꼴로 큰 마을행사가 열리고 있는데, 성별분업의 관행으로 인해 부녀회의 역할이 많아졌다. 식사준비나 뒷정리 등 부녀회의 손이 가는 일이 많음에도 불구하고, 앞에서 언급했듯이 의사결정과정에서 부녀회원들의 목소리가 적극적으로 반영되지는 않는다. 부녀회는 식사준비, 안내접수 등 성별분업 아래에서 여성들의 일로 여겨지거나 단순노동으로 간주되는 가사노동과 돌봄노동을 주로 맡는다. 이러한 일들에 대해 부녀회는 마을에서 벌어지는 큰 행사에 당연히 참여해야 한다는 당위로써 참여하지만, 방문객이 많아지면서 일이 늘어나는 것에 대해 불만을 가지고 있다. 하지만 전통적으로 마을 잔치를 하면 상다리가 휘어지도록 '걸게' 한 상 장만하는 풍습이 있다 보니, 잔치상이 부실할 경우 방문자들은 좋은 대접을 받지 못했다고 느낀다. 당연히 충분한 노동력이 투입되어야 하지만 현실에서는 어려움이 있다.

그리고 이 과정에서 성별분업 아래에서 여성에게 부과되는 돌봄의 역할을 봉사로 볼 것이냐 노동으로 볼 것이냐의 문제가 나타난다. 또 하나의 사례를 하나 들자면, 운산마을에서 면장 회의가 있었을 때 마을에서 생산된 콩을 직접 갈아 면장들에게 콩물국수를 만들어 대접한 일이 있었다. 보통 면장 회의가 있으면 인근 식당을 이용한다고 한다. 하지만 이 경우에는 콩과 관련된 마을 사업을 홍보할 목적으로 마을 안에서 대접하게 된 것이다. 이에 대해 부녀회 회원들은 '처음 있는 일'이라고 말하며 의아해 했고, 이런저런 이유로 손이 가는 일이 많아지는 것에 대해 불만스러워 했다.

이러한 문제에 대해 이장은 주민들의 참여율을 높이기 위해 주민 한 사람 한 사람에게 역할을 부여하면서 불만이 많은 사람들을 포섭하려고 한다. 그 방법으로 불만이 많은 남성들은 노인회장과 같은 '명예직'을 수여한다던가, 마을 장로로 우대해 주고 여성의 경우 부녀회장으로 적극 추천한다. 하지만 노인회장직 같은 경우 의사결정권이 있지만 실질적인 역할이 거의 없는 반면에 부녀회장은 마을에서 자치적인 생활소모임의 성격을 띠는 유일한 모임의 장으로서 마을안살림을 모두 책임지고 있다. 따라서 부녀회장을 맡은 경우, 갑자기 과중한 책임을 떠안게 되는 것에 대해 부담스러워 하거나〈사례 다〉, 부녀회원들로부터는 '자격' 운운하며 원성을 사기도 한다.

> 여기[마을회관] 와서 고스톱 치고 노니까 엄마들이 하면 딱 좋을 거 같아요. 근데 안하시려고 그러니까 또 갑자기 이렇게 젊은 사람들이 많이 들어와서 일이 친환경이랄지 일이 커져서 일이 더 많아진거 같아요. 옛날에는 뭐 부녀회에서 얼마나 일을 했겠어요? 근데 지금은 이제 새로운 모습으로... (사례 다)

> [부녀회장이] 인자 잉 왔다갔다 하면서 부녀회 댕기면서 요로고 심부름을 많이 할려고... 솔선수범을 해서 내가 먼저 뭔 일을 해야 되는 것이여. 근디 생전 여기 마을 일을 안하더만. 왔다갔다 왔다갔다 그것만 할라고 하니깐 뭣이 안돼... 그러니까 부녀회장이 아무튼 부녀회장

이 한 뒤부터 마을이 어째 그냥 뒤죽박죽 되어가꼬 그냥 개판 오 븐전 이여 지금... (사례 바)

〈사례 바〉의 경우 장기간 부녀회장을 하면서 마을 대소사를 담당해왔기 때문에, 부녀회의 의무와 마을에서의 역할에 대해 강조하던서 귀향 온 여성들이 마을 일에 참여하지 않는 것에 대한 불만이 높다. 특히 마을만들기 과정에서 귀향 온 여성들의 남편들이 주도적인 역할을 하고 있기 때문에 더더욱 적극적으로 참여해야 한다고 여긴다.

귀향 온 여성 내부에서도 마을 행사 참여에 있어서 차이가 나타난다. 귀향 과정에서 본인의 의지로 들어온 사례의 경우, 마을 활동의 참여율도 높다〈사례 자〉. 반면 남편의 의사에 맞춰서 귀향한 여성들의 경우〈사례 다, 라, 아〉 대부분은 도시에 직장을 두고 있기 때군에 참여를 하면서도 일-가정 양립의 어려움을 느낀다. 이렇게 아직까지 성별분업이 강하게 존재하는 현실에서 농촌에서는 여성에게 많은 일들이 부과된다. 무엇보다 이러한 노동이 그 가치를 인정받지 못하지만 마을의 유지에 꼭 필요한 노동임을 생각한다면, 여성이 해야 하는 일에서 탈피해서 공동체 구성원들이 모두 함께 하는 일이 되어야 할 것이다. 이러한 갈등 이후 이 마을에서는 뷔페식 상차림으로 낭비를 줄이고 투입 노동도 줄일 수 있었다. 그리고 여성노동에 대한 임금 형태의 보상도 이루어졌다. 하지만 여성이 수행하는 노동에 대한 가치절하와 성별분업의 관행은 변하지 않고 있다. 이 사례에서 볼 수 있듯이 마을 내부의 권력관계 속에서 작동하는 젠더에 대한 감수성의 결여는 지역의 잠재력과 자원을 묵히고 있는 것이며, 지역의 정책적 개입에 있어 효율성, 민주적이고 문화적인 수용성을 상실하게 함으로써, 사회적 비용을 촉발시키고 지역의 문제를 재생산하는 결과를 낳는 문제를 발생시킨다(Aufhuser 외, 2003 김영주 · 김성자, 2007: 15에서 재인용).

V. 결론을 대신하여

이 논문에서는 돌봄체계와 영농조합설립 등을 통해 자생적인 마을 만들기를 실험하고 있는 마을 사례를 살펴보았다. 연구 사례에서는 여성과 남성 사이, 귀향인과 토착민 사이, 경제적 수준 등에 따라 차이의 지형을 그려 볼 수 있었다. 분석 결과 여성들은 돌봄과 같은 사회적 재생산 뿐만 아니라, 친환경농업 등 생산에 있어서도 매우 핵심적인 역할을 수행하고 있다. 하지만 이러한 중요성에도 불구하고 여성들의 노동은 평가절하 되거나 미지불 노동 형태로 나타나며, 주도자들이 강조하는 나눔과 봉사 정신이 이러한 노동 착취를 은폐하는 기제로 작용하고 있다. 문제는 이러한 문제에 대해 임금 형태의 보상체계를 만든다고 해도, 여성노동에 대한 사회적 평가 절하 및 비가시화는 계속된다는 점이다. 특히 농촌 사회에서 가난한 독거노인의 경우 착취의 사각지대에 놓여있다. 따라서 환경농업과 함께 여성 농업인의 지위가 향상되고 있다는 일부 낙관적인 전망은 구체적인 마을 내부의 권력 관계라는 맥락 속에서 더 엄밀히 분석될 필요가 있다.

한편 토목과 '하드웨어' 만들기를 중심으로 한 정부의 마을만들기 사업들이 농촌을 지방색 없이 수익 창출을 위한 빈 공간으로 상정한다면, 여성들은 그 공간에 정서를 불어넣는 역할을 담당하고 있다. 여성의 역할은 녹색농촌체험마을 등 정부의 농촌개발사업에서 강조하는 농촌관광이나 지역 브랜드 가공품 판매 등의 산업적 측면에서도 두드러진다. 여성이 가지고 있는 전문토착지식은 농촌의 목가주의와 결합하여 농촌의 정서를 생산하며, 더 나아가 지역브랜드 이름을 건 가공품 생산 및 판매에 기여한다. 이는 참여 여성에게는 새로운 정체성의 생산의 계기를 제공하며, 농촌의 측면에서는 새로운 활력을 불어넣는 동력이 되고 있다. 따라서 농촌 마을만들기에서 여성 노동의 이러한 긍정성은 살리되, 젠더 감수성을 기르는 노력이 필요할 것이다.

마지막으로 시론적 차원에서 네그리와 하트(1996)가 제안한 '사회적 노동자' 개념을 끌어들여 결론을 대신하고자 한다. 후기산업사회에서 가치는 단순히 공장에서만 생산되는 것이 아니라 일종의 '대중 지성'의 형태로 재생산 영역을 포괄하는 사회 전체에서 생산된다. 이러한 사유에 따라, 임금노동의 범주에서 배제된 자(주부, 실업자 등)들의 노동에 대한 사회적 재평가와 보상을 생각 할 수 있다. 여기서 사회적 보상은 화폐를 통해 자본으로 환원되는 형태(예를 들어 희망근로 상품권)가 아니라 사회구성원 모두에게 혜택이 돌아가는 방향으로 이루어져야 할 것이다.

참고문헌

김대호(2005), 「월선리예술인촌 마을만들기에 관한 연구: 마을만들기 과정에서의 갈등구조와 해결과정」, 목포대학교 대학원 석사학위논문.

김미경 · 김영희 · 서동희(2004), "남녀평등사회 실현을 위한 공동체주의적 접근 - '남녀평등 마을만들기'운동의 제안", 『지방정부연구』 8(3).

김백준(2000), 「마을공동체의 생태친화적 재구성과정에 관한 연구 - 문당리 마을공동체의 사례를 중심으로」, 고려대학교 대학원 석사학위논문.

김영주 · 김성자(2007), 「논산시 살기좋은 지역만들기 "햇빛촌 바람산 마을만들기" 사업의 성별영향평가」, 여성가족부.

김혜민(2006), "농촌마을개발사업의 전개와 주민참여에 관한 연구 - 산청 남사 전통테마마을을 대상으로", 『농촌계획』, 12(3).

라셀 살라자르 파레냐스(2009), 『세계화의 하인들』, 문현아 옮김, 여이연.

박혜련(2002), 「봉암리 마을만들기에 관한 연구」, 서울대학교 대학원 석사학위논문.

안종현(2007). "주민참여에 의한 농촌관광마을 만들기: 장흥군 진목마을을 사례로", 『한국경제지리학회지』 10(2).

안토니오 네그리 · 마이클 하트(1996), "국가와 공공지출", 『디오니소스의 노동 Ⅱ』, 이원영 옮김, 갈무리.

에드워드 렐프(2005), 『장소와 장소상실』, 논형.

엄기호(2009), 『아무도 남을 돌보지 마라』, 낮은산.

유정길(1998), "생태적 지속가능한 사회로서 '계획공동체'의 모색", 『생태위기시대의 공동체운동』, 한국불교환경교육원.

윤형근(2000), "대안공동체와 자치의 사회 미학", 이병철 외, 『생태마을길잡이』, 녹색연합.

이근행(2006), 「한국 공동체운동의 형성과 전개에 관한 연구」, 성공회대학교 대학원 석사학위논문.

이반 일리치(2005), 『그림자 노동』, 박홍규 옮김, 미토.

조한혜정 외(2006), 『가족에서 학교로 학교에서 마을로 — 돌봄과 배움의 공동체』, 또하나의문화.

질 들뢰즈 외(2005), 『비물질노동과 다중』, 서창현 외 옮김, 갈무리.

질 발렌타인(2009), 『사회지리학』, 박경환 옮김, 논형.

서영표(2009), 『런던 코뮌 — 지방사회주의의 실험과 좌파 정치의 재구성』, 이매진.

송미령 · 성주인(2005), "마을개발사업의 성과와 주민참여의 관계 분석", 『한국지역개발학회지』17(4).

신필식(2007), 「환경농업 도입지역 여성농업인의 농업 양상과 성평등 의식 변화에 관한 성 분석 및 생태여성주의적 분석 — 충청남도 홍성군 홍동면 사례로」, 서울대학교 대학원 석사학위논문.

폴 로빈스(2008), 『정치생태학』, 권상철 옮김, 한울아카데미.

허남혁(2008), "농업 · 농촌의 신자유주의화와 농민운동의 대응 — '통치성'과 '스케일의 정치' 관점에서", 「한국공간환경학회 2008년 춘계정기학술대회 자료집」.

______(2009), "신자유주의 시대의 농업 · 농촌정책과 '영역적 통치성'의 작동 — 지역브랜드화, 농촌마을개발, 로컬푸드 사례를 중심으로", 「한국농촌사회학회 2009년 정기학술대회」 발표문.

허미영(2002), 「환경농업과 여성노동」, 부산대학교 대학원 박사학위논문.

허미영 · 공미혜(2007), "농촌마을 활성화와 성별요인 — 농촌건강장수마을사업을 중심으로", 『농촌사회』 17(2).

허라금(2006), "보살핌의 사회화를 위한 여성주의적 사유", 『한국여성학』 22집.

황선애(2004), "독일 생태공동체의 가족과 젠더 – ZEGG 공동체와 니더카우풍엔 공동체를 중심으로", 『독일어문학』 27(12).

홍성태(2004), "청계천 복원사업과 청계천의 파괴 – 이명박 시장의 신개발주의와 이익의 정치", 『경제와 사회』 제63권.

Agrawal, Arun(2005), *Environmentality – Technologies of Government and the Making of Subjects*, Duke University Press.

Bubeck, Elisabet Diemuty(1995), *Care, Gender and Justice,* Clearendon Press.

Cloke, Paul J · Little, Jo eds.(2007), *Contested countryside cultures: otherness, marginalisation, and rurality*, Routledge.

Ehrenreich, Babara · Hochschild, Arlie Russel eds.(2003), *Global Woman*, Metropolitan Books.

Herbert-Chershire, Lynda(2000), "Contemporary strategies for rural community development in Australia: a governmentalist perspective", *Journal of Rural Studies* 16.

Herbert-Chershire, Lynda · Lawrence, Geoffrey(2005), "Neoliberalism, individualism and community; Regional restructuring in Australia", *Social Identities* 11(5).

〈참고자료〉

「운산마을 녹색농촌체험마을 사업 계획서」, 2008.

〈신문자료〉

담양신문 2007.1.5.

한겨레 2007.1.25.

시민의 소리 2007.2.22.

광주드림 2008.8.19.

박주희: 생태주의를 포함한 대안운동, 페미니즘적 관점에서 재생산 노동의 가치화 문제, 소규모 마을이나 코뮨의 공간 정치 등에 관심을 가지고 있다.
caneland@hanmail.net

6장

자본주의 사회에서 가출 청소녀들의 삶과 노동*

추주희

I. 가출청소녀를 대하는 우리의 자세

우리는 가출한 청소녀[1])를 어떻게 만나는가? 예컨대, 사회가 용인하는 억압적인 섹슈얼리티에 반하는 '청소녀'의 움직임(십대 미혼모들의

---

* 이 글은 2008년 봄 『진보평론』에 실은 글을 전면 재구성하여 『현대사회과학연구』(2009) 제13권에 "가출청소녀의 삶과 노동에 관한 연구"로 게재하였던 것을 일부 수정했음을 밝힌다. 특히 본문의 주요 내용은 가출 청소녀의 '노동'이라는 관점에서 사례연구를 더 보완하였으며, 추가된 사례와 기존 연구를 토대로 재구성되었다.

1) 변혜정 · 민가영(2007)은 특별히 청소년이 아닌 청소녀라는 용어를 사용한 이유는 특정 연령을 관할하는 사회적 원리가 성별에 따라 다르다는 인식에서 '청소녀'를 특정한 연령에 기반해 있는 인구층을 나타내는 기술적 범주를 넘어서서 사용한다. 무엇보다 '청소녀'는 특정한 사회, 문화, 경제적 관할 속에 자신의 삶이 놓여 있는 사회문화적으로 구성된 범주라는 의미를 지닌다. 이 연구에서 '청소녀'를 사용하는 이유는 적극적으로 '청소녀'들의 젠더화된 섹슈얼리티를 억압하는 구조를 인식할 수 있으며, 10대라는 생물학적 연령에 한정되지 않은 청소녀들의 경험과 몸, 그리고 그것을 사용하는 과정에 있어서 '청소녀'의 복합적이면서 모순적인 위치를 보여줄 수 있기 때문이다.

삶), 노동권과 주거권, 보건권을 보장받지 못한 독립 청소녀들의 집단적 삶, 폭력성을 담지한 청소녀들의 삶에 대한 언론매체의 보도와 이미지를 통해서 일 것이다. 그리고 자연스럽게 이 소녀들은 자본과 국가 그리고 기성세대들에게 위험하며 보호와 조치가 필요한 존재로 여겨진다. 물론 이들 청소녀들은 '다방 아가씨', 조건만남의 행위자, 혹은 '뻑치기'나 '소매치기'와 같이 훔치거나 협박해서 돈을 빼앗는 범죄행위와 '안전'의 공간인 '집'을 나왔다는 '비규범적' 행위로 인해 '비행' 청소녀들로 인식되지만, 또 다른 한편으로 이들은 PC방 혹은 편의점 '알바생', '써빙'과 같은 일시적이고 임시적인 일들을 통해서 끊임없이 '집과 학교'라는 보호체계를 벗어나서 자신들의 삶을 유지한다. 그러나 이러한 불안정한 취업은 이들의 삶의 조건과 밀접한 연관성을 지니고 있음에도 불구하고, 이들은 사회적 문제로 가시화될 때에만 주목받으며 동시에 어떠한 과정을 거처 사회의 구성원으로서의 권리를 인정받을 수 있을지 만을 고려하여 이들이 놓인 환경을 이야기한다.

사회에 적합한 구성원으로서의 권리와 환경을 기준으로 이들의 삶을 이야기하기 시작한다면, 우리가 할 수 있는 이야기는 매우 제한적일 수밖에 없다. 가출[2] 이후 이들의 활동은 일반적으로 일탈이라는

---

2) 가출은 가출 횟수, 가출기간, 가출 목적에 따라 다소 상이하게 정의될 수 있으나 일반적으로 부모의 허락을 받지 않았다는 점, 연령이 18세 미만이라는 점, 가출 시간이 대략 24시간 이상 집에 들어가지 않은 청소년으로 정의되어져 왔다(Garbarino · Garbarino, 1986; Miller et al., 1980: 70-134) 그러나 이러한 규정이 가출의 원인을 지나치게 단순화하며, 그 원인을 개인에게서 찾고 해결한다는 비판이 제기되었다(홍봉선 · 남미애, 2009). 그럼에도 불구하고 이 글에서는 다양한 원인으로 가출청소년/청소녀에 대한 구분을 세분화하기 보다는 세분적인 규정이 서로 배타적인 것이 아니며, 다양한 가출 청소년의 욕구와 문제를 명확하게 이해하는 측면에서 보다 느슨하게 정의하고자 한다. 따라서 이 글에서 가출은 부모나 대리 양육자 혹은 제도적인 보호에서 벗어나서 스스로 살아가려 노력하거나, 살아가는데 익숙해져 있는 경우를 말한다. 또한 근로 기준법에 따

상황적 맥락에서 이루어지기 때문에, 그리고 일부 가장 심각한 일탈 행동들이 거리에서의 생존조건과 연결되어 있기에, 주로 이들의 활동은 처벌의 대상이 되기 쉽다. 그렇지만 이들을 처벌이나 경찰의 인도를 피하기 위해 시시때때로 이동하는 상황에서, 그리고 이에 따라 결국 억압적인 사회구조와 제도에 대항하여 생존전략을 발전시키는 이들의 활동들은 기존의 '노동[3]'을 거부하고 생존해야만 하는 환경에 적응하는 일련의 과정들이 그리 단순하지 않음을 보여준다. 분명 이러한 과정들은 한편으로는 범죄성을 포함하지만 때때로 저항 전략을 실현하게 만들기에, 더더욱 이들의 삶과 관련한 모순적이면서도 혼종적인 태도들을 이해하기 위해서는 사회에서 바라보는 '가출 청소녀'의 담론에서 벗어날 필요가 있다.

가출 청소녀들은 다양한 이유에서 가출하고, 사회 속에서 자율적으로 집단을 만들어 살아가기도 하며, 수시로 제도권의 공간을 이용하면서 집 밖 생활의 위기 요소를 통제하기도 한다. 무엇보다 이러한 모습에는 우리가 보지 못했던 삶의 모습이 존재하며, 그들이 살아가는 때로는 생존해내는 공간은 국내 이주(이동?) 혹은 가족사의 상처와 상실뿐만 아니라 일과 놀이, 유희, 새로운 공간과 삶에 대한 기대가 함께 녹아 있다. 그리고 분명 이러한 기대에는 더 이상의 공교육, 즉 학교교육에 목을 매지 않고, 학교 교육과 기존 체제가 제시하는 삶의 이정표를 불신하면서, 결국 청소년에게 부과된 노동(공부)을 성실하게 이행하지 않음을 보여준다(추주희, 2008). 결국 이들은 분명 자기주도적

라 부모의 동의 없이 근로가 불가능한 만 18세 이하인 경우가 주요 대상으로 포함될 것이다.

3) 가출 청소녀들은 학교를 중도 탈락하는 경우가 많으며(한국청소년정책연구원, 2009), 실제로 이러한 중도탈락의 과정은 이들로 하여금 "학습노동"을 거부하는 노동거부의 전략이 내재해 있다. 특히 이들은 최소한의 교육과정만을 이수하여 취업하고 돈을 벌며, 가정에 공헌해야 한다는 규범적 이데올로기를 거부하기도 한다.

이고 창의적 학생을 내세우는 교육정책이 부여하는 '학습(노동)'을 거부한 이들이고, 자기의 인적자산 혹은 경력을 적극적으로 관리하는 고용정책 내에 포함되지 않은 이들이며(서동진, 2009), 자신을 책임지고 관리하는 개인의 개념에서 벗어난 이들이다.

그럼에도 불구하고 분명히 이들은 지속적으로 생존을 위한 활동을 수행하고 있다. 포스트 포드주의 사회에서는 일과 일 아닌 것 사이의 경계란 존재하지 않으며, 일하는 삶과 일하지 않는 삶 사이의 구분 역시 더 이상 불가능하게 되었다(네그리 · 하트, 2001). 이는 생체권력의 생산적 차원이 자본주의를 통해 노동을 지배하는 것이 아니라 삶 자체를 지배하고 있음을 보여준다. 가출한 청소녀들의 삶을 뒤덮고 있는 생활, 생존의 문제에도 역시 이러한 관점에서 살펴볼 수 있다. 이는 동시에 기존의 '노동'개념으로 해석할 수 없는 활동들이 가출청소녀의 삶에 존재하며, 이 과정에서 가출 청소녀들이 사회가 요구하지 않은 다른 방식에서 사회화되며 주체가 되기도 한다는 것을 보여준다.[4] 분명 이들은 전통적인 생산 개념에서 훌륭하고 건강한 노동자는

---

4) 이는 '모든 것의 노동화'에 대한 것이 아니라, 오히려 가치평가의 원리들, 즉 우리가 가치의 가치를 이해하는 방식들에 대해 다르게 생각하고 접근하는 것이다(질 들뢰즈 · 안토니오 네그리 외, 2005: 242). 기존의 '생산적' 가치의 맥락에서 청소녀의 활동 및 노동에 대한 논의는 배제되기도 하였지만, 동시에 그들을 근대 가치의 논리에서 해석함으로써 이들에 대한 신체 및 노동의 착취를 더 용이하게 만든다. 따라서 이들의 가능성과 수행성은 늘 두 극단인 '사치스런 주체성'과 '쓰레기 주체성'(위의 글, 247)을 오가면서 담론화된다. 결국 이러한 담론 속에서 청소녀들은 가출청소녀든 촛불소녀든지 간에 하나의 '괴물'로 등장하게 된다. 이들 청소녀들은 근대 교육 혹은 근대 노동의 패러다임에서 현모양처 혹은 공장노동자 등의 감금된 신체가 아니라, 사회의 특정 패러다임에(다이어트, 여성성, 학벌 등) 대하여 끊임없이 말하는 신체를 지니고 있다. 만약 이들의 이러한 움직임을 노동과 삶, 실천의 개념들에서 출발한다면, 실제로 그동안 우리가 포착하지 못했던, 혹은 지금까지 '생산적'이라고 보아왔던 것들의 이면을 보다 면밀히 보여줄 것이다.

아니지만, 그럼에도 불구하고 착취의 공간적 위치가 더 이상 공장이나 회사, 학교가 아니라 네트워크를 통한 '삶의 전 기간'이 되어버린 상황에서 이들 역시 자본을 위한 전략적 장소가 된다. 결국 이는 다른 의미에서 그들이 생산적이 된다는 것이고, 동시에 자본의 가치에 종속되기도 한다는 것을 의미한다. 이들의 욕망이 자본의 욕망과 명령 속에서 순응적으로 보이기도 하지만, 동시에 욕망을 실현하는 과정은 수많은 갈등과 잡음을 만들어내기도 한다. 이들의 활동을 통해서 우리는 자본이 의존할 수밖에 없는 활동을 행하는 주체의 필요와 욕망이 자본의 명령과 빚어내는 갈등을 살펴볼 수 있다(닉 다이어-위데포드, 2003: 180-182).

이 글은 가출 청소녀가 억압적인 사회구조와 제도를 피해 수행하는 '활동'은 무엇인지, 그리고 이를 통해 가출 청소녀들이 생존하는 방식을 살펴보고, 이들이 수행한 '활동'의 한계와 그 의미들을 검토하려 한다.

Ⅱ. 가출청소년/청소녀 연구들의 현주소

청소년에 대한 연구들은 주로 학교, 가족, 또래들의 영향에 초점이 맞추어져 있었으나, 1990년대 들어 청소년의 아르바이트 등 일에 대한 관심이 증가하면서 이에 대한 실태조사가 진행되었으며, 이러한 경험이 청소년에게 미치는 영향에 대한 연구들도 수행되었다. 이러한 연구 대부분은 청소년기 노동경험이 학업이나 학교활동 및 청소년기 중요한 여타 경험의 기회를 박탈하게 되고 이로 인해 학교중도탈락이나 문제행동의 가능성이 증가할 수 있다는 노동경험의 부정적 결과에 초점을 맞추고 있다(문성호, 2003; 김기헌, 2003; 이경상 · 유성렬 · 박창남, 2005; 김예성, 2007). 그로 인해 이러한 연구들은 청소년/청소녀의 활동과 노동을 비행의 문제와 연결시켜서 취급하면서, 그러한 문제가 어떻게 발생했는지 그 원인을 추적하는데 주력한다. 뿐만 아니라 이러한 문제들이 사회 및 학교 적응과 관련하여 어떤 영향을 미치는지 그 경험을 주로 수치화하여 파악하는데, 이러한 양적 연구를 통한 결과는 특정한 요인들이 가출 청소년의 비행 및 생활에 영향을 준다는 단면을 제시할 뿐 이들이 어떻게 상호작용하는지 그 과정을 세밀하게 고찰하지 못한다는 한계를 지닌다(김지혜, 2003; 101). 뿐만 아니라 노동하는 주체를 주로 '학생 청소년'으로 한정함으로써, 가출 청소년/청소녀들의 삶의 형태와 방식을 '노동'과 거리 먼 '비행'으로만 의미화한다.

또한 이러한 연구들은 노동경험 특성의 내적인 과정과 발달적 맥락에 대해 다루지 못하고 있으며, 노동경험의 특성을 주로 학교 및 사회 적응과 연결시켜 파악함으로써 사회적응을 위한 효과적인 개입지점을 찾고자 한다. 따라서 청소년/청소녀의 노동을 의미화 하는 방식은 나이라는 위계를 따라 '어른'의 시선에 의해 타자화됨과 동시에 청소년 '아르바이트'라는 담론 속에서 정형화되어 있다(Hall, 1997; 정은주, 2003). 이러한 정형화의 방식은 기존의 인식과 모순되는 단서가 가출 청소년/청소녀의 삶에서 보이더라도 그에 대한 비판적 인식을 무감각하게 만드는 경향이 있다.

이처럼 청소년/청소녀의 가출 이후 생활에 대한 기존 연구들은 그들의 노동과 활동보다는 주로 '가출'에 방점을 두고, 가출=문제를 일으키는 행위 그 자체로 인식하면서 이들 행위를 비행으로만 간주한다. 그리고 이러한 관점으로 가출 청소년/청소녀의 실태 파악을 하거나 그 대응방안을 사회복지적으로 접근한다. 또한 청소년들의 가출문제를 병리적이며 개인적인 문제로 접근함으로써, 이들의 심리적(가출충동, 자아정체감) 문제를 파악하고 해결하는 심리 치료적 개입 방안을 모색하기도 한다(이주영, 2006: 13-15, 추주희, 2007: 32). 특히 청소녀 가출의 젠더적 특성을 주목하는 연구들은 당장 잘 곳과 먹을 것을 구하는 생존의 문제와 이어지고 이 과정에서 위험한 상황에 노출되거나, 특히 청소녀들의 경우 성매매로의 유입이나 성폭력을 경험할 가능성이 높다는 측면에서 주로 논의된다(서정애, 2006; 변혜정 · 민가영, 2007 재인용).

그러나 가출의 상황과 맥락을 고려하지 않고, 청소년들의 가출을 개인화하거나 일반화하는 것은 자본주의 사회에서 이들의 위치를 단순한 것으로 축소시켜 버린다. 뿐만 아니라 특히 청소녀들의 경우 그들의 삶과 노동에 대한 복잡한 문제들이 섹슈얼리티, 비행문제에 집중되면, 이들의 집 밖의 공간에서 이루어지는 실천, 활동, 노동[과 그 거부]에 대해서는 충분히 인식할 수 없게 된다.

이러한 비판을 토대로 가출 청소년의 노동시장 참여 문제를 비행화 과정과 연결시켜 분석함으로써 가출 청소년들이 사회에서 생존하기 위해 어떤 노력을 하는지에 대한 연구가 나왔다(김지혜, 2003). 또한 가출 청소녀들이 경험한 삶과 사회 환경적 요인에 대해 질적 방법론으로 접근함으로써 이들의 심리사회적 욕구들을 드러내는 연구도 나왔다(이현지 · 박석돈, 2003). 뿐만 아니라 가출 청소년을 비롯한 위기 청소년을 중심으로 이들의 생태학적 환경을 사회적 배제의 관점을 통해 분석하는 연구도 있는데, 무엇보다 이 연구는 빈곤한 가정환경뿐만 아니라 법, 제도, 사회적 자본, 노동 등 포괄적이고 다차원적 측면을 고려해야 함을 강조하고 있다(김재엽 외, 2005).

가출 청소년의 노동에 대한 연구도 진행되었는데, 성별을 분석의 주요 변수로 두고 근로실태를 분석하면서, 학업을 중단하고 가출 경험이 있는 청소년들이 근로현장에서 어떠한 차별대우를 받는지 고찰하고 이를 토대로 청소년의 노동권에 대해 제고하는 연구가 있다(전경숙, 2006). 뿐만 아니라 티켓다방에서 다방'일'을 수행하고 있는 십대 여성의 '일' 경험에 주목함으로써, 이들이 어떤 경로를 거쳐 성매매시장에서 성과 노동 주체가 되어 가는지를 분석하는 연구도 있다(김주희, 2006). 또한 청소녀의 가출의미를 계급정체성에 따른 성역할과 성경험을 통해 분석하면서, 보다 구체적으로 청소녀의 가출 맥락을 자본과의 관계를 통해 고찰함으로써 가출 청소녀, 혹은 가출 이후 일의 경험 및 활동을 한 청소녀들의 물적/문화적 토대를 제시하는 연구도 있다(변혜정 외, 2007; 민가영, 2007a; 2007b).

이들 연구들은 무엇보다 가출 청소녀의 성과 노동을 수치화하고 기성세대의 '노동'에 대한 관점으로 가출 청소녀들의 경험을 비가시화하는 측면들을 비판하면서 이들의 활동을 가시화했다는 점에서 의의를 지닌다.

그럼에도 불구하고 이들 연구들은 많은 가출 청소녀의 경험을 "위기" 속에서 사고하고 있으며, 특정현상[가출 혹은 젠더화된 섹슈얼리티]에 주목함으로써 이들이 가출을 유지하는 과정에서 작용하는 사회적 상황과 이것에 대한 가출 청소녀의 대응, 저항 등의 행위성을 결국 성역할과 성경험에 한정하여 논의한다. 또한 생물학적 발달론에 입각해서 가출의 사회적 환경과 심리적 요인들을 파악하므로 이들의 상황 및 맥락을 삭제한 채 성인기 및 기성사회에 위협을 줄일 수 있는 개입지점을 모색하는데 주력한다. 따라서 가출 청소녀들의 상황적 지식[5] 그리고 자신들의 삶을 살아가고자 하는 욕망 — 이들은 소비욕망을 가진 주체로만 그려질 뿐 — 은 인식되지 않는다.

5) 하딩과 해러웨이에 의해 대중화된 개념으로 기존의 가부장적이고 통합적이며, 객관적인 시각과 지식에 정면으로 도전하는데 유효한 개념이다. 무엇보다 이 개념은 행위자의 제한된 위치 및 상황과 맥락에 따른 지식[앎]이 분열되고 모순적인 자아가 자신의 위치에 의문을 제기하고, 자신들의 한계 속에서 혹은 그러한 한계에도 불구하고 활동하고 있다는 점을 강조하는데 유용하다. 보다 구체적인 내용은 다나 J. 해러웨이(2002), "제9장. 상황적 지식들: 페미니즘에서의 과학의 문제와 부분적 시각의 특권", 『유인원, 사이보그, 그리고 여자』, 동문선을 참고하라.

가출 청소녀들은 자신들의 사회적 네트워크를 통해서 집 밖의 생활을 가능하게 하는 새로운 자원을 만들어 내고, 어른들의 공적 공간을 새롭게 전유한다. 따라서 가출 청소녀들의 이러한 능력[가능성, 수행성]을 통해 이들 청소녀들이 생존해 가는 전략적인 방식을 고찰하고, 이를 토대로 기존의 가출 청소녀에 대한 인식을 새롭게 하고, 이들과 어떻게 만날 수 있을지에 대해 재고할 필요가 있다. 이를 토대로 이 글은 가출 청소녀들이 집 밖에서 어떻게 살아가는지, 즉 가출 한 이후 생활을 유지하기 위해 어떤 활동을 하고, 자신들이 가지고 있는 네트워크를 어떻게 활용하는지 알아보고자 한다. 이를 위해 가출을 했거나 하고 있는 청소녀들의 경험을 통해, 특히 이들의 노동, 즉 비합법적이며, 비생산적인 활동으로 인식되는 행위와 이들의 임시적이고 불안정한 노동을 고찰함으로써 청소녀들의 가출 이후 생활을 살펴보고자 한다.

Ⅲ. 가출 청소녀의 가출 이후 생활과 '활동'

1. 가출 청소녀 만나기

이 글은 쉼터에 거주하는 청소녀들을 대상으로 하였다. 이들을 대상으로 심층면담과 참여관찰을 실시하였으며, 가출 경험을 한 청소녀들의 삶에 대한 자료 – 다이어리, 미니홈피, 낙서 등 – 를 수집하였다. 또한 연구자가 현장에 능동적, 즉흥적, 상황적으로 참여하고 질문하고 관찰하는 과정에서 비공식적 면접과 쉼터거주자들과 쉼터종사자들에 대한 비공식적 면접을 병행하여 진행하였다. 면담은 2007년 9월부터 2010년 1월까지 진행하였으며, 일주일에 한번 씩 쉼터를 방문하여 개인 상담과 학습지도를 하면서 이루어졌다. 면담과정은 개인별로 1회

표 1. 주요 정보제공자의 일반적 특성

구분	성명	나이	가출횟수 /기간	가구구성	가출 후 생계유지방법	현재상황
효리네	효리	17	수시로 /2개월이상	부모님, 오빠	아르바이트, 삥뜯기, 아리랑치기, 앵벌이 등	쉼터이탈 이후 가족복귀
나라네	나라	20	수시로 /6개월이상	없음	집단생활, 선배의존	쉼터이탈
지현네	지현	20	수시로 /1개월	부모님, 오빠	도둑질, 삥뜯기, 친구	쉼터이탈
혜련네	혜련	19	2회/ 6개월이상	부모님(별거), 오빠	노래방도우미, 다방, 성인오락실, 바(bar), 까페	쉼터거주
수영네	수영	14	수시로 /1개월이상	아빠, 새엄마 언니, 동생	선배/쉼터의존	쉼터거주

당 30분에서 1시간정도 진행하였고, 상황에 따라 2, 3인과 함께 집단 토론의 형식으로 대화를 나누기도 하였다. 면담 녹취는 연구목적에 대한 설명을 통해 정보제공자의 동의 아래 녹음 하였고, 면담은 주로 쉼터의 상담실과 2층 거주공간에서 이루어졌다. 보충자료는 당시 면담을 진행하면서 기록했던 노트와 쉼터에 제출하는 멘토링 일지를 활용하였다. 또한 문화기술적 면접 방법에 따라 앞선 정보제공자에게서 확인한 내용은 다음 정보제공자에게 구조질문, 대조질문의 형태로 확인되고 심화시켰으며, 이 내용을 근거로 다음 질문자에게 확대되는 방식으로 진행되었다.

현재 이들 중 일부는 가출상황에서 특정 범법행위로 인해 법무부 산하의 중장기 쉼터에 거주하게 되었으며, 면담자들은 일반적으로 가족해체를 경험하고 있었다. 또한 이들 중 일부는 저소득 층 가구의 일원이었으나, 이들의 가출 이유는 전통적인 '빈곤'과의 직접적 연관성은 없었다.[6] 또 다른 일부는 쉼터 거주 이후 자발적으로 이탈하거나 쉼터에 나가서 가족에 복귀하였다. 그러나 이들 대부분 집으로 돌아간다는 생각은 예전의 가족과 함께 산다는 의미보다는 여전히 친구, 선배 등 자신의 동조집단과의 삶을 의미했다.

2. 가출 청소녀들의 집단생활

가출이 장기화되고 반복될수록 가출시 생존 요령을 터득하고, 가출에 따른 어려움에 익숙해짐에 따라 가출 기간도 함께 길어지면서 가출의 만성화가 확연하게 나타난다. 특히 장기 가출 집단에서는 친구나 선배의 도움으로 생활비를 해결하는 경우가 많으며, 만성가출집단에서는 아르바이트를 생활비 충당을 위해 가장 많이 한다. 뿐만 아니라 만성가출청소년들의 경우, 전체 만성가출자의 약 22%가 다른 사람으로부터 돈을 빼앗거나 훔쳐서, 그리고 약 5%가 성매매로 생활비를 해결했다고 응답하였다(한국청소년정책연구원, 2009). 이러한 결과는 가출 청소년들이 생활비 해결을 위해 경제활동에 보다 적극적으로 나설 뿐만 아니라, 일탈행동을 할 가능성도 높음을 시사한다.

면담자들이 가출하여 생활하는 과정 역시 이와 유사한 생활 패턴을 보여주고 있다. 그러나 이를 단순 일반화하기 어려우며 각기 사례에

6) 민가영(2007b)의 연구 결과처럼 단순히 저소득층 가구의 일원이라고 해서 이들을 동일한 빈곤층으로 간주하는데는 무리가 있으며, 그러한 의미에서 민가영은 이들을 '신빈곤층'이라고 규정함으로써 보다 독립적 범주로 접근한다. 신빈곤은 기존과는 다른 성격의 빈곤을 설명하면서 1990년대 후반부터 본격적으로 제기된 개념이다. 신자유주의 시대에 등장하고 있는 신빈곤층은 자본축적과 사회적 재생산 영역 사이의 협력적 분업 관계의 약화와 가족을 중심으로 한 삶의 전망 상실, 그리고 집합적 가치 대신 사회적 안전망이 부재한 시장중심적인 개인주의라는 문화적 페다고지의 조건 속에 놓여 있다. 신빈곤층은 이러한 변화 속에서 가족임금 모델의 붕괴와 불안정한 개별 노동자 모델의 확산과 함께 가족의 불안정성에 강하게 노출되어 있다(민가영, 2007b, 149-150).

서 보이듯이 각 집단생활의 특징에 따라 구성원을 모으는 과정과 생활 방식에 있어서 많은 차이가 있으며, 무엇보다 이들 청소녀/청소년들이 자신의 필요와 생활 및 생존 방식에 맞춰 만들었던 공간과 그 안에서의 이들의 욕구 실현 방식들은 각기 다르다.

(1) 구성원과 네트워크

점점 더 불안정하고 느슨한 가족을 대체하는 가족 밖의 비공식적 자원과 네트워크는 이들의 가출을 반복케 하는 요인이 되고 있다. 느슨해진 가족 관계는 거리와 온라인에 널린 관계들로 채워진다. 이들의 집 밖 생활은 고정된 관계망과 공간에 정박되어 있지 않다. 이들은 온라인으로, 오프라인으로 무수히 많은 관계망들과 계속 연결되면서 공간을 이동한다. 이러한 이들의 집 밖 생활의 특징은 간이식이며 이동식의 삶과 관계로 나타난다(민가영, 2007b: 37).

여기서 검토하는 다섯 사례 역시 그러한 이동식의 삶을 보여주며, 나아가 개별적이 아니라 집단적 생활의 모습을 보여준다. 또한 각 집단 사례는 각기 다른 방식으로 구성원을 모으고, 그에 따라 생활방식 및 활동양상이 어떻게 다른지도 보여준다. 무엇보다 여기서의 다섯 사례는 '가출 청소년/청소녀에 대한 담론'에서 가출 청소녀들에 대한 설명방식 및 유형화와 다르다. 또한 이들이 구성원을 모으고 함께 하는 생활 방식에서는 기존의 가족에게서 제공받지 못한 '돌봄'을 어떤 식으로 전유하는지를 볼 수 있다. 물론 이러한 네트워크와 '돌봄'은 간이식이자 이동식이기에 임시적이며 쉽게 분할되고 해체된다. 그러나 이들이 모이는 공간을 중심으로 형성되는 '인맥'은 오프라인을 넘어 온라인까지 확장되며 가출을 시도하는 청소녀들에게 언제든지 동원가능한 자원이 된다.

먼저 〈효리네〉는 제도권 쉼터에서 만난 선배들과 뜻을 모아 쉼터 선배의 부모님이 제공해준 주거지에서 가출 청소년/청소녀들을 모아

표 2. 각 집단의 구성원 모집 방법 및 특징

구분	이름	구성원 모집 방법	구성원들의 특징
효리네	효리	쉼터 생활 중 만난 언니들과 함께 온라인과 오프라인을 통해서 모집	구성원에 대한 자격제한 없으나 성 문제나 아이 양육에 저해되는 청소년/청소녀 출입을 제한함(예, 폭주족 남자청소년 퇴출)
나라네	나라	인터넷 채팅사이트	남녀 성 비율은 거의 5 : 5. 집단해체시 구성원 중 여성 비율이 높아짐. 연령층 다양(12세부터 21세까지) 다른 가출 청소년과의 패싸움을 통해서 받아들이기도 함.
지현네	지현	동일 지역사회내의 학교 폭력집단	자신들의 조직 구성원만 받아들임
혜련네	혜련	학교 및 동네 친구들	일부 일과 학업을 병행. 자립을 위해 노력.
수영네	수영	가출 시 네트워크 활용	가출한 이후 친구로부터 소개받은 선배와 그를 중심으로 모인 남녀. 주로 구성원들 사이의 연애관계

서 함께 거주하였다. 부모님의 경제적 도움에 기대어 있었기에 도둑질이나 앵벌이와 같은 행동을 철저하게 금지했으며, 오히려 위험에 처해 있거나 도움이 절실한 청소년들을 자신들의 네트워크 및 인터넷 카페 등을 통해서 모아 함께 살게 되었다. 〈표 2〉에서 볼 수 있듯이 구성원 자격에 있어 제한을 두지 않았으나, 남자 청소년들의 성생활 문제와 어린 아이들의 보육 문제에 봉착하게 된 이후 구성원 자격을 함께 생활할 수 있는 통제 가능한 연령대인 청소년/청소녀들로 바꿔었다. 이 과정에서 구성원을 인터넷 사이트 — 가출청소년 사이트, 채팅 — 를 통해서 더 모으게 되었고, 가출한 계기와 현재 상황을 듣고 자신들의 집단에 받아들였다. 이곳이 활성화될 무렵 청소녀/청소년들이 30명 정도 집단 거주했는데, 이들 중 임신한 청소녀들이 5~6명 있었다(추주희, 2007: 108-110).

〈나라네〉는 인터넷을 통해 구성원을 모았다. 이들은 채팅방에 '가출할 사람 모여라'는 방을 만들고, 이상한 사람들 – 주로 성매매를 목적으로 하거나, 음란한 말만을 올리는 사람들 – 이 들어오면 신고한다고 위협해서 나가게 만든다. 그 다음 20~50명 정도 방 정원이 차게 되면 대화를 시작한다. 대화는 주로 현재 상대방과 자신들의 위치, 남녀 비율과 사람 수 정도만을 말한다. 가출하여 혼자 있는 것보다는 여러 명이 있는 것이 더 안전하기 때문에 그 채팅방에 있는 사람들은 자연스럽게 참여한다. 그러나 때때로 다른 가출 청소년과의 패싸움을 통해서 성원을 받아들기도 하였다.[7] 이들은 2006년부터 함께 살기 시작했으며 2007년 봄에 해체되었다. 주로 각자 할 수 있는 일을 해서 모은 돈으로 거주지와 공동자금을 마련하였고, 구성원은 12세부터 21세까지 다양했다. 〈효리〉는 이 집단에서 6개월 이상 생활했으며, 마지막 나올 때는 약 15명이 있었다.

〈지현네〉는 '(가칭)베네수엘라'라는 공식 명칭을 지닌 집단에 있었다. 이들은 전주 및 익산 일대의 각 학교의 '짱'이며, 제 1대 '베네수엘라' 조직이 아래 기수를 모았고, 그 기수들 일부가 공동 거주 하였다. 이 집단은 철저히 자신들 조직 구성원만 거주지를 이용할 수 있게 했다. 이곳은 이들 중 한명의 자취방이기도 했다. 상주하고 있었던 사람은 〈지현〉을 비롯한 3명이었지만 거의 14명 정도가 함께 생활했다. 특히 14명 중 2/3는 일상적으로 가출을 했다.

---

7) 〈효리〉의 말에 따르면, 가출 청소년들은 길을 가다가도 자기들끼리 알아본다. 길에서 서로를 노려보면서 기싸움을 한 후 근처 학교 운동장으로 가서 패싸움을 한다. 서로 대결하여 이기면, 진 상대편 가출 청소년은 자신들의 집단으로 들어오게 된다. 반드시 그런 것은 아니지만, 서로의 처지를 잘 알기에 같이 지내게 된다. 싸움에서 진 집단은 해체가 되기도 하고 계속 존속하기도 하는데, 그것은 이긴 집단에 의해서 이루어지는 것이 아니라, 그 집단의 소속원들에 의해 결정된다. 그러나 중요한 것은 조폭 집단들처럼 싸움이 끝난 후 누구 밑으로 들어가는 것이 아니라 두 집단은 친구가 된다. 그래서 서로 집단에 속한 가출 청소년/청소녀들이 더욱 결속 되거나 서로를 도와주는 형태로 움직인다.

〈혜련네〉는 〈혜련〉과 유사한 처지의 친구 대여섯 명이 함께 원룸을 얻어서 생활하면서 만들어졌다. 유사한 가족조건과 생활조건을 공유한 친구 네트워크를 통해서 이들은 일에 대한 정보와 노하우를 교환하게 되면서 함께 거주하는(전경숙, 2006: 8) 사례에 속한다. 친구들 모두 바(bar), 까페, 노래방도우미, 다방, 옷가게/화장품 가게 등 갖가지 일들을 통해 비교적 경제적으로 부족하지 않은 생활을 하였다. 이들 중 일부는 가출 초창기에 일과 학업을 병행하였지만, 이들에게 학업은 조금 다른 의미였다. 예컨대, 기존의 사회생활이 힘들거나 일을 쉴 때 학교를 나간다. 따라서 학교의 출석률은 3분의 1도 채 안 된다. 이들 중 일부는 간호사가 되기 위해서 졸업장을 따려고 다닌 경우도 있다. 그럼에도 불구하고 이들 대부분은 학교를 통해서 얻을 수 있는 것이 적고, 사회생활을 하고 돌아온 학교의 생활은 또 다시 무료했으며, 출석률과 주변의 시선으로 인해 그리고 무엇보다 '돈'을 벌기 위해서 결국 자퇴를 한다.

마지막으로 〈수영네〉는 가출 초기에 친구 집을 전전하거나 거리생활을 하다가 쉼터 생활 얼마 후 2번 쉼터 이탈을 한 청소녀이다. 처음에는 약 1주일 정도였고, 그 다음에는 1달 반 정도였다. 두 번의 쉼터 이탈 동안 '선배들의 집'에 기거했으며, 이 공간은 처음에는 광주에 있었으나 이후 해남으로 이동했다. 〈수영〉은 광주에 있을 때 그곳의 생활이 매우 만족스러웠기에, 쉼터에서 다시 이탈하여 선배들이 있는 해남으로 내려가서 약 1달 반 생활했다. 그러나 그곳 해남은 소위 '선배'들의 연애의 공간이었으며, 그곳에서 여자 선배는 달리 생활을 위한 활동 및 일을 하지 않았고, 주로 그곳에 오는 남자 선배들이 이에 필요한 음식과 놀이 비용을 제공하였다. 따라서 그리 풍족하지 않은 생활이었지만, 어떠한 구속 없이 자취방에서 먹고, 자고, 노는 것(카드게임, 피씨방 게임)이 일이었다. 남자선배들은 주로 배달이나 공사 현장에서 일을 하면서 그 곳에서 생활하였고, 〈수영〉은 광주에서 해남으로 옮긴 이후 선배의 폭력에 힘들어하다가 쉼터로 구조요청 하고 되돌아왔다.

이와 같이 가출 청소녀들의 삶은 그렇게 단선적이며 – 예컨대, 결손가정→가출→비행(성매매) – 인과론적으로 나타나는 것만은 아니다. 이들이 구성원을 모으는 방식 또한 일반적으로 인터넷을 통하지만, 또 다른 한편으로 지역 사회 안에서의 가출 청소녀/청소년들의 연결망을 통해서 모으기도 하다. 동시에 청소녀들 끼리만 모여 사는 경우는 '상호 돌봄'을 보다 더 강조한다. 이는 〈효리네〉, 〈나라네〉, 〈혜련네〉에서 구체적으로 나타난다. 〈효리네〉 구성원의 특성에서 볼 수 있듯이, 임신한 청소녀들과 그들이 낳은 아이들과 함께 거주 한 것은 '위험'에 대하여 이들 스스로 서로 돌보면서 일정 정도 상호 지탱 및 보호의 역할을 하고 있었다. 또한 구성원을 제한하는 데서 볼 수 있듯이, 공동 공간 내부의 성적인 문제를 일으킨 남자 청소년의 퇴출과 어린이에 대한 보육 문제 역시 청소녀들이 가출 생활을 안정적으로 지속하며 독립을 지속하기 위한 하나의 전략으로 인식할 수 있다.[8)]〈나라네〉는 다양한 일을 통해서 공간을 유지해 나가기 때문에, 공간에 대한 관리는 자신들 각자의 몫으로 남게 된다. 또한 그 공간에서 서로에 대한 규칙 및 일에 대한 분배 역시 '상호 돌봄[지탱]'을 근간으로 한다. 〈혜련네〉의 경우, 유사한 처지의 청소녀들이 모였기에 이전 가족생활에서 느끼는 고립감이나 외로움에 대해서 절감하고 있었다. 따라서 집에 누군가 혼자 남지 않게 움직였으며, 생활하는데 있어서도 심리

8) 남자청소년들이 '쉼터'의 규칙을 자주 어겼고, 내부에서 같이 거주하는 청소녀들과 사귀거나 성관계를 가짐으로써 물의를 일으켰다. 결정적으로 우연히 이 '쉼터'에 찾아온 청소녀를 임신시킨 사람이 이들 폭주 청소년인걸 알고 바로 그곳에서 내보냈다. 또한 저학년의 초등학생이나 지나치게 어린 아이들은 경찰서로 보내거나 다른 제도권 쉼터를 알려주었다. 어린이들의 양육까지는 부담이 컸기 때문에 익명으로 경찰에 신고를 하거나, 다른 쉼터기관에 연락해 보내게 되었다.

적 안정감을 제공하는데 상호 노력하였다.

이와 같이 가출 생활 속에서 이들의 경험과 의미, 즉 생계를 해결하는 그들만의 방식과 집단생활의 양식, 그리고 성과 관련된 그들의 활동은 그들의 삶의 방식으로 이해할 필요가 있다. 그리고 이를 보다 구체적으로 이해하기 위해서는 이들이 독립적 삶을 위해서 펼치는 전략과 활동에 대해 살펴봐야 한다.

(2) 노동/활동 및 주거 생활

가출 청소녀들이 참여하는 노동은 근대 사회에서 강요하는 노동의 형태가 아니며, 따라서 이들의 노동은 언제나 비합법적이고 비생산적이며 부차적인 것으로 간주되어왔다. 무엇보다 이들의 삶에 대한 이해 없이 끊임없이 제도권 내부로 통합시키려는 노력 속에서 이들의 활동 및 노동에 대한 인식은 간과되어 왔다. 그러나 물론 집과 학교안에 있다고 해서 쾌적하고 '노동' 없는 삶을 영위하면서 살아가는 것도 아니지만, 그 밖에서 주변화 되고 가난한 신체는 더욱더 비가시적인 상태로 "사회적 생산망 속에서 노동협동의 기능적 역할을 수행하고 있는 다양한 사회속의 노동자로서 살아갈 수밖에 없다(고병권, 1999: 58)." 각각의 사례들은 이들의 노동과 활동이 어떠한 맥락에서 이뤄지는지를 보여주며, 기본적인 의식주를 충족하고자 하는 활동들이 범죄와 맞닿아 있으면서도 동시에 독립적 생활을 유지하려는 모든 것들이 개인적 차원의 범죄를 넘어서서 기성세대에 대한, 기존의 노동 인식에 대한 다양한 저항들이 숨어 있다.

앞서 언급했듯이 〈효리네〉는 성원 중 한명의 부유한 부모의 배려로 공간을 마련하였다. 따라서 일탈이나 범죄행위로 인해 경찰이 오는 상황도 되도록 막아야 했기에 도둑질, 삥뜯기와 같은 행위는 일체 할 수 없게 되었다. 대신 부모는 기본적인 생계(의식주)를 해결해주었다. 오히려 이 집단은 주로 생계 보다는 성생활과 관련된 규칙이 먼저

표 3. 각 집단의 노동/활동 및 주거생활 특징

구분	이름	주거생활 특징	노동/활동
효리네	효리	- 성원 중 하나의 부모가 제공한 집 - 주 1회 전체회의 개최 (생활수칙논의) - 성 교육실시, 미혼모와 함께 거주	- 도둑질, 삥뜯기 일체 금지 - 성 교육 거리 캠페인 실시
나라네	나라	- 보증금이 거의 없는 달방이나 투룸에서 단기간 거주 - 후불제인 집에서 거주하여 돈을 내지 않고 나가기도 함. - 주요 생활 물품은 중고로 구매하거나 길에서 주워서 사용함.	- 부모동의가 필요하지 않은 연령층은 아르바이트, 그렇지 않은 경우 절도 및 소매치기, 삥뜯기, 앵벌이 및 구걸, 아리랑치기 등.[9] - 모든 수입은 공동 분배됨.
지현네	지현	- 구성원 중 일부의 자취방 - 생활비는 성원들의 용돈으로 충당.	- 공동의 놀이비용을 위해 삥뜯기, 아리랑치기, 절도 및 소매치기 등.
혜련네	혜련	- 원룸, 모텔(달방) - 친구들끼리 돈을 모아서 보증금과 기초 생활비용을 충당	- 각종 아르바이트 (판매, Bar, 노래방도우미 등)
수영네	수영	- 선배자취방 - 외부로 나가지 않고 주로 집안에서 생활.	- 금전적 활동 없음. - 때때로 선배언니들이 아르바이트를 하지만 함께 기거하는 동안은 활동하지 않았음.

9) 앵벌이의 방법은 크게 두 가지이다. 한 가지는 나이가 어리거나 얼굴 생김새가 남들에게 신뢰감을 줄 수 있는 성원들이 – 〈효리〉의 말에 따르면 주로 눈물이 많은 사람, 눈물이 곧 쏟아질 것처럼 생긴 애들, 아니면 딱 봤을 때 불쌍하게 생긴 아이들 두 명을 엮어서 보낸다 – 맡는데 주로 나이 어린 경우가 해당한다. 좀 부유하게 보이거나 나이가 있을 경우, 그냥 돈을 달라고 하면 잘 주지 않기 때문에, 어디까지 가는데 차비가 부족하다고 말하면서 실제 돈의 일부를 보여주고 보태어 달라고 한다. 절도 및 소매치기는 오락실 주변에서 돈을 뺏거나, 가게털이, 차털이, 빈집털이를 주로 한다. 이들이 하는 절도는 주로 음식과 관련된 것으로, 마트에서 조리된 음식을 장 보는 척 하면서 미리 먹는 음식절도가 많으며, 그 이외에는 담배를 훔치는 것이다. 아리랑 치기는 만취하거나, 만취 상태로 길에 쓰러져 있는 일반인을 대상으로 지갑과 돈을 가져가는 행위를 말한다.

생겼고, 그와 관련된 생활방식을 마련하였다. 특히 성원들이 늘어나고 생활이 안정되면서, 귀가 시간을 잘 지키지 않거나, 외부에서 술 마시고 성적 위험에 놓이거나 피임하지 않고 성관계를 갖는 등 자신들 각자만의 이전 생활양식들이 다시 나타났으며, 특히 성과 관련된 어려움이 주로 발생하였다. 따라서 성과 관련된 문제들을 극복하고자 자신들 나름대로 들어오는 아이들을 대상으로 성교육을 하였으며, 밖으로 나가 캠페인 활동을 하기도 하였다. 또한 집에는 항상 콘돔과 피임약을 구비하고 있었으며, 청소년들에게는 일일이 한명씩 불러 콘돔을 주고, 사용법 및 상대방과의 의사소통에 대해 일러주기도 하였다.

무엇보다 이들은 성과 관련된 문제들에 직면하면서, 자연스럽게 청소녀 미혼모들을 받아들이게 되었다. 이들은 피임결정을 하는 과정과 피임이 결과하는 것(출산과 육아)을 별개로 여기고 있었다. 피임결정의 과정에서는 청소년/청소녀들이 좀 더 적극적이고 실천적으로 자신이나 상대방에 대해 통제할 것을 요구한 반면에 임신과 같은 결과에 대해서는 최대한 이들의 생계를 보장하고, 보호하는 형태로 움직였다.

〈나라네〉는 〈효리네〉와 같이 누군가의 후원이나 도움이 없었기 때문에, 같이 거주하는 성원 모두 돈을 벌어야 했다. 이렇게 벌어들이는 돈을 이들은 '수입'이라고 부르며, 이들은 각자의 연령과 재량에 따라 '수입'을 확보했다. 부모 동의서 없이 아르바이트를 할 수 있는 성원들은 아르바이트를 했고, 나이가 어린 동생들은 주로 앵벌이, 삥뜯기, 도둑질, 아리랑치기를 한다. 그렇기 때문에 '수입'은 일정하지 않았다. 도둑질도 안되고, 아르바이트도 할 수 없는 성원은 주로 가사 일을 전담했다. 가사 일은 모든 성원이 조금씩 거들며 같이 했지만, 책임자가 필요했기 때문에 한 명은 가사 일을 전담했다. 이들은 주로 도둑질과 일을 병행하고, 또한 돌아다닐 때 몰려다니기에 경찰의 불심검문

삥뜯기는 길가는 아동이나 청소년/청소녀에게 돈을 갈취하는 행위를 말한다.

이나 단속을 많이 당한다. 따라서 거주지를 한 달에 한번 정도 옮기는데, 이때 아르바이트를 하는 성원들은 임금을 받지 못하고 옮기는 경우가 생기므로, 옮겨서 자리 잡을 때까지 도둑질에 의존하게 된다.

집은 주로 달방이나 투룸에서 사는 경우가 대부분이다. 언제 집을 옮길지 모르기 때문에 보증금이 없거나 여러 달 비용을 한꺼번에 지불할 수 있는 집을 얻는다. 혹은 후불제인 집을 얻어서, 돈을 안내고 1,2주 그냥 살고 나가기도 한다. 그렇기 때문에 언제든지 이동할 수 있게, 옷, 신발 등의 필요한 물품은 항상 짐 가방에 정리해 놓는다. 가구는 주로 중고상에서 구입하거나 길에서 주워서 사용한다.

이들에게 주변 가출청소년들과의 네트워크는 우연이나 인터넷에 의존하는 느슨한 형태의 것이었다. 때때로 이루어지는 거리에서의 싸움은 비슷한 처지의 청소년/청소녀 간의 유대관계를 지속하고, 적은 수의 성원으로 유지하기 어려운 집단생활을 계속해 나갈 수 있는 원동력이 되었다. ('구성원'에서 잠깐 언급했지만) 싸움을 통해 다른 집단에서 영입되는 새로운 성원은, 말 그대로 집단의 '수입'이 늘어나는 계기가 된다.

〈지현네〉는 자취하는 성원의 용돈으로 기본적인 생활을 하고, 나머지는 도둑질, 아리랑치기, 삥뜯기로 충당한다. 이 집단은 2006년에 생겼고, 현재 1기와 2기는 뿔뿔이 흩어져있는 상태지만, 최근 다시 모여 3기를 뽑아 활동 중이다. 이 집단 구성원은 그 지역 안에서 알아주는 싸움꾼들이기 때문에 삥뜯기가 수월하다. 따라서 이들은 아르바이트를 하기보다는 주로 도둑질, 삥뜯기, 아리랑 치기 등 폭력적인 방법을 사용한 벌이로 놀이 및 유희생활을 한다. 각 기수들 간의 서열은 깡패조직처럼 철저하지만, 실제로 같이 생활하는 거주인과 같은 기수들끼리는 자기들만의 규칙을 만들어 공동생활을 했다. 실제 상주하는 사람은 〈지현〉을 비롯한 3명이었지만, 거주지에는 항상 10명이상의 가출 청소년/청소녀들이 있었으며, 가출하지 않은 청소년들도 수시로 이곳을 드나들었다. 이 집단의 경우 앞의 두 집단과 달리 공동의 자금을 마련하여 옷을 사거나 집세를 내는 것과 같은 생계비로 지출하지 않았다. 하지만 음식과 담배, 술, 노래방과 같은 공동의 놀이비용은 필요 했다. 이 비용은 누가 어떻게 벌었던 간에 똑같이 분배해 사용했다. 돈이 떨어지거나 부족하면 언제든지 앵벌이나 삥뜯기를 했기 때문에 돈이 부족하다고 느끼지는 않았다. 이들은 비행과 범죄를 통해 집단 소속감을 느끼고, 결속력을 만들어 간다.

이들에게 놀이와 도둑질 이외의 생활은 거의 싸움으로 이루어지고 있다. 전라도에서부터 경상도까지 이러한 집단들은 서로를 일정 정도 알고 있기 때문에 서로의 집단을 항상 의식한다. 일부러 싸움을 걸기도 한다. 이는 싸움을 통해 자신들의 이름을 알리고 자기 지역에서의 입지를 강화하기 위해서이다. 일단 싸움이 끝나고 나면 거의 대부분 화해를 하는데, 화해는 집단의 서열 1위들끼리 합의를 통해 결정된다. 이렇게 합의가 되면 각각의 집단은 다른 지역을 흡수하는 것이 아니라 수평적으로 연결된다. 만약 화해를 결정한 집단이 다른 지역의 집단과 관계가 있다면 그 관계까지도 네트워크로 연결된다.

〈혜련네〉는 모텔(달방)에 비슷한 가정환경을 지닌 친구들이 모여 살게 된 경우이다. 이들은 고등학교 당시 친구의 소개로 알게 되거나 일하다가 만난 사이지만, 처음 같이 살게 된 친구들은 아버지가 돌아가시거나 생계부양이 불가능했으며, 다른 가족들 역시 이들에게 별다른 신경을 쓰지 않은 경우였다. 이후 결합한 2명의 친구는 가족과의 연계가 지속적으로 있었으나, 친구들에게 훨씬 감정적, 생활적으로 의존하여 집을 나온 상태였다. 모텔의 경우 보증금 없이, 월 35만원으로 세 명이 조금씩 돈을 모아서 해결하였다. 그러나 이들이 할 수 있는 일들이 그렇게 많지 않았기에, 성원 중 한명이 노래방 '도우미' 일을 제안했고, 월 평균 20일 정도 일하고 100~110만원 정도 벌었다. 이 일을 통해 성원 모두 '안정적'으로 비교적 고소득을 얻고, 주거지는 모텔에서 원룸으로 이전하게 된다. 원룸은 보증금 50만원에 월 30만원으로 5명이 살기에 충분한 정도의 규모였으며, 1인당 10만원씩 내서 월세와 생활비를 충당하였다. 〈혜련〉의 경우 다방은 빚 문제로 인해 한 달 정도 일하고 관두었고, 성인오락실 및 pc방은 일하는 환경이 나쁘고, 임금이 낮아서 오랫동안 하지 않았다. 상대적으로 노래방 '도우미' 일을 6개월 이상 가장 장기간 했는데, '도우미' 일을 알선하는 사무실과의 관계가 매우 친밀했으며, 일하는 시간 역시 자유자재로 조절할 수 있으며, '손님'을 상대하는 방법을 터득하고 있어서 비교적 장기간 일할 수 있었다. Bar 역시 이곳저곳을 옮겨 다니고, 가끔씩 했지만 그래도 가장 많이 일한 곳 중의 하나이다. 하지만 이곳에서는 미성년이라는 이유로 임금을 제대로 받지 못한 경우도 있으며, 정해진 시간(저녁 8시-새벽4)에 일하고, 원하지 않은 술을 마시고, 손님을 상대해야 하기에 더 힘든 일로 여긴다. 같이 거주한 친구 대부분 단기간 고소득을 제공하는 Bar나 노래방 '도우미'와 같은 일을 했으며, 그 이외 옷가게나 화장품가게와 같은 곳에서 판매 아르바이트를 하였다.

〈수영네〉는 광주와 해남의 자취방에서 생활한 집단이다. 광주에 있던 공간은 17세의 언니와 함께 사는 다른 언니의 집이었고, 그 언니가 해남으로 집을 옮기자 따라서 내려가게 되었다. 해남에서 한 달 반 정도 같이 지냈는데, 지내는 동안 집에만 있었으며, 이 집에서 6명이 함께 기거하였다. 이들의 남녀 구성 비율은 3:3이었으며, 주로 연인관계였다. 남자들의 연령은 17세 1명, 18세 2명이었는데, 하루 일당 7만원 정도인 공사현장에서 일을 했고, 이들이 벌어온 돈으로 식비 및 pc방비용을 충당하였다. 이들 내부의 위계는 따로 없었으나, 주로 남자들이 밖에서 돈을 벌어왔기에 집안일(청소, 설거지)과 관련된 일들은 여자들이 도맡아서 했다.

〈혜련네〉가 보여주는, 즉 현재 자신들의 사회적 상황 — 학업중단, 미래유예, 소득 및 고용불안정 — 에서 학교를 자퇴하고 성산업 시장에

뛰어든 상황은 세대 내부에서 성산업의 의미가 변화하고 있음을 보여준다. 공식적인 교육 과정을 차례대로 다 밟아도 자신에게 주어지지 않을 것 같이 보이는 '소득의 결과'가 바로 눈 앞에서 펼쳐지는 상황은 외면하기 쉽지 않으며, 이들에게 '돈을 번다'는 의미는 일의 성격이 아니라 돈의 정도를 의미한다는 것이다. 따라서 불안정 고용의 현실 속에서 자신의 '직업'을 노동자로서의 정체성보다는 소비의 수준으로 자신의 위치와 정체성을 확인하는 경향이 짙어지고 있다(민가영, 2007a: 174-175). 〈혜련〉 역시 돈의 필요성의 측면을 "돈 많은 자가 현실을 장악하고, 돈을 쓰면서 부러움을 사는 것을 통해 스트레스가 풀린다"라고 말하듯이, 가출은 불안정한 현실에서 '불안한' 자신들의 위치를 잊게 해주는 '돈'을 적극적으로 찾아 나설 수 있게 해주는 열쇠였다.

따라서 이들이 형성하고 있는 이러한 비유예/비훈육 문화는 자신들의 계급적 현실 − 불안정성과 전망상실이 평준화된 삶의 현실과 집단적 개선책 대신 개인의 능력과 경쟁을 주장하는 사회 분위기의 결합 − 에 대한 저항이자 생존전략이라는 의미를 지닌다(민가영, 2007a:176). 그럼에도 불구하고 〈수영네〉와 같이 아무것도 하지 않고, 남성들에게 의존하는 경우도 존재한다. 이러한 사례가 보편적이라고 볼 수는 없지만, 남성에게 의존해 있는 청소녀는 계속해서 전통적인 젠더 작동 방식 아래에서 집 안에 다시금 정박되어야만 함을 보여준다. 이는 매우 아이러니컬하게도 노동을 통해 자본주의 사회에서 생존해야 하는 이들의 위치를 잘 보여준다. 즉 성산업이 매우 빠른 속도로 그리고 매우 다양한 모습으로 증가하고 있으며, 가족에 대한 소속감 보다는 소비를 통해 가치를 확인하는 오늘의 가출 청소녀들은 돈을 벌 수 있는 상황에 매우 유연적으로 접근함을 보여준다. 이는 분명 기존의 성적 이분법을 작동시키던 조건들이 이들이 노동하는 상황에서는 매우 약화되고 있다는 점이다. 그럼에도 불구하고 이들이 독립적으로 노동을 할 수 있는 여건은 사회적으로 '가치 있고, 돈 받을 만한 일'이 아니다. 따라서 그러한 일을 선택하지 않을 때 이들은 다시 성적 이분법이 작동되는 조건들을 자연스럽게 받아들인다.

(3) 내부규칙 및 특이성

가족과 학교에서 나온 이들은 권위에 저항하지만, 자신들과 공동생활을 하는 사람들에게서는 소속감을 느끼면서 일정정도 억압적인 상황에 적응한다. 이들은 지극히 개인주의적이고 자신의 자유를 고집하지만 공동생활에 있어서는 내부규칙을 준수하며, 지나치게 폭력적이거나 조직을 파괴하는 일은 하지 않는다. 왜일까? 아이들 스스로 자신을 보호해야 하기 때문일까? 이들의 공동생활은 생계유지나 집단의 목적에 따라 각기 다른 생활규칙들을 보인다. 무엇보다 이러한 생활규칙은 이들이 같이 살고 있다는 사실을 인식하고 있음을 보여주며, 이들이 각기 다른 위치에서 '돌봄'이라는 것을 어떻게 의미화 하는지를 나타낸다.

〈효리네〉는 기존 쉼터의 한계에 대한 거부감이 있었기 때문에 성원들이 자유롭게 드나들고 자유롭게 살 수 있는 환경을 제공하는데 일차적인 목적이 있었다. 따라서 초기에는 명확히 규칙이나 규정을 만들지 않았지만, 구성원 가운데 한 청소년이 다른 성원과 사귀게 되고 임신을 하면서 규칙이 구체적으로 만들어진다. 일단 성과 관련된 규칙이 강화되었으며 가출시 유의사항 등이 만들어졌다. 상대적으로 외부에서 가지는 성교나 이성교제는 자유롭게 허용하지만, 내부에서의 성 관계는 금지되었다. 그러나 외부에서 이뤄지는 활동 역시 끊임없이 의식적이고 진지할 것을 강조한다. 이후 구성원의 변동이 있었는데, 임신한 청소녀들이 5-6명이 들어오게 되면서 그와 관련된 규칙들이 만들어지고, 그 가운데 이들이 직접 미혼부를 찾아주거나, 미혼모와 다른 미혼부를 연결시켜 주면서 양육과 미혼모의 안정성을 보장하고자 노력하였다. 그리고 그 과정에서 공동 거주 공간의 다른 구성

표 4. 각 집단의 내부 규칙 및 특이성

구분	이름	내부규칙	특이성
효리네	효리	- 성생활: 외부에서 성적 활동 주의 내부 성관계 금지 - 흡연 및 음주 가능→미혼모 거주 이후 실내 흡연 금지 - 생활규칙: 일반적 공동 생활 공간 규칙(청소)	- 성생활에 관해 적극적 대처 - 미혼모와 함께 거주, 공동 양육 - 생활 규칙과 관련된 전체회의가 있음.
나라네	나라	- 수입 지출 규칙: 공동자금 확보방안(각 성원은 자신이 할 수 있는 일을 한다) - 성생활: 내부 성관계 및 연애 금지 - 흡연 및 음주 가능 - 생활규칙: 음식 및 잠자리	- 수입 확보에 있어 전 구성원이 일을 해야 하며, 일을 할 수 없는 경우 앵벌이나 구걸, 아리랑 치기도 가능함. - 수입의 공동분배 - 이동의 용이성을 위해서 필요물품을 항상 쌓아두고 생활함.
지현네	지현	- 본드 및 가스 실내 흡입 금지 - 내부 성관계 금지	- 서열관계가 명확하며, 싸움을 통한 지역적 연결망을 강조함.
혜련네	혜련	- 외박금지 - 외출 및 남자 만날 때 위치 알리기 - 생활규칙: 구성원 중 한명이 집에 혼자 남아 있지 않게 하기	- 유사한 가족환경과 생활조건을 지닌 친구들이 모여 살았음. - 집에 있거나 외출시 혼자 있거나 움직이기 보다는 2인 이상이 움직임.
수영네	수영	- 정해진 생활 규칙 없음.	- 주로 성원간의 관계가 연애를 중심으로 형성되어 있으며, 물질적 자원은 주로 남성에게 의존함.

원들에게 미혼모와 아이를 중심으로 하는 새로운 규칙이 생겨나게 되었고, 최소한 공동 규칙에서 다른 성원을 더 배려하는 방향으로 바뀌게 되었다.[10)]

---

10) 초기에는 실내에서 흡연 및 음주가 가능하였으나, 미혼모들이 들어오고 아이를 양육하게 되면서 실내 흡연 금지 규칙이 생겨났으며, 구성원들이 돌아가면서 아이 양육을 도왔다.

〈나라네〉는 돈과 관련된 규칙들을 먼저 만들었다. 공동자금 모금과 운영을 원칙으로 세웠고, 배고프거나 돈이 필요할 때 돈을 담당하는 언니/오빠(총무)에게 말을 하고 가져다 써야만 한다. 이들에게 아침 식사 시간은 정해져 있지 않다. 먼저 일어난 사람이 먹을 것을 확인하고 없으면 총무에게 가서 돈을 가져간다. 대부분 분식을 먹는데 자고 있는 사람들을 위해서 넉넉히 사온다. 남은 돈은 다시 저금통에 넣어둔다. 돈이 모이면 나이순으로 핸드폰을 장만하기도 한다. 핸드폰은 이들의 일상생활에서 중요한 의미를 지닌다. 편의성, 이동성뿐만 아니라 이들 집단을 보호하고 이탈을 막는데 사용하는 도구이다. 일정정도 상업주의에 포섭되어 이루어진 소비행위일 수 있으나, 또한 동시에 자신들의 삶을 관리하기 위한 것으로 볼 수 있다. 예컨대, 수입지출 확인과 아르바이트로 일할 경우 연락처가 반드시 필요하므로 핸드폰은 필수적이다. 뿐만 아니라 수입과 지출에 대한 관리, 특히 공동자금에 대한 사용 논의를 하기 위해서 핸드폰은 필요하다. 그러나 이러한 확인 및 논의 절차는 자금에 대한 개인 유용에 대한 방지를 위한 것이었기에, 공동으로 사용하는 것이라면 크게 다른 것에 구애받지 않고 사용할 수 있었으며, 수입의 분배 있어서도 누가 많이 벌었건 적게 벌었건 간에 모아진 자금은 공정하게 분할하였다.

〈지현네〉에는 두 가지의 규칙이 있었다. 하나는 본드 및 가스 흡입을 집안에서 하지 않기와 또 다른 하나는 '집안에서 성관계를 갖지 않는다'는 것이다. 그리고 기수 간에는 서열을 따르지만, 같은 기수 안에서 명령과 복종의 체계는 없다는 점이다. 이러한 방식은 지역적 연결망을 만드는 데서도 적용된다. 이들은 청소년집단과 싸움을 통해서 연결된다. 예를 들어, 바로 옆 지역집단과 싸움을 해서 이기면 싸운 집단과 자연스럽게 연결된다. 이들은 곧바로 친구가 되는데, 친구라는 관계는 돈이 없더라도 서로 도와주고 숙식을 제공해 줄 수 있는 사이이다. 그래서 돈이 없어도 여기저기 돌아다니며 여행도 하고 놀 수도 있다.

〈혜련네〉에서의 규칙은 주거생활과 관련된 것으로 외부활동과 가사활동에 관한 것이다. 외부활동은 외출 및 외박과 관련된 것으로 외출 시 위치를 알리거나 만나는 사람이 누군지 알리는 것이다. 또한 외출 시 집에 사람을 혼자 두게 하면 안되는데 이는 그 공간에 남자를 들이지 않도록 감시하는 기능을 하면서 동시에 가족 내부에서 "관계[돌봄]의 위기"를 경험한 이들에게 가족 밖에서 독립적 생활을 하더라도 정서적 유대감을 느낄 수 있는 최소한의 행위로 "혼자 집에 내버려 두지 않는 것"이었다.

〈수영네〉에서는 특별히 공식적인 생활규칙은 없지만, 구성원의 남녀 비율에서 알 수 있듯이 이들의 관계는 주로 연애를 둘러싸고 얽혀 있었다. 연애감정에 기반한 관계 속에 들어간 〈수영〉은 그 안에서 새로운 연애관계, 즉 삼각관계를 발생시켰고, 그 과정에서 폭력이 나타났다. 이후 〈수영〉은 다른 자취방으로 보내졌으나, 결국 거기도 가출한 이들이 동거생활을 했던 곳이었기에 다시 원래 있던 공간으로 돌려보내고, 그 과정에서 쉼터에 도움을 청하고 구출되었다. 이 공간에서는 가출 청소년들이 물질적 지원을 하고 있었고, 거기에 의존해 있는 청소녀들은 이러한 관계가 흔들리거나 변화될 조짐이 보일 때, 기존에 행해왔던 돌봄의 기능을 중단하고 폭력적으로 변하였다. 이는 안정적인 생계부양자를 갖지 못하고 자립적 자원 역시 갖지 못한 가출 청소녀들이 집단생활 속에서 내부의 사적 관계에 더 매몰될 가능성이 높음을 보여준다. 그리고 이는 노동을 하지 않은 청소녀들에게 고용불안보다는 관계불안이 훨씬 더 큰 문제로 작동함을 보여준다.

이처럼 가출은 성인과는 분리된 자신들만의 시간, 공간, 문화를 원하는 아이들의 하위문화에 대한 욕구와 부모의 돈에 의존하지 않고서 자원을 만들 수 있는 다양한 경로의 확보를 통해 특정한 사회문화적 조건 속에서 특수한 방식으로 구성되고 있다(변혜정외, 2006; 변혜정 · 민가영, 2007). 이는 가출 청소년들이 가출기간 동안 당면하는 가장 큰 문제인 돈과 주거문제를 통해서 확인할 수 있다. 일반적으로 가출기간이 장기화되면 될수록 돈과 주거에 대한 욕구는 더욱 절실하게 되는데, 먼저 돈을 벌기 위해 취업하고자 하는 경우 일반적으로 가출청소년이 취업할 수 있는 합법적인 직업의 종류가 적고, 또한 그 직업도 공장과 같은 제조업에서의 단순직과 세차장, 주유소, 레스토랑, 카페 등 서비스직, 단란주점, 다방 등 유흥업에서의 접대 등 불법적인 부분에 종사하는 것으로 나타난다(홍봉선, 남미애, 2009: 368). 또한 가출 청소년들은 가출 초기에는 친구집, 친구의 자취방, 여관 등에서 기거하게 되는데, 가출이 장기화되면 돈과 주거가 함께 보장되는 직장을 선호하게 된다(김성경, 1997: 95; 홍봉선, 남미애, 2009에서 재인용). 결국 〈나라네〉와 〈혜련네〉와 같이 가출 청소녀들은 노동시장의 가장 열악한 부분에 자발적으로 들어가고, 그 부분을 유지시킨다.

그러나 그들의 일에 대한 태도 및 속성은 자본에게 매우 위험한 측면을 지니고 있다. 이들은 다른 방식에서 복지체계의 안과 밖에 존재하고 있으며, 무엇보다 가출 청소녀들의 생활은 구매능력이 없는 자들이 어떻게 자본주의 사회에서 살아가는가를 전면에 드러낸다. 이들의 존재는 실력만이 전부이며, 자기계발이 가장 중요한 시기에 개인주의의 결함을 드러낼 뿐만 아니라, 소비사회의 주체를 소비의 대상이자 행위자로 등극시키는 무대의 관심이 – 가정으로 돌려보내거나, 사회의 안전한 노동자로 훈련시키는 것 이외의 문제 – 무엇인지를 보여준다.

또 다른 한편으로 〈효리네〉의 공간과 같이 자신들의 성 활동을 인정하며, 자신들의 주체적인 선택과 안전하고 건강한 성 행동을 위한 보다 적극적인 움직임도 있다. 이들 집단의 성 관련 규칙과 성교육, 위험과 보호의 구분, 미혼모와 미혼부를 연결시켜주는 등의 활동은 이들 청소녀/청소년들의 공통적인 성 경험 속에서 자연스레 만들어졌다. 또한 미성년이면서 성적으로 탈선한 청소녀/청소년이라는 사회적

인식은 이들로 하여금 스스로 이러한 공간을 만들고 운영하게 했다. 무엇보다 그 안의 규율들과 생활방식은 각각의 전혀 다른 맥락과 상황을 반영하고 있었다. 원조교제를 하는 청소녀, 미혼모, 미혼부, 가출했지만 학교에 다니는 중학생, '당하는' 성교의 경험을 가진 청소녀, 어린 청소녀를 '따먹고' 버리는 청소년들 등등. 즉 각 사례의 집단생활에서는 이들을 어떤 표준에 맞춰서 재단하고 규율하기보다는 전혀 다르게 이들과 결합하며 행동하는 것을 볼 수 있다. 이것은 대안이라고 말할 수는 없지만 기존의 지배적 생활방식을 거부하고 또 다른 생활방식을 실현하고 있는 청소녀/청소년들의 행위성과 욕망을 보여준다(추주희, 2007: 117).

그럼에도 불구하고 〈수영네〉와 같이 공동생활이 사적 관계에 치중되어 있을 때, 그리고 그 일과 노동이 〈나라네〉와 같이 범죄와 연결될 때, 〈혜련네〉와 같이 성산업으로 귀결될 때, 가출 청소년들의 노동력은 흔히 필요치도 않고, 그들의 노동이 실제로 비합법적 형태(청소년 고용금지 및 부모동의여부)를 띄기에 훨씬 더 많은 불이익을 당하고, 사회는 가출 청소녀들에게 불이익을 주는 부당행위를 암암리에 정당화한다. 이들은 저임금 파트타임의 노동과 다방, 보도방, 원조교제와 같은 성산업의 일종에 포함된 이윤산출적 활동과 오래된 생존적 활동(도둑질, 구걸, 앵벌이 등)으로 생활한다.

그러나 범죄성이나 도덕성에 가려진 이들의 노동은, 즉 정확히 시공간적 제약에서 비교적 자유로워진 잠재적인 이들 노동력은 상품으로서 지역 노동시장을 벗어나서 '원조교제'와 같은 부분에서 이윤을 창출해내고 있으며(추주희, 2009), 이제 감시와 사회적 통제의 영역에서 상대적으로 거리를 유지하면서 전통적인 임금노동 현장 — 예를 들어 집결지 형태의 '매춘' 공간 혹은 전통적인 산업 현장 — 에서 벗어난다. 그로 인해서 이들은 언제나 불법적 매매나 오랜 기간의 범죄에 새로운 이익창출 가능성을 제공할 수 있다.

3. 가출 청소녀들이 흩어지는 이유

〈혜련네〉와 〈수영네〉는 사적 관계를 중심으로 이뤄져 있는데다가, 다른 집단에 비해서 규모가 작은 편이어서 아직 해체되지 않았다. 반면 비교적 규모가 컸던 〈효리네〉, 〈나라네〉, 〈지현네〉는 모두 해체되었는데, 〈효리네〉의 해체 이유는 크게 두 가지다. 내부적인 폭력문제에 대한 성원들의 반발과 외부로 이 집단이 알려지게 되는 데 있었다. 초기에는 규칙보다는 주로 폭력이나 처벌로 규율을 강화했다. 그러면서 내부의 불만들이 나오기 시작했다. 그래서 이후에 규칙을 만들고, 어길 시에 외출금지와 같은 벌을 받았다. 그러나 점점 규모가 커지면서 주축이 되는 3명만의 힘으로 관리해나가기가 힘들어졌다. 또한 미혼모와 임신한 청소년들이 들어오면서 내부에 금연, 금주와 같은 규칙이 생겨났으며, 태어난 아이들이 매우 어렸기 때문에 집안은 조용하고 청결해야했다. 하지만 그와 같은 상태를 유지하기란 매우 어려운 일이었다. 그러면서 다시 폭력문제가 발생하게 되었고, 집단은 점차 해체의 위기를 맞게 된다.

그러나 무엇보다 이 집단이 해체되었던 결정적인 이유는 외부로 이 집단이 알려지게 된 것이다. 규모가 커지면서 한 명의 경찰과 친분이 생겼다. 그 경찰은 주축구성원인 회장, 부회장, 총무가 이전부터 관계를 맺었던 쉼터 선생님과 연결되었던 사람이었다. 처음엔 경계를 하기도 했지만 이후에는 자신들의 거주지에서 발생한 문제들을 상담하기도 했다. 계속해서 우호적인 관계를 맺었지만, 이후 그 경찰이 언론기관을 통해 이 집단을 널리 알리자는 제안을 하게 된다. 그러나 이 집단은 보도기관의 취재에 대해 부정적인 태도를 지니고 있었고, 공동체가 알려지면 더 이상 청소년들이 자유롭게 드나들고 행동할 수 없으리라는 사실을 잘 알고 있었다. 무엇보다 자신들의 집단이 언론매체를 통해 어떻게 비춰질지 – 미성년의 성관계, 미혼모 문제, 흡연, 폭력 등 - 그리고 그 보도로 인해 어떻게 변하게 될지 너무나도 잘 알고 있었다.

그러나 이것은 두 가지의 모순적 상황으로 발생한 일이었다. 즉 외부로 알려지게 될 상황의 이면에는 이들의 힘만으로는 해결할 수 없었던 경제적, 복지적 측면의 어려움이 자리 잡고 있다. 이 공간은 진보적인 기부가(?)인 부회장 부모님의 선의에 완전히 의존하고 있었다. 그것은 자족적인 경제 공동사회가 아니기 때문에, 현실의 사회 속에서 진정한 독립을 이루기 어려웠다. 또한 '미성년'이라는 사회적 기준에 의해서 이들이 넘을 수 없는 법적, 제도적 장애물은 수없이 많았다. 결국 진보적이지만 급진적이지는 않은 이 공간은 자본주의 사회 속에서 하나의 게토, 숏버스[11]일 수밖에 없으며, 기초부터 기생적이며 불합리하게 탄생한 공간일 수밖에 없었다. 결국 이들은 내부의 핵심 인물인 총무와 부회장의 폭력에 대한 공동체 성원들의 강력한 거부와 외부로부터 자신들이 다시금 구속되는 상황에 대한 거부로 인해 해체하게 된다.

〈나라네〉와 〈지현네〉의 구성원은 경찰의 불심검문이나 단속의 대상이었다. 〈나라네〉의 경우 워낙 여러 명이 항상 몰려다니기 때문에 경찰들은 이들을 보면 의심부터 한다. 집을 자꾸 옮겨야 했던 이유도 구성원 중 한명이 경찰에 잡히면 줄줄이 불려나가야 하기 때문에 한 곳에 오랫동안 있을 수 없었기 때문이다. 이들은 집에서도 포기하거나, 가족이 없는 경우가 많아 경찰에 불려가더라도 결국 금방 풀려나

---

11) 원래 숏버스는 일반적으로 스쿨버스를 타고 등교할 수 없는 장애를 가진 이들을 뜻하는 말로, '어딘가 남들보다 모자란다'는 뜻의 은어이다. 하지만 영화 〈숏버스〉에서 언더그라운드 섹스 바인 '숏버스'는 뉴욕 한 가운데에서 성과 사랑과 섹스를 논하고 공유하는 하나의 게토이자 무대이다. 마찬가지로 자본주의 사회 한 가운데에서 자신들의 성과 삶을 새롭게 만들고 있는 청소년/청소녀들에게 집단적 생활 역시 또 다른 '숏버스'일 수 있다. 하지만 한편으로 그들만의 좁은 리그이기도 하다.

게 된다. 하지만 잡힌 사람은 남은 성원들을 보호하기 위해서 이들의 거주지를 알려주지 않고 남은 이들이 다른 거주지로 옮길 수 있게 시간을 벌어준다. 결국 이 집단은 내부 문제로 해체되는 것이 아니라, 구성원 대부분이 떠돌거나 움직이면서 경찰에 잡히거나, 강제로 쉼터로 보내지게 되면서 해체되었다. 그래서 경찰이나 강제로 자신들을 해체시킨 어른들에 대해서 많은 불만을 가지고 있다. 〈지현네〉는 워낙 폭력 문제가 심했기 때문에, 그 지역에 사건만 나면 경찰은 그들을 불러들였다. 또한 눈만 마주쳐도 큰 싸움으로 번졌기 때문에 경찰서에서 살아야 했다. 그래서 이 집단은 경찰의 단속을 심하게 받았다. 하지만 쉼터, 소년원 등으로 분산될 때도 집단 소속원들의 결속력이 높아 늘 연락하고 한 달에 한번 정기적 모임을 갖는다.

Ⅳ. 가출 청소녀의 '노동'과 활동의 의미

1. 현대사회에서 청소년/청소녀의 노동

현대 사회에서 청소년/청소녀의 의미는 성인으로 준비해가는 기간으로서 생산적 노동을 비롯한 각종 사회적 역할과 의무를 유예 받는 대신 어른에게 허용되는 각종 특권적 행위를 자제하고 성인에게 순종하는 대가를 지불해야 한다는 것이었다. 따라서 근대 사회에서 청소년/청소녀는 성인과 분리되면서 일상적인 생산 활동으로서의 일로부터도 의도적으로 분리된 존재로서 탄생한 셈이다. 따라서 청소년/청소녀가 의도적으로 일과 사회로부터 격리되면서 그들이 장래에 사회에서 수행해야 할 역할에 대한 능력과 기술을 어떻게 가르치는가에 대한 문제가 중요하게 부각될 수밖에 없었다. 이와 동시에 노동을 유예 받은 청소년/청소녀라는 미숙한 존재의 활동을 놀이와도 구별 짓고 노동과도 거리를 두는 것은 점차 청소년기가 길어지고 있는 현재 더욱더 심화되고 있다. 더욱이 청소년/청소녀기의 공부 중심의 경제 효율적 생활양식의 심화는 이들의 일과 여가를 사회적 일탈로 간주하는 경향을 낳기도 하였다. 결국 이들을 공부하지 않고 일하거나 노는 시간 내지는 불필요하거나 효율적이지 못한 시간, 일탈적 행위시간 혹은 신분적으로도 일탈적 존재로 여긴다(이광호, 2001: 28-32). 따라서 학생이라는 본분에서 이뤄지는 학습[노동]만이 이들에게 정당하며 가치 있는 일이며, 이것이 정상적인 청소년/청소녀의 상태이다.

그러나 자신의 본분을 다하지 않는 가출 청소녀들은 일과 분리된 청소년/청소녀들의 존재 이유를 다른 방식에서 보여준다. 이들이 수행하는 일은, 즉 돈벌이의 규모나 일의 성격과 관계없이 수단적 의미로 간주되거나, 일에 대한 참여 자체가 자신들의 존재 이유[미래의 유순한 노동력]를 깨는 성격을 가진다. 결국 현재 우리 사회에서 청소년/청소녀들이 하고 있거나 하고 싶어 하는 일은 사회적, 제도적으로 용인된 것이기 보다는 청소년/청소녀 스스로 사회변화의 틈새를 활용하여 자신들의 욕구충족이나 필요에 의해 벌려가고 있는 일이라고 할 수 있다(이광호, 2001: 37).

분명 이는 직업선택에 있어 이들의 가치관이 변하고 있으며, 대체로 일탈적이고 부정적이라고 논의되는 행동양식 속에서 오히려 현대사회가 요구하는 청소년 존재양식에 대한 거부가 녹아있으며, 동시에 포스트 포드주의 사회에서 이들의 신체가, 특히 청소녀들의 신체가 자본의 전략적 장소로 언제든지 복무할 수 있음을 보여준다. 계속적으로 자기 책임이 강조되는 사회에서, 특히 가출 청소녀들은 자신들에게 가족, 학교, 사회로부터 갖가지 위험이 불평등하게 배분되고 있음을 인지하고 있으며, 여기에서의 돌파구를 '자본'으로 여기고 있는 것이 사실이다. 그렇다면 이제는 이들의 활동과 노동을 청소년 노동에 대한 근절론과 보호론을 넘어서서 이해해야 할 필요가 있지

않을까.[12)]

2. 가출 청소녀의 활동들을 노동으로 볼 수 있는가?

일반적으로 '노동'은 "인간의 합목적적인 활동"으로 정의되지만, 경제학적인 관점으로는 "물질 내지 상품생산을 하는 활동"이다. 맑스의 논의에서는 생산 활동을 하지 않는 노동은 비생산 노동으로 규정된다. 그러나 사회 경제적 변화로 인해 맑스가 규정했던 비생산적 노동, 즉 판매, 사무, 서비스 등의 노동은 이제 '생산 노동'으로 정의된다. 이처럼 점점 더 노동 개념이 지속적으로 확장하고 있음에도 불구하고, 노동개념은 여러 가지 한계를 안고 있다(조순경, 2000: 61). 특히 페미니스트들은 경제학적인 노동 개념의 한계를 지적하면서 여성의 가사노동이나 양육노동과 같이 교환가치를 가지지 않은 비생산적 노동으로 치부하거나, '감정'노동에 대한 평가절하 하는 것에 대해 언급한다. 따라서 페미니스트들은 "인간 욕구를 만족시키기 위한 재화 및 서비스 생산에 기여하는 모든 사용 가치 및 교환 가치를 가지는 활동"으로 노동 개념을 확대하고 있다(위의 책, 62-63).

그럼에도 불구하고 노동은 여전히 생산 활동으로 간주되기 때문에 무상의 행위, 충동적 행위, 본능적 행위 등은 노동의 개념과 배치된다. 어떤 활동을 노동이라고 규정할 수 있는 것은 특정 행위의 내용

---

12) 아동·청소년 노동 근절론의 입장은 이들의 연령이 학습과 놀이를 위한 시기이며, 집안에서의 허드렛일 정도만 해야 한다고 주장한다. 이들의 노동시장에의 참여는 성인임금과 고용을 약화시키며, 따라서 아동과 청소년을 일하도록 강제하는 것이 빈곤을 낳는 요인이 된다고 인식한다. 반면에 아동·청소년 노동 보호론의 입장에 의하면 적절한 보호와 감독하에서라면 노동은 아동과 청소년의 사회화와 훈련, 자존심을 낳는 중요한 수단이 될 수 있다고 주장한다. 따라서 근절론의 입장에서 청소년 노동권의 의미는 '노동으로부터의 배제'인 반면, 보호론의 입장에서 청소년 노동권의 의미는 '노동에 참여할 기회의 제공과 보호'이다(박창남, 2004: 30)

그 자체 때문이 아니라 그 활동이 행해지는 맥락 때문이다. 노동은 최소한의 조직화된 규율을 전제하기 때문에 단순한 '행위'와는 구별된다. 노동은 기본적으로 특정 행위를 지칭하는 것이 아니라 특정 행위가 행해지는 구조를 지시하기 때문이다. 따라서 구조화되지 않은 충동적이거나 본능적인 행위는 노동으로 인정되지 않는다. 그런데 문제는 충동적이고 본능적인 무상의 행위란 무엇인가에 대한 편견들이 작용할 수 있다는 점이다. 즉 본능적 행위, 무상의 행위, 충동적 행위가 구조화된 노등이 될 수 있느냐를 따지는 것이 아니라, 과연 무엇이 본능적이고, 충동적이고, 무상적인지 그렇지 않은지에 대한 해석의 차이가 가능하다(위의 책, 22).

가출 청소녀의 삶을 이해하기 위해서는 페미니스트들이 노동의 개념을 재개념화한 것과 같은 접근이 필요하다. 일반적으로 구조화되지 않은 '행위'로만 인식되거나 '비노동'으로 치부된 이들의 활동을 들여다보면 가출 집단내부에서의 보살핌노동, 성산업 내부에서 성노동, 서비스산업에서의 끊임없는 아르바이트들을 살펴볼 수 있다. 심지어 노동을 할 수 없을 때, 사회에서 요구하는 노동 조건이 결여되어 있을 때, 이들 가출 집단 내 체계화되고 분업화된 '앵벌이 및 범죄'와 같은 행위를 하게 되는 맥락을 보다 자세히 들여다 볼 수 있다. 즉 이는 단순히 섹슈얼리티 혹은 건전한 '노동'담론을 통해서는 들여다 볼 수 없는 것들이다.

청소년/청소녀들에게 허용된 노동이란 무엇인가? 일반적으로 자기발명과 변형의 주체로서, 즉 신자유주의의 주체로 상정되는 청소녀와 젊은 여성들은 신경제의 이상적인 유연한 주체로 이미지화되었으며, 그러한 이미지를 지속하기 위해 끊임없는 학습노동을 수행한다. 그렇지 않은 남은 자들에게는 비정규직의, 임시직의 고단한 "노동"만이 남겨진다. 미래를 위해 삶을 유예하는 청소녀들에게 주어진 노동의 논리에는 '유능한' 소녀의 담론이 강력하게 결합되어있다. 그러나 가출 청소녀들은 이러한 담론과 거리가 멀다. 오히려 이러한 '유능한' 소녀 담론 이면에서 새로운 사회적, 경제적, 정치적 체계 안에서 생존하고 있는 자는 누구인지를 물어야 한다.

가출 청소녀들 대부분은 가출한 이후에 상당수가 학교, 직업훈련 등을 받지 않은 채 사회의 주변인으로 전락하는 상황에 직면하게 된다.[13] 가치 없는 경제적 행위자들로 보이는 가출 청소녀들은 그럼에도 불구하고 성산업, 서비스업(음식점, 주유소, 편의점, PC방, 노래방 등)의 파트타임 등 저임금의 여성노동을 끊임없이 충원하고 있다. 그렇지만 가출의 맥락 혹은 상황과 관련 없이 이들의 존재를 언제든지 '비행 청소녀'들로 호명하는 것은 바로 이들이 우리와 함께 동일한 사회적 공간[14] 안에 존재함에도 불구하고, 끊임없이 이들을 사회적 공간에서 솎아내는 역할을 한다. 그리고 동시에 이들을 아이러니하게도 사회적 "약자"로 평가하면서 지속적인 개입의 지점을 만들어낸다.

그러나 사회관계에서 배제된 이들에게 발생하는 문제들은 이들의 독립권, 주거권, 노동권의 부정에서부터 시작된다. 독립청소년의 집단 거주와 생활에서 발생하는 도둑질과 성이란 두 가지 큰 문제 역시 이

---

13) 한국청소년정책연구원(2009)의 연구결과에 따르면 쉼터에 거주하는 청소년 502명 중 가출 경험이 있으면서 현재 학교에 다니고 있지 않다고 응답한 이들은 전체응답자의 54%에 해당하며, 점차 가출이 다수의 문제이자 저연령화되는 문제뿐만 아니라 장기화되고 있는 측면을 감안하였을 때, 이들의 가출 문제는 성인기의 실업 및 빈곤, 사회적 배제와 관련된 다양한 문제들과 연결되어 있다. 무엇보다 가출청소년은 가출하기 이전에 이미 사회적 자본에 접근할 가능성이 배제되어 있기 때문에 가출할 가능성이 높고, 사회적 배제가 축적됨으로 인해 이로부터 빠져나올 가능성은 낮아지며, 결과적으로 자신들의 안전과 의식주를 보장할 수 없게 되어 다양한 사회적 위험으로부터 보호받지 못한다(Gaetz, 2004; 김재엽외 2005).

14) 사회적 공간은 절대자에 의해 창조된 텅 빈 공간이 아니라 사회적으로 '생산된' 공간이며, (재)생산을 둘러싼 다중적인 사회관계들이 상호교차하고 중첩되는 사회적 네트워크를 말한다(이무용, 2005: 34).

러한 맥락에 놓여있다. 도둑질은 이들의 생존의 문제이며, 거주지 안에서 성 욕구에 대한 억압 역시 일차적으로 주거의 문제로 인해 발생한다. 주거의 문제, 생계의 문제는 결국 자본과 연계된다. 자본이 원하는 삶을 거부했을 때, 이들은 사회적 약자의 위치에 놓이게 된다. 그리고 이들에게는 빈곤과 비참함, '비행'청소년이라는 꼬리표가 붙게 된다.

그러나 가출 독립한 청소년/청소녀는 자신들을 완전히 규제하려는 폭력적 억압으로부터 탈출한 사람들이다. 동시에 이러한 도주 속에서 끊임없이 자본에 포섭될지라도 각각의 집단에서 보이듯이, 이들은 빈곤과 성 욕구에 대해 자본에게 저항하고, 자신들만의 흐름을 가지고 살아가는 사회적 노동자이기도 하다.

V. 가출 청소녀의 또 다른 삶

가출 청소녀들은 가출 기간 동안 지속적으로 집, 학교, 사회로부터 제공받았던 기본적인 것들을 충족하고자 계속해서 싸워야 한다. 이러한 과정에서 다양한 위험 – 범죄, 성적 위험, 폭력 – 에 쉽게 노출되고, 무엇보다 성적 착취의 위험에 놓일 가능성도 높다. 그럼에도 불구하고 가출 청소녀들이 집단생활을 하고 네트워크를 잘 유지하는 것은, 가출해서 만든 새로운 관계들이 이들에게 감정적 안정감과 생존을 위한 물질적 도움을 제공하기 때문이다. 그들은 자신들의 활동과 노동의 경험을 통해서 자본주의 사회에 대해서 배우게 되며, 이러한 수업들이 가출을 중단할 것인지 지속시킬지를 결정한다. 가출 청소녀는 자신들 나름의 삶과 자유를 찾아 쉼터, 학교, 가정에서 도망쳤지만 단속이나 점검에 의해 다시 잡혀 들어가기도 하고, 혹은 밖의 생활이 힘들어 스스로 집으로 들어가기도 한다. 하지만 이미 이들은 공동거주를 하면서 혼자만을 위해서가 아닌 다 함께 사는 것을 배우며 자신들이 할 수 있는 일과 그렇지 않은 것을 구분하며 지내는 방법을 터득했다. 이들의 집단생활은 인생을 일찌감치 종치거나, 마냥 노는 것밖에 모르는 사람들이 모여 사는 것이 아니라 '비정상적' 가정과 학교에서 밖으로 튕겨져 나왔지만 같은 처지에 있는 청소년/청소녀들끼리 결합하여 지내는 것이다. 이러한 흐름 속에는 선도적으로 일을 꾸려나가고 모으는 성원들이나 후원자들이 있었다. 그러나 명령하고 복종하는 체제는 아니었다.

또한 내부적으로 도둑질과 폭력의 문제가 있지만, 이들에게 도둑질은 자본주의 사회에서 '노동자'로 지낼 수 없게 하는 체계 속에서의 생계 해결의 수단이다. 그러나 이들에게 일자리를 제공하거나 노동시장의 참여 기회를 주는 것으로써 생계문제가 해결되는 것은 아니다. 이미 노동시장의 조건은 그들에게 불리하며, 노동은 – 공부노동을 포함하여 – 권력관계에서 강제적으로 행해진다.

폭력도 각 집단마다 다른 특징들을 보여주는데, 공통적으로 모든 면담자들은 집과 학교에서의 폭력에 대해 훨씬 더 큰 거부감과 반감이 있었다. 공동거주에서 발생하는 폭력을 하나의 규칙으로 여겼으며, 각자의 집에서 발생하는 폭력의 빈도보다 낮다고 말했다. 또한 이들이 경찰을 피해, 그리고 돈을 찾아 움직이는 이동성은 강제적으로 밀려나는 것이지만, 단순히 밀려나는 것이 아니라 하나의 여행처럼 느끼며 그에 대한 대비를 하고 있었다.

성에 관한 문제는 세 집단(효리네, 나라네, 지현네) 성원들 모두 자신들의 성 욕구에 따라 끊임없이 연애를 하지만, 성원 사이의 성 관계는 바람직하지 않은 것으로 여기고 금지하고 있었다. 이것은 어쩌면 불가능했을 것이다. 어쩌면 눈에 보이지 않게 비밀리에 이루어졌을 가능성이 높다. 무엇보다 이들에게 성이 하나의 놀이와 같은 것이었음에도 성에 대한 금기는 자신들의 경험 속에서 공동거주를 하는데 장애물이었기 때문이다. 그들은 무엇보다도 성 관계의 결과물, 즉 임신과 육아에 대한 공포가 있었다. 그것은 현재 자신들의 생활, 즉 자신의 의식주가 불안정한 상황에서 육아에 대한 비용과 책임까지 보태는 것이다. 이는 자신들의 독립을 더욱더 어렵게 하는 것이며, 그들을 '아이 혹은 미성년'으로서 살 것을 강요하는 것이다. 결국 이들에게 성은 지극히 개인적인 것으로 여겨졌기 때문에, 그리고 공동생활을 위해서 성은 일정정도 억압의 대상이었다.

그럼에도 불구하고 〈효리네〉와 같이 집단 내부에서 철저하게 성교육을 실시하고, 외부에서 성교육 캠페인을 벌이기, 미혼모・미혼부와 함께 살기, 아이부모 찾기 등 성경험을 개인적인 선택으로 성적 자기결정을 하는 것을 넘어서 자신들의 경험이 놓일 상황에 대해 공통적으로 인식하고 자신들을 조직화하는 것으로 나아갔다. 비록 이러한 측면을 구성해 나가고 행동하는 것이 기존의 성 규범과 사회의 성문화에 대한 방어로 보일지라도, 청소년/청소녀들 자신의 경험을 토대로 성에 대한 인식을 만들어 나가는 것은 현실에서 발생하는 청소년/청소녀의 또 다른 공간 지형을 드러낸다. 뿐만 아니라 이들의 성적 권리, 노동의 권리, 주거권, 사회보장에 대해서도 다시금 생각하게 한다.

앞서 말했듯이 청소년/청소녀들은 자신들의 삶 곳곳에서 자신들이 착취당하고 있으며, 가장 소외되어 있음을 느낀다. 그러므로 이들의 노동거부는 가장 생산적인 노동에 대한 거부로 우선 나타난다. 학교에서의 도주와 탈출. 교실은 이들에게 하나의 투쟁현장이다. 소위 학급붕괴니 학교붕괴로 이야기되는 수많은 모습인 '선생님 말 안 듣기', '수업에 집중하지 않기', '딴짓 하기, 일어나서 돌아다니기', '학교 띄엄띄엄 가기'와 같은 태업에서부터 제도권 교육을 넘어 배움을 찾거나 (홈스쿨링, 대안교육 등), 등교거부, 학교중도탈락, 가출, 학습/놀이/일의 경계의 간극을 넘어서 있는 일부 프리터들까지 다양한 형태로 자본의 규칙에 사보타지 하는 것을 볼 수 있다.

만연해 있는 노동거부를 통해서 어떤 것들을 상상할 수 있을까? 이는 바로 청소년들이 자본주의적 주체화를 거부하는 되기의 과정, 노동거부의 과정이다. 나아가 청소년/청소녀들은 사회적 노동자로서 자신들의 존재를 인식하고 이들에 대한 임노동 외적인 착취와 이에 대한 자신들의 거부를 드러내며, 성과 관련된 자신들의 뜨거운 욕망이 세상과 관련해서 색다르게 움직이고 있음을 보여준다.

물론 자본주의의 일반적 가치체계를 거부하면서도 자신들이 만들어내는 다양한 가치를 새롭게 구성하려고 하는 가출 청소녀의 움직임에 대해 성공적이라고 평가를 내리고 싶지 않다. 또한 이들이 자본주의 사회를 벗어나서 독립적으로 살며, 혹은 또 다른 다르게 살기의 대안을 가지고 있다고 쉽게 말할 수도 없을 것이다. 왜냐하면 이들의 집단화나 움직임은 해체와 구성을 반복하면서 계속되고 있고 그 안에서 새로운 구성들이 만들어지고 있기 때문이다. 문제는 이것들을 접속하고 새롭게 엮어가는 것이지 이들 청소년/청소녀들 자체가 유아독존 식으로 살아갈 수 있다는 것을 점치는 것이 아니다. 단순히 청소년/청소녀의 현실을 도덕적으로 가치 판단했던 것에서 벗어나, 이들의 활동의 영역을 상품화시키고 임금의 명령을 확장시키면서 끊임없이 프롤레타리아트로 재창조하는 현실을 보아야한다. 나아가 '사람은 끊임없이 공부해야 한다'는 자본의 윤리적 명령으로부터 벗어나 있는 독립 청소년들이 자본주의 사회에서 어떻게 살아가고 있는지를 보아야 한다. 특히 가출 청소녀들은 관례적인 사회 질서 외부에 있으며, 동시에 사회가 제시하는 역할 및 기능에 위협을 가하는 존재이다. 즉 사회 코드와 연령과 여성이라는 것과 연결된 규준들을 위반하는 존재들인 것이다.

참고문헌

고병권(1999), "노동거부의 정치학:새로운 '구성'을 향한 투쟁", 『문화과학』, 제 20호.

강영배(2009), "사회적 배제의 관점에서 본 청소년 문제 및 정책에 관한 고찰", 『청소년복지연구』, 제11권 4호.

김기헌(2003), "일하는 고등학생들: 재학 중 시간제 취업이 학업성취에 미치는 영향", 『한국사회학』, 제37권 6호.

김예성(2007), "청소년 아르바이트 경험과 학교적응의 관계에 관한 연구: 노동 – 학업간 갈등을 중심으로", 『청소년학연구』, 제11권 제1호.

김성경(1997), "가출소녀를 위한 사회복지서비스 연구(2)", 『한국여성개발원 연구보고서』, 한국여성정책연구원,

김주희(2006), 「성산업 공간인 티켓 영업 다방 내 십대 여성의 '일'에 관한 연구」, 이화여자대학교 대학원 석사학위논문.

김진영(1998), 「네그리의 '사회적 노동자'론에 기반한 정보경제에 대한 일 분석」, 고려대학교 대학원 석사학위논문.

김정현(2009), '학생 청소년의 아르바이트 경험에 대한 문화기술지", 『청소년복지연구』 제11권 제3호.

김지혜(2003), "가출 청소년의 비행경험에 대한 해석적 연구", 『한국사회복지학』 제54권.

_____(2005), "가출 청소년의 노동시장 참여와 비행", 『한국청소년연구』 제16권 제2호, 2005.

김정규(2005), "권력과 통제 그리고 청소년 비행: 이론적 탐색과 비판", 『刑事政策』, Vol.17 No.2.

김재엽 외(2005), "아동·청소년의 사회적 배제에 관한 고찰: 위기아동·청소년을 중심으로", 『한국사회복지조사연구』 제13호.

김형수·최한나(2004), "여자 청소년에 대한 국내 비행 연구의 동향과 과제", 『청소년상담연구』, 제12권 1호.

권현정(2001), 「재생산의 위기와 페미니즘적 경제학의 재구성 – 사회적 재생산 개념을 중심으로」, 서울대학교 박사학위논문.

닉 다이어-위데포드(2003), 『사이버-맑스』, 신승철·이현 옮김, 이후.

라울 바네겜(2007), 『일상생활의 혁명』, 주형일 옮김, 시울.

보건복지가족부(2009), 『2009년 아동청소년백서』.

박창남(2004), "청소년노동에서 인권의 의미에 관한 연구", 『청소년복지연구』, 제6권 1호.

변혜정 · 민가영 · 이슬기 · 최자은(2006), 「십대의 가출의 의미를 고려한 거리 상담 프로그램 재구성을 위한 기초연구」, 서울시 늘푸른 여성지원센터(미간행).

변혜정 · 민가영(2007), "청소녀의 가출의미에 대한 연구 – 계급정체성에 따른 성역할과 성 경험을 중심으로" 『한국여성학』, 제23권 1호.

서동진(2009), 『자유의 의지 자기계발의 의지』, 돌베게.

서정애(2006), "미혼모의 섹슈얼리티: 욕구와 책임의 성별화에서 벗어나기", 『섹슈얼리티 강의, 두 번째』, (사)한국성폭력상담소 기획, 변혜정 엮음, 동녘.

민가영(2007a), "젠더-계급 상호성을 통해 본 신빈곤층 십대여성의 젠더역할 연구", 『여성학논집』, 제24집 2호.

_____(2007b), "'신빈곤층' 가족 십대 여성의 가출 재생산 문화에 관한 현장기술지적 연구", 『청소년상담연구』, 제15권 2호.

문성호(2003), "학생청소년의 노동시장 참여 확대: 쟁점과 과제", 『사회과학연구』 제16호, 중앙대학교 사회과학연구소.

이경상 · 박창남(2005), "학업중단이후 첫 번째 아르바이트 참여실태 및 지원방안", 『한국청소년연구』, 제17권 2호.

이광호(2001), "청소년 아르바이트(일)의 사회적 의미 이해에 관한 연구 – 청소년 생활양식의 변화를 중심으로", 『청소년복지연구』, 제3권 2호.

이무용(2005), 『공간의 문화정치학』, 논형.

이현지 · 박석돈(2003), "가출여성 청소년들의 삶과 사회적 환경에 관한 연구", 『청소년학연구』, 제10권 3호.

안토니오 네그리 · 마이클 하트(2001), 『제국』, 윤수종 옮김, 이학사.

윤수종(2004), 『가타리가 실천하는 욕망과 혁명』, 문화과학사.

_____(2006), "새로운 주체로서 대중과 대중운동의 방향", 『진보평론』, 28호.

_____(2007), "대안운동의 현황과 방향", 『사회이론』, 제32호 가을/겨울호, 한국사회이론학회.

이주영(2006), "재가출 경험을 통해 본 십대 가출여성의 정체성 연구", 서강대학교 석사학위논문.

질 존스 · 클레어 월레스(2007), 『청소년 시민사회론』, 강영배 · 김기헌 옮김, 교육과학사.

질 들뢰즈 · 안토니오 네그리(2005), 『비물질노동과 다중』, 자율평론 기획, 갈무리.

전경숙(2006), "10대 학업중단 청소년의 근로 실태에 관한 실증적 고찰 연구 – 가출경험 학업중단 청소년을 중심으로", 『청소년상담연구』, 제14호 1권.

전경은(2008), 「가출청소년의 가출생활 전환과정 연구」, 중앙대학교 사회복지학 대학원 박사학위논문.

정은주(2003), 「패스트푸드점에 고용된 청소년 노동경험에 관한 연구」, 연세대학교 사회학 석사학위논문

조순경(2000), 『노동과 페미니즘』, 이화여자대학교 출판부.

추주희(2007), 「청소녀의 성경험을 통해 본 섹슈얼리티 연구 – 광주지역 쉼터거주 청소녀들을 중심으로」, 전남대 사회학과 석사학위논문.

______(2008), "탈주하는 청소년/청소녀의 성과 삶", 『진보평론』, 35권 봄호

______(2009), "섹슈얼리티를 자본화하는 성노동자의 '노동'에 대한 연구", 『여/성이론』, 20호.

크리시스(2007), 『노동을 거부하라』, 김남시 옮김, 이후.

한국성폭력상담소(2005), 『섹슈얼리티 강의』, 동녘.

한국청소년정책연구보고서(2009), 「청소년 가출 현황과 문제점 및 대책 연구」, 한국청소년정책연구원.

홍봉선 · 남미애(2009), 『청소년복지론』, 공동체.

Dorothy L. Miller(1980), *Runaways, Illegal Aliens in Their Own Land: Implicctions for Service*, Praeger Publishers

Gaetz, S(2004), "Safe Streets for Whom? Homeless Youth, Social Exclusion, and Criminal Victimization", *Canadian Journal of Criminal Justice*, Vol.46 No.4.

Garbarino, James · Schellenbach, Cynthia J · Sebes, Janet M(1986), "The Adolescent Runaway", *Troubled youth, troubled families: understanding families at-risk for adolescent maltreatment,* Aldine.

Hall, Stuart(1997), "The Spectacle of the 'Others", Representation: *Cultural Representations and Signifying Practices edited by Stuart Hall*, The Open University.

추주희: 가출 청소녀들의 삶, 섹슈얼리티, 노동, 문화, 복지, 커뮤니티 등 가출 청소녀들에 관한 연구를 하고 있다.
channa33@yahoo.co.kr

전남대학교 여성연구소 학술도서 1

여/성 노동, 가치를 말하다

인쇄 | 2010년 2월 20일
발행 | 2010년 2월 25일

지은이 | 사회적재생산연구회
발 행 | 김윤수
인쇄처 | 전남대학교출판부

등록 | 1981. 5. 21. 제53호
주소 | 500-757 광주광역시 북구 용봉로 77
전화 | (062) 530-0571～3
팩스 | (062) 530-0579
홈페이지 | http://altair.chonnam.ac.kr/～cnup

값 12,000원

ISBN 978-89-7598-809-7 (93330)

이 도서의 국립중앙도서관 출판시도서목록(CIP)은 e-CIP홈페이지
(http://www.nl.go.kr/ecip)에서 이용하실 수 있습니다.
(CIP제어번호: CIP2010002426)